무량
수전

사
자
후

무량수전 사자후

초판 1쇄 발행 2018년 6월 5일 | 초판 7쇄 발행 2019년 7월 12일
설법 근일 큰스님 | 기획 봉황선회 | 진행 박원자
편집 정선우 | 펴낸이 강성도 | 펴낸곳 뜨란
주소 경기도 고양시 일산동구 중산로 206, 704-704
전화 031-918-9873 | 팩스 031-918-9871 | 이메일 ttranbook@gmail.com
페이스북 https://www.facebook.com/ttranbook | 등록 제111호(2000. 1. 6)
ISBN 978-89-90840-44-8 03220

무량수전 사자후

근일 큰스님 법어집

뜨란

대종사가 펼치는
무량한 화엄의 세계

봉황산에 밝은 빛이 가까이 깃들어 온 산하를 비춥니다. 일생의 수행으로 쌓아올린 환한 지혜의 공덕이 큰 산이 되어 우리를 그윽하게 감싸고 있습니다.

대한불교조계종 원로의원으로 영주 부석사에 주석하고 계시는 현봉 근일 대종사의 법문이 책으로 엮어져 대중들에게 선보이게 되었습니다. 무척 반갑고 기쁜 일입니다. 이 아름다운 봄날에 꽃 피고 열매 맺는 소식이 들리니 어찌 환희심이 일지 않겠습니까.

근일 대종사께서는 철저하게 버리고 철저하게 수행하라는 가르침으로 대중의 수행을 지도해 오셨습니다. 스님이 주석한 이래로 화엄 종찰인 부석사에서는 철야 수행정진이 끊이지 않고

있습니다. 놓아버리면 통한다는 무상과 무욕의 길을 몸소 보여
주고 있습니다.

더 다른 길이 있겠습니까.

대중들 모두가 이 법문집을 통해 큰 깨달음의 길로 함께 나아
가길 바랍니다. 대종사가 펼치는 무량한 화엄의 세계에 흠뻑 취
해 이 봄날의 전경을 누리시길 기원합니다.

불기 2562(2018)년 4월
봉황산 꽃 피는 봄날에
대한불교조계종 총무원장 설정

고구정녕한
참선 공부의 가르침

만 가지 법이 하나에 돌아가는데, 그 하나는 어디로
돌아가는가?(만법萬法이 귀일歸一한데 일귀하처一歸何處아?)

주인공主人公을 깨달아 어디에서나 잘 주재主宰하니 있
는 곳마다 참되어 모두 다 진여眞如이다.(수처작주隨處作
主하니 입처개진立處皆眞이라.)

 위의 말씀들은 중국의 고대古代 두 선지식善知識의 법어法語입
니다. 《화엄경》〈입법계품入法界品〉에서는 불재세시佛在世時에 문
수보살께서 오백 동자童子와 오백 동녀童女 등 여러 중생들을 교
화하시기 위하여 개인교수처럼 부처님의 처소를 떠나 복성동福

城東 고불탑묘古佛塔廟의 곳에서 설법하시는데, 그중에서도 유독 선재善財동자가 크게 발심하여 문수보살의 가르치심을 받고 드디어 낱낱 오십삼五十三 선지식을 수백 리 수천 리를 찾아다니면서 그 선지식들의 가르치심을 모두 받아 듣고서 급기야 일생一生에 성불成佛하셨습니다.

그 당시에 부처님께서 기원정사에 계셨는데도 선재는 직접 부처님의 설법을 듣거나 배우지 않고 그 많은 선지식들을 일일이 친견하고 배워서 성불한 것입니다. 그 이면裡面에는 깊은 뜻이 있습니다. 즉 불佛의 입멸入滅 후에 특히 말세末世에는 반드시 선지식에게 의지하여 법을 배워야 된다는 것을 암시하신《화엄경》 것입니다. 예를 들면 당唐의 조주선사趙州禪師께서는 120세까지 장수하신 분인데, 80세부터 90여 세까지 80여 선지식을 찾아 묻고 배웠으며, 송宋의 분양선소汾陽善昭 화상은 칠십일원七十一員의 선지식에게 법을 배웠습니다.

한국의 근대에도 현봉근일玄峰勤日 화상이 제방諸方의 여러 선지식을 찾아 공부하고 정진수행하여 도道를 오명悟明하고서 인가를 받았습니다.

가장 퇴락하고 낙후된 고운사孤雲寺에 주석하여 난행難行과 고행苦行을 겪은 후 전대前代에 볼 수 없던 유사有寺 이래 처음 있는 대작불사大作佛事를 호성 주지스님과 함께 하여 고운사를 중창하였습니다. 그리고 사부대중이 참선수행하도록 철야 용맹정진을

12년 동안 지도하셨으며, 화엄승가대학원을 신설하고, 안동安東의 경북도청 부근에 최대最大 포교원을 설립하셨습니다. 또한 부석사浮石寺에서도 20여 년간 철야 용맹정진을 지도하셨습니다.

그리하여 사부대중을 지도 법문하신 법어집이 처음으로 출간되었으니, 이는 한국 불교계에 대단히 귀하고 경사스러운 일입니다.

대본산大本山 고운사 주지 호성 스님이 그에 관한 추천사를 부탁하기에 그 책을 처음부터 끝까지 읽어보고서 이 법문집을 보는 독자에게 추천사를 올립니다.

참선 공부와 기타 부처님 법을 수행할 때는 진정眞正한 선지식의 가르침이 절실히 필요합니다. 이 법어집은 알기 쉽고 행하기 쉬운 방법으로 노파심에서 고구정녕苦口丁寧하게 참으로 잘 지도하여 상, 중, 하 모든 이에게 두루 다 계리契理, 계기契機하게 가르쳐주십니다. 과연 명안종사明眼宗師, 진선지식眞善知識의 '법문'이라고 추천합니다.

끝으로 일언一言을 더 붙인다면 이 법문집은 곧 이 시대의 조주설趙州說, 임제할臨濟喝이로다. 이咦!

2018년 무술년戊戌年 4월
화엄학연구원 원조圓照 각성覺性 삼가 씀

• 무량수전 사자후

무량수전 사자후
법어집을 펴내며

법어집을 펴내면서 먼저 큰스님께 용서를 구합니다. 큰스님의 사자후 법문을 여러 분들과 함께 나누고자 소납을 비롯한 제자들이 오래전부터 마음을 내었으나 큰스님께서 원하지 않으셔서 미루다가 이번에 출간을 하였기 때문입니다.

큰스님의 법어집 『무량수전 사자후』와 인연이 닿아 책장을 넘기는 순간 누구에게나 행운의 싹이 움트며 삶이 변화하기 시작할 것입니다. 내면의 세계를 투명하게 들여다보고 본래면목을 있는 그대로 바르게 봄으로써 궁극적인 행복을 얻을 수 있을 테니까요.

이 법문을 대하는 분들은 온몸과 마음으로 행복을 누리게 될 것입니다. 눈으로는 진리의 실상을 확인하고, 귀로는 법음을 들으며 선정의 길로 나아갈 것입니다. 코로는 법향을 숨 쉬며 청신한 마음으로 나아가고, 입으로는 지혜로운 가르침에 찬탄을 거듭하여 구업이 맑아질 것입니다. 몸으로는 인연에 감사하여 한없는 복덕을 받을 것이며, 뜻으로는 항상 자기의 본 성품을 살펴 '취할 것도 버릴 것도 없는 부동의 도리'를 얻을 것입니다.

소납 또한 큰스님과의 첫 인연이 행운 중의 행운이었습니다. 큰스님과의 만남은 부처님과 스승님, 그리고 수행의 길로 이어져 참 사람의 길을 걸을 수 있는 계기가 되었습니다.

일생일대의 전환은 고운사에서 이루어졌습니다. 고향인 강원도에서 우연히 안동에 왔다가 터미널에서 고운사행 차표를 끊어 무작정 들렀다가 큰스님을 만났습니다. 그때는 부처님께 삼배도 할 줄 모르는 철부지로서 저는 고운사 우화루에서 다음 버스 시간을 기다리며 앉아 있었습니다. 그런데 참 멋지신 스님 한 분께서 지나가는 모습을 문득 뵈옵고 '스님들은 뭔가 사연이 있어서 출가한다는데, 저렇듯 멋지신 분은 어떤 사연이 있을까?' 하고 망상을 내었습니다. 그런 내 마음을 아셨는지 스님께서 다가와 "어디서 왔는고?" 하고 물으시는데, 그때 천둥이 휘몰아치듯 설레는 마음을 억제할 수 없었습니다.

그렇게 큰스님을 은사스님으로 모셨고, 불제자가 되고, 수행을 통해 새로운 세계를 얻었으니, 이만하면 더 이상 바랄 게 없는 최고의 인생이 아닌가 생각하며 살고 있습니다.

큰스님께서는 늘 처음이자 마지막이라는 마음가짐으로 수행을 하라고 강조하셨습니다. 참선을 하려거든 먼저 대신심을 내고 대분심, 대의정을 일으켜 용맹정진을 하라고 하셨습니다. 다만 '이뭣고'만 할 뿐이지 다리가 아프고 잠이 오고 망상이 일어나더라도 간절히 끊임없이 화두만 들라고 하셨습니다.

큰스님께서는 사부대중을 향해 삼십여 년 이상 많은 법문을 하셨습니다.

"세상 모두 다 중요하지만 마음보다 중요한 것이 없습니다. 그래서 마음을 찾는 참선이 제일인 것입니다."

"우리는 빈손으로 왔다가 빈손으로 갑니다. 다만 업만 몸을 따를 뿐 아무것도 가져가지 못합니다."

"의심하는 마음은 흙이 되어 막히고, 좋아하는 마음은 물이 되어 빠지고, 화내는 마음은 불이 되어 타고, 기뻐하는 마음은 바람이 되어 흔들립니다."

"원수를 사랑하라는 말이 있습니다만 우리는 사랑해야 할 원수조차 없어야 합니다."

전국의 사찰, 수행단체, 공공기관 등 어느 곳에서든 초청을 하면 가리지 않고 달려가 '사람이 사람답게 사는 길'에 대해 사자후를 토하셨고, 고운사와 부석사에 머무시면서 십여 년 이상 한 달에 한 차례 대중들을 위해 감로법문을 하셨습니다. 법회에 참석한 신도님들은 다음 법회를 기다리는 동안 큰스님의 법문이 녹음된 테이프가 늘어질 때까지 듣고 공부하며 마음을 새롭게 세우곤 했습니다.

큰스님께서는 생활 규율 면에서는 상좌들을 굉장히 엄격하게 대하셨지만 공부 면에서는 한없이 자비롭고 평등하게 가르치셨습니다. 행자를 부르지 않고 직접 행자실로 내려가 공부를 가르치고, 궁금한 것은 무엇이든 물어보게 하고 자상하게 대답해 주셨습니다. 절에 객승이 오면 객실로 직접 찾아가 하나라도 더 가르쳐주려고 애쓰셨습니다. 큰스님과 대중들이 만나는 자리에는 언제나 소참법문이 펼쳐지곤 했습니다. 남에게 신세 지는 일을 극히 꺼리셔서 신도님들에게 존경을 받으셨고, 불자님들이 찾아와 인생 이야기를 풀어놓으면 귀 기울여 들으신 다음 마음공부에 대한 이야기를 들려주셨습니다.

*

보다 많은 분들이 공부에 대한 마음을 내고 수행정진하기를 바라며 큰스님의 법문 중 11편의 말씀을 가려 뽑아 이 책을 발간하게 되었습니다. 공부에 관해서는 조금도 마음을 아끼지 않으셨던 큰스님의 귀한 법문들입니다.

인생난득人生難得이요 불법난봉佛法難逢이라, 사람의 몸을 받아 태어나기 어렵고 부처님의 법을 만나기는 더더욱 어렵습니다. 이 책이 상대유한의 세계에서 절대무한의 세계를 추구하는 바른 길잡이가 되리라 믿습니다. 아울러 다 함께 성불로 가는 지름길이자 든든한 토대로 삼기를 기대합니다.

끝으로 다시 한 번 큰스님께 엎드려 용서를 구하며, 아무쪼록 이 법어집이 수많은 인연 중에서 가장 소중한 인연이 되기를 바랍니다.

2018년 4월

환한 봄날 고운사에서

우납 호성

차 례

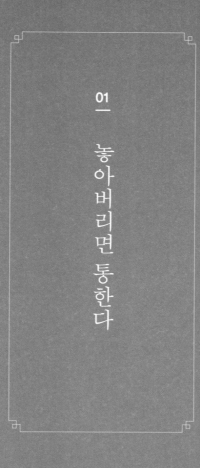

01

놓아버리면 통한다

천하일미고운주天下一味孤雲住하나
무산무수역무인無山無水亦無人이로다.
엄동설한등운주嚴冬雪寒騰雲住하니
훈풍동남개화실薰風東南開花實이로다.

천하일미가 고운에 있으나
산도 없고 물도 없고 또한 맛볼 사람도 없도다.
엄동설한이 등운에 머무르지만
따뜻한 바람이 동남에서 불어오면 꽃 피고 열매 맺으리라.

꽃 피고 열매 맺는 소식

　　내가 고운사 주지로 온 이듬해에 지은 시입니다. 9년 전 납월 8일에 나를 아는 몇몇 거사와 보살들, 영천 묘각사에 다니던 신도들과 더불어 용맹정진할 때였습니다. 그 당시에는 대중도 없었어요.

　이 시는 경심 김현기 처사가 나한테 편지를 보내와서 그에 대한 답장으로 쓴 겁니다. 경심 처사는 여러분과 같은 재가 거사로서 굉장한 도인입니다. 지금은 나이 일흔을 훌쩍 넘어 여든에 가까운데, 그분이 평소 안면이 없던 내게 편지를 보내온 것입니다. 그 무렵 석성우 스님이 편찬한 《반야사상》에 중국 스님 50명과 원효 스님을 비롯하여 우리나라 스님 60명이 소개되었어요. 나는 이름을 올릴 만한 처지가 못 되었지만 맨 끝에 같이 언급되었는데, 그 글을 보고 나에게 편지를 보낸 겁니다. 10·27 법난이 나고 어려운 시기에 고운사의 주지로 갔다는 사실을 알고 말입니다. 편지 내용은 이렇습니다.

　　　일품요리최상미一品料理最上味인데
　　　근정현봉선지식謹呈玄峰善知識하니
　　　불조동참작증명佛祖同參作證明하여
　　　만발공양포중생萬鉢供養飽衆生하소서.

• 무량수전 사자후

일품요리가 최상의 맛인데

삼가 현봉 선지식에게 이 글을 올리니

부처님과 조사가 동참하여 증명하시어

만발공양으로 중생을 배부르게 하소서.

　여기서 '일품요리가 최상의 맛'이라는 말은 마음 공부 측면을 맛으로 비유해서 표현한 것입니다. 그리고 내 호가 현봉玄峰인지라 '현봉 선지식'이라고 했습니다. 실은 선지식이 못 되는데 말입니다.

　나는 나대로 당시의 심정을 담아 '일미'에 '일미'로 답하는 시를 지어 보냈습니다. '무산무수無山無水'라, 산도 없고 물도 없었습니다. 그전에 살던 스님들은 모두 영창 가고 없고, 그토록 쓸쓸할 수가 없었어요. 얼마나 상황이 안타까웠으면 시를 그렇게 지었겠어요. 주지를 하겠다고 자원한 것도 아니고, 토굴에 있는데 내가 맡아야 된다고 누군가 먼저 말을 꺼내어 자의 반 타의 반으로 하게 되었지요. 좋은 절을 다 놔두고 제일 어려운 곳을 택한 겁니다. 그래도 보람이 있을 것 같았어요. 힘든 역경을 이겨낸 만큼 보람이 있지 않겠습니까? 형편 좋은 절에 살면 누구든지 주지 노릇을 할 수 있습니다. 어쨌거나 쥐꼬리만큼은 공부한 게 있다고, '이거 하나 못 배겨내면 내가 앞으로 무슨 공부를 더 할 수 있겠나?' 짐짓 공부라 생각하고 소임을 맡았습니다. 사양하기도 어려웠지요.

　그런데 막상 고운사에 와보니 주지실의 구들장은 다 꺼져 있고, 한겨울에 고금당古金堂 앞으로 흐르는 계곡물을 끌어와 먹었는데, 거기에서 흙탕물이 나오기도 했습니다. 우리 공양주 보살은 그 시절부터 나와 같이 고생을 워낙 많이 해서 잘 알고 있을 겁니다. 절에 재판까지 걸려 있는 어려운 때였습니다. 그러나 당시에는 어렵고 힘들다는 생각은 안 하고 보람으로 받아들였지요. 불평을 하지는 않았지만 다른 절에 비하면 상황이 몹시 어려웠던 건 사실이었습니다. 참 부끄러운 일입니다만, 전 주지가 감옥 가서 내가 소송 때문에 재판정에서 증인으로 나서야 했지요. 나는 어떡하든 해결하기로 작정하고 '무조건 화합하자', 이런 뜻을 세웠습니다. 그리고 상대방이 원하는 걸 들어주려고 절에 들어온 돈 사천구백만 원을 전부 줘버렸습니다. 돈이란 게 어머니 뱃속에서 날 때부터 가지고 나온 것도 아니니 그냥 소원을 다 들어준 겁니다.

　혼자 사무를 봤고, 비가 새는 열세 채 지붕도 혼자 고쳤습니다. 당연히 내가 할 일이었지요. 그러면서 고운사 주지 소임도 무거운데 총무원의 기획실 감투를 썼습니다. 게다가 종립학교의 재단이사까지 맡았습니다. 학교에서 횡령 사건으로 교장이 파면되는 바람에 문제를 수습해야 했지요. 그때 두루두루 감투를 써봤습니다. 이러저러한 이유로 몹시 바쁘고 여기저기 쫓아다니면서도 나름대로 즐거웠습니다.

  매일 보는 산이지만 공부가 되면 달리 보이고 먹던 물이 달리 보입니다. 늘 처음이자 마지막이란 생각을 해야 합니다. 처음이기 때문에 새롭고 마지막이기 때문에 소중한 것입니다. 훌륭한 사람일수록 자기보다 못한 사람에게도 배웁니다. 상사上士는 일결일체료一決一切了요 중하中下는 다문다불신多聞多不信이라, 상근기는 한번 결단해서 일체를 요달하고 중하근기는 많이 들으면 더욱 믿지를 않아요. 여기 오신 분들은 적어도 우연하게 온 것이 아니고, 소중한 분들입니다. 도道는 남녀노소에 있는 것도 아니고 유무식에 있는 것도 아니고 승속에 있는 것도 아니고, 다 갖춰져 있지만 다만 믿음에 차이가 있는 것입니다. 상근기는 다 믿고 중하근기는 잘 안 믿어요. 그러면 여러분은 어떻게 할 것인가요? 스스로 귀하니 알았느니 하는 생각 다 비워 버리세요. 입차문내入此門內하여 막존지해莫存知解하라, 이 문중에 들어와서는 아는 소리 하지 마라 이겁니다. 싹 놓아버리면 통하게 되어 있어요. 그래야 새롭게 들립니다.

  한번은 쌀이 떨어져서 탁발도 했지만 말사에는 손을 벌리지 않았습니다. 온몸이 썩다시피 하고 눈에서 고름이 나왔을 때도 병원에 안 갔습니다. 배도 고파봐야 해요. 용맹정진할 때와 비교하면 아무것도 아니었으니까요. 이 일 저 일 해결하느라 분주하게 돌아다녀도 피곤한 줄 몰랐습니다. 장보는 일도 재미있고 세상살이 전부가 흥미로웠습니다. 예전에 이미 고생을 호되게 치렀기에 어지간한 일쯤은 비록 힘이 좀 들어도 즐겁게 했고, 또 보람을 느꼈어요.

하루는 절에 전화를 설치하려는데, 천삼백만 원이나 달라고 하는 겁니다. 절에 그 돈이 어디 있겠습니까? 그래서 군청에 가서 "취약지구니까 전화 좀 놔주시오." 하고 부탁했더니 부군수라는 사람이 "아니, 도적놈들이 전화를 놔달라고 그래요?"라고 대꾸하더군요. 대뜸 스님들을 도적놈들이라고 부르는 겁니다. '이 양반이 기독교를 믿나?' 하고 의아해하는데, 그가 푸념을 늘어놓더군요.

"나도 절에 다니는 신도입니다. 오죽하면 내가 이런 말을 하겠습니까?"

그때처럼 아픈 매를 맞아본 적이 없었습니다. 얼마나 부끄러웠는지 몰라요. 주위에서 그렇게 비난하는 건 전적으로 우리 잘못 아니겠습니까? 화가 나기는커녕 '내가 더 열심히 해야 되겠구나.' 참회하니 오히려 용기가 생기더라고요.

아닌 게 아니라 사실 비난을 살 만했습니다. 절을 청소하면서 이 구석 저 구석 쌓여 있던 빈 술병들을 한 트럭 분량이나 거둬 내보냈으니까 말입니다. 지금 돌이켜보면 그것도 불보살이었다는 생각이 듭니다. 그렇게 하나씩 정리하다 보니까 거센 태풍이 휘몰아치고 난 뒤 다시 잔잔해지듯이 회복되었습니다.

그해 겨울은 날씨가 유난히 추웠습니다. 아직 김장도 안 했는데 배추가 다 얼어버렸지요. 구들장은 죄다 꺼진 상태인데다가 먹을 것도 변변찮았고 돈도 없었습니다. 막막했지만 '산짐승들도 살아가는데, 아무리 어려워도 죽기야 하겠나.' 하는 심정으로 지냈습니다. 어디에 사정할 게 뭐가 있어요. 그냥 견디는 거죠.

혹독한 겨울을 살아내면서 지은 게 이 시입니다.

엄동설한이 등운에 머무르지만
따뜻한 바람이 동남에서 불어오면 꽃 피고 열매 맺으리라.

여러분을 보니까 꽃 피고 열매 맺는 소식이 온 듯합니다. 지금 그리 느껴진다는 말입니다. 봄은 언젠가는 오지 않습니까. 오늘 기분이 워낙 좋아 내가 춤을 한번 덩실 추고 시를 읊습니다. 이 험한 데에 여러분들이 와주어서 기운이 엄청나게 납니다.

처음에 약사전을 옮길 때 도지사가 이천만 원을 보내왔어요. 그 돈이 열 배 이상의 가치로 느껴졌습니다. 쉬운 일이 아니었기 때문입니다. 약사전을 옮겨야 하는데, 그 안에 보물이 안치되어 있어서 손을 대기가 까다로웠어요. 중앙 정부에서는 지원하기 어렵다고 난색을 표했는데, 군청에서 도와주면서 단청도 해주고 도로까지 내주었습니다. 이것은 돈이 아니라 얼마나 관심을 갖는가 하는 문제입니다.

나는 불사를 할 때 일절 말을 안 했습니다. 예전에는 조금만 불사를 해도 온갖 간섭을 다 했어요. 나무 하나 벌채하는 것도 마음대로 못 하게 제재했습니다. 어떻게 하면 그 사람들의 버릇을 고칠 수 있을까 생각하다가 높은 사람한테는 꾸지람을 하고 아랫사람한테는 칭찬하는 방법을 택했습니다.

그리고 법회를 열어 초발심 법문을 시작했습니다. 처음부터 참선공부를 시키면 누가 참석하겠습니까? 스님들도 잘 안 하려고 하는데 말입니다. 신도들한테 좋은 경을 가르쳐 주겠다면서 초발심자경문 공부를 시작했는데, 열댓 내지 스무 명 가까이 모였습니다. 그때 함께 시작한 공부가 힘이 됐습니다.

시간이 좀 지나면서 공부하는 사람들이 차츰 늘어나더니 제법 많이 모였어요. 그래서 됐다 싶어 참선을 하자고 방향을 돌렸지요. 처음에는 참선하는 사람이 많지 않았습니다. 지금은 법당 안에 다 앉지 못하고 바깥에도 계시지만 당시에는 다 합해야 몇 분 안 됐습니다. 참선 흉내만 내도 삼악도를 면하는데 말입니다. 나는 좀 철저하게 하고 싶었지만 혹시나 같이 참선할 사람이 없을까봐 걱정이 되었습니다. 여러분이 참선과 인연을 맺은 것만도 큰 힘이 되리라 싶어서 이렇게 두서없이 이야기를 시작한 점을 이해해 주십시오. 너무 엄격하게 하면 다시는 참선을 안 할까봐 그렇습니다.

하지만 선방 스님들한테는 엄격하게 하고 있습니다. 백일 동안 잠 안 자고 하루 한 끼 먹으면서 정진한 것이 지금 네 번째입니다. 하루 열 시간 공부하기도 어려운데, 열여덟 열아홉 시간이나 앉아 좌선을 한다는 것은 이만저만 어려운 일이 아닙니다. 완전히 스파르타식으로 이렇게 백일 용맹정진을 하는 데는 제방에서 고운사밖에 없어요. 죽기를 각오하지 않고서는 못 하는 일입니다. 대인이 아니고는 못 하지요. 대인이 따로 있는 게 아닙니다. 먹을 거 다 먹고 잘 잠 다 자면서 하는 것이라면 누구는 못 합니까? 사선을 넘어야 합니다. 죽을 고비를 넘겨야 무엇인가가 생깁니다. 죽기를 각오하며 정진하고, 해제 때인 지금도 저토록 열심히 하니까 반드시 이룰 것입니다. 노력하면 안 될 턱이 없습니다. 애써서 하면 이뤄지는데, 다만 안 할 뿐이란 말입니다.

재가 신도들이 백일 정진 대신 한 달에 한 번 하는 이 용맹정진 역시 커다란 힘이 됩니다. 많은 사람이 관심을 갖기 시작했고, 무언의 포교가 되고 있습니다. 자주 말씀드리지만 여러분 덕분에 저는 어디에 가서든지 승려로서 당당합니다.

나는 공부가 얼마나 되었는가

오늘 경주에 가서 법문을 하고 왔습니다. 신도들이 참 많이 모였는데, 그중에 열다섯 살짜리 자식이 물에 빠져 죽은 부모가 참석했어요. 얼마나 우는지 몰라요. 나는 그 부모에게 울지 말라고, 본래 죽음이 없는데 울 게 뭐 있느냐고 했습니다. 불생불멸의 도리를 계속 일러주어 납득을 시켰습니다. 부모가 울음을 그치더군요. 어리석은 우리는 무상을 경험해야 공부가 됩니다. 숨을 한 번 안 쉬면 죽습니다. 곧 죽는다고 생각하면 공부 안 될 게 뭐가 있을까요. 돌아오는 길에 가을 들판을 바라보니 이대로가 법문이었습니다.

누렇게 익어가는 가을 들판을 보면서 과연 나는 인생을 살아오면서 얼마나 후회 없는 시간을 보냈는지, 얼마나 공부가 되었는지 우리는 돌이켜봐야 합니다. 낫 들고 벼 벨 줄은 알면서 자기 인생살이에 부끄러운 바는 없는지, 수행은 얼마나 했는지 돌이켜봅시다. 이 자리에 있는 사람들은 참선이라도 했으니까 낫겠지만, 대부분 사람들은 얼마나 서로 미워하고 괴로워하고 방황하면서 삽니까. 이제 머잖아 겨울이 오고, 겨울 오면 또 이어서 봄이 옵니다. 윤회의 이치도 모른 채 밤낮 다람쥐 쳇바퀴 돌듯이 겨울, 봄, 여름, 가을, 그렇게 그냥저냥 살다가 가야겠습니까? 고통 속에서 천상에 갔다가, 인간 세상에 갔다가, 지옥에 갔다가 하면서 언제까지 윤회만 할 겁니까? 참으로 우리의 근본 이치를 알아야 하지 않겠습니까?

인생난득人生難得이요 불법난봉佛法難逢이라, 사람 몸 얻기 어렵고 부처님 법 만나기 어려운데 정법까지 만났으니 얼마나 다행스러운 일입니까. 이 다행스러운 마음만 품고 있으면 공부가 안 될 턱이 없습니다. 남들에 대해 이야기할 시간이 어디 있습니까? 어서어서 여러분이 깨달아서 저 능행바 같은 보살이 되고, 그리고 부처님 당시의 유마 거사, 중국의 방 거사, 우리나라의 부설 거사 같은 대도인이 되어 이 시대의 지도자가 되겠다는 원력을 세워보자 말입니다. 능행바 보살은 스님들도 깨우쳐주지 않았습니까?

비록 가진 것은 없다 해도 이런 생각을 하면 느긋해집니다. 걱정할 게 없습니다. 목마를 때 물을 찾듯이, 부모가 자식을 위하듯이 간절하면 됩니다. 그렇지 않고 하다 말다 하면 도통하지 못하는 것입니다. 공부를 할 때는 온힘을 다해 밀어붙여야 합니다. 그런데 스님처럼 살면 무슨 재미가 있겠는가 하는데 무재미가 재미이고, 참 묘한 이치가 그 가운데에 있습니다. 한 번 두 번 이렇게 와서 참선을 직접 해보십시오. 일구월심日久月深하면 자연 정혜원명自然定慧圓明하리라, 날이 가고 달이 깊어지면 자연히 정과 혜가 원명해집니다.

일단 믿음부터 길러야 됩니다. 공부가 되어야 믿음이 생기지 공부가 안 된 사람은 믿음이 없어요. 고운사에서는 화두를 좀처럼 안 준다고 말들을 합니다. 믿음이 없는 사람에게는 화두를 줘봐야 소용이 없기 때문입니다. 사실 화두를 받은 것은 몇 푼어치 안 됩니다. 화두를 탄 사람이 빨리 못 깨치는 데는 이유가 있습니다. 염불과 화두는 똑같습니다. '관세음보살'과 '이뭣고'가 다르지 않아요. 대신심이 밑바탕이 되고 하고자 하는 의욕이 있으면 전부가 다 화두입니다.

어떤 스님이 조주 스님한테 물었습니다.

"저는 모든 것을 버리고 한 물건도 갖지 않았습니다. 이런 때는 어떡합니까?"

"방하착放下着하라."

놓아버려라, 하는 뜻입니다.

그러자 스님이 다시 묻습니다.

"이미 아무것도 가지고 있지 않은데 무엇을 놓아버리라고 하십니까?"

"그러면 짊어지고 가거라."

아무것도 갖고 있지 않다는 사람에게 놓아버리라고 하고, 놓을 것이 없다고 하니까 짊어지고 가라고 한 겁니다. 대체 무엇을 놓고 무엇을 짊어지고 가라는 것일까요? 나는 아무것도 가진 것이 없는데 말입니다. 만약에 신심이 없으면 여기에 공부가 되겠어요? 저 노장 스님이 노망났다고 했겠지요. 그러나 부처님처럼 믿었기 때문에 그 가운데 공부가 되는 겁니다. '우리 스님은 무엇을 놓으라고 말씀하시는 것일까?', 이렇게 계속 참구할 수밖에 없습니다. 그래서 이 공부는 믿음이 전부라고 하는 겁니다. 초지보살부터 성인인데, 십지보살까지도 의심이 남아 있다고 합니다.

부처님 경지에 이르러서야 올바른 믿음이 생깁니다. 그렇다면 '우리 모두가 불신 속에서 산다.'고 해도 과언이 아닙니다. 공부가 된 만큼 믿기 때문입니다.

　　한 스님이 운문 스님(雲門文偃, 864~949)에게 물었습니다.

　　"한 생각도 일으키지 않았는데, 허물이 있습니까, 없습니까?"

　　"허물이 수미산須彌山이다."

　　운문 스님이 거두절미하고 수미산이라고 답한 것입니다. 수미산은 한없이 커서 현실 세계가 아닌 상상의 산이라고 해도 과언이 아닙니다. 그러니까 어마어마하게 허물이 많다는 뜻이지요.

　　'한 생각도 일으키지 않는데 무슨 허물이 있겠는가?'라고 하니 화두가 되는 거요. 입을 벌려도 허물이고, 법상에 오르는 일도 허물이고, 법문하는 것도 허물이고, 전부 허물입니다. 잘못되었다는 말입니다. 그런데 한 생각도 일으키지 않았는데 무슨 허물이 있을까요? 한 생각 일으키지 않은 것도 허물이라는 것입니다. 어째서 한 생각도 일으키지 않았는데 허물일까요?

　　부처님이 태어나면서 일성으로 '천상천하유아독존天上天下唯我獨尊', 즉 하늘 위 하늘 아래 오로지 내가 존귀하다고 했는데, 이에 대해 운문 스님은 이렇게 말했습니다.

　　"내가 만약 그 당시 그 자리에 있었다면 일격에 몽둥이로 때려죽여서 개를 주었으리라."

　　외도들이 그런 말을 했다면 이해할 수도 있지만, 부처님 제자

입에서 "부처님을 때려 죽여서 개를 주리라." 이런 소리가 나왔단 말입니다. 그 말을 들은 법안 스님은 온몸에 땀이 솟았습니다. 그리고 속으로 생각했어요. '저런 죽일 놈이 있나. 저 절름발이가 우리 부처님을 저렇게 모욕하다니.' 운문 스님은 다리를 절었거든요. 그런데 법안 스님은 공부 힘이 없으니 그 길로 열심히 공부를 해서 30년 만에 깨치고 나서야 운문 스님이 부처님을 그 누구보다도 더 받들고 있다는 것을 알았다고 합니다.

여러분, 이 귀한 자리에서 자신의 알음알이를 가지고 시비하지 말고 백지 상태로 돌아가서 공부합시다. 참 좋은 시절 아닙니까. 덥지도 춥지도 않고, 모기도 없는 이런 좋은 날에 어떤 사람은 풍류를 읊거나 잠을 자기도 하겠지요. 하지만 곧 겨울이 닥치는데 그렇게 한가롭게 지내야겠습니까? 다시 말해서 인생의 황혼길에 접어들어 숨 한 번 안 쉬면 죽는 것입니다. 걱정 근심 다 지우면 이런 기회가 다시 없습니다.

많은 사람들이 금강경을 쥐고는 공부가 안 된다고 걱정을 합니다. 안 되면 계속 돌이켜보십시오. '이것이 무엇인고? 이것이 무엇인고? 이렇게 보고 듣고 말하는 이것이 무엇인고?' 이와 같이 늘 돌이켜봐야 합니다. 지금 내가 말하는 '이뭣고' 화두를 하든지, 놓아버리라는데 무엇을 놓으라는 것인지, 또 하나도 가지고 있지 않다는데 무엇을 짊어지고 가라는 것인지, 이런 모든 것이 전부 화두입니다. 내려놓으라고 하니까 분별심을 내어서 번뇌 망상을 놓아버린다고 '한 생각도 놓아버려라.' 이렇게 맞추면 공부에 아무런 도움이 안 됩니다.

이 공부는 철저하게 몰라야 됩니다. 알음알이 일으키지 말고 다만 알 수 없다는 생각만 가져야 합니다. 얼마만큼 깊어져야 되느냐 하면 행주좌와行住坐臥 어묵동정語默動靜하는 가운데 알 수 없어야 합니다. 그러는 중에 공부 힘이 강해집니다. 결국 관심일법觀心一法 총섭제행總攝諸行, 즉 마음을 관하는 한 가지 법이 모든 수행을 섭렵하게 되어 오매일여寤寐一如까지는 못 가더라도 꿈도 없는 경계까지 끌고 갑니다.

우리에게 제일 소중한 것이 몸뚱이 아닙니까? 형상 있는 것들 중에 제일 중한 게 몸뚱이인데, 그 소중한 몸뚱이가 어디서 왔다가 어디로 가는지를 몰라서 잘못하여 짐승의 가죽을 쓴다거나 지옥에 가면 어쩌겠어요. 그러니 이 공부를 안 하고 배겨 내겠습니까? 무상한 줄 알고 공부해야 합니다.

참선하는 마음으로 살면 안 될 일이 없다

얼마 전 조계사에 가서 법문을 했습니다. 2천 명쯤 모였는데, 수선회修禪會 분들이나 본사 주지 스님들 다수가 내게 이런 말을 해요.

"스님은 주지를 하시면 안 됩니다. 스님 연배에 주지 하시는 분은 없습니다. 스님은 방장이나 하시지 왜 주지를 하십니까?"

그런데 생각해 보십시오. 땡추가 주지 노릇하면 됩니까? 그건 잘못된 일입니다. 덕이 있는 사람이 정치를 하면 나라가 편안하듯이 열심히 참선하고 공부가 된 사람이 주지도 맡고 포교도 해야 합니다. 요즘처럼 땡추들이 주지를 하고 포교하는 시대가 되면 좋지 않습니다.

어디에 가서 무엇을 하느냐는 중요하지 않습니다. 내가 무슨 생각을 하고 어느 위치에 있느냐가 중요합니다. 벼슬 높은 것도 장하고, 재산 많고 많이 아는 것도 소중하지만, 그 밑바탕에는 참으로 사람들을 위하는 마음이 깔려 있어야 됩니다.

수행을 해야 합니다. 마음자리를 찾는 수행을 해야 된다는 말입니다. 수행을 하되 돈도 벌고 벼슬도 하고 지식도 많이 쌓는 것은 금상첨화인 것입니다. 어설프게 놓아버리려고 하지 말고, 가지려면 철저하게 모든 것을 가지십시오. 대욕은 무욕이란 말입니다. 전부를 가지려거든 우선 전부를 놓아버려야 합니다. 놓아버리고 무엇을 해야 할까요? '화두 하자!' 말입니다. 화두를 하지 않고 놓아버리면 공부가 더 깊이 들어가지도 못하고 다른 경계에 멈추어 버립니다. 그러면 혼침이 온다거나 합니다.

공부를 할 때는 우선 목표가 있어야 합니다. 무슨 목표일까요? 바로 상구보리上求菩提 하화중생下化衆生입니다. 먼저 깨달아서 다음으로 중생을 제도하겠다는 원력을 세우고, 여러분이 가는 곳마다 주위가 다 편하도록 만드십시오. 만일 사회가 혼란하면 '내잘못은 없는가. 내가 능력이 모자라거나 덕이 부족한 것은 아닌가.' 이렇게 자기 잘못으로 돌려야 합니다. 한 가정에서도 마찬가지입니다. 식구들끼리 서로 먼저 위하는 마음으로 공부를 하십시오. 공부하는 마음이 없으면 항상 끄달리기 때문에 괴롭습니다.

참선하는 마음으로 살면 무엇이든 되지 않는 일이 없습니다. 참으로 묘법이요, 진리입니다. 고운사에 처음 왔을 때도 그런 생각을 했는데, '따뜻한 바람이 동남에 불어오면 꽃 피고 열매 맺으리라.'라고 그때 지은 시 그대로 이뤄지는 것 같습니다.

이처럼 제가 보낸 편지를 받고 김현기 거사님이 당장 오셨어요. 연세가 있으신데도 기가 대단하더군요. 그 뒤에 또 편지가왔는데, 뭐라고 왔는가 하면,

조계산중曹溪山中에는 황매黃梅의 맛이요

춘하추동春夏秋冬 수성숙難成熟이나

보조선지普照禪旨가 최상승最上乘인데

무시무처대광명無時無處大光明이라

조계산중에는 황매의 맛이요

봄에 꽃 피고 가을에 열매 맺어 비록 성숙하나

보조 선지가 최상승인데

때가 없고 곳이 없는 곳에 대광명이라.

하고 왔어요. 이러면서 능인학교 교장을 시켜주면 학교를 살리겠다고 하는데 사람이 너무 똑똑하니까 제가 추천해도 안 되더라고요. 세상에는 너무 똑똑해도 출세를 못 하는가 봅니다. 자식이 부모보다 나아야 하고 제자가 스승보다 나아야만 희망이 있는 것이지요. 불교신자가 똑똑해야 스님들에게도 이득이 있고, 백성이 정치하는 사람보다 훌륭해야 국가도 발전이 있고, 내 이웃이 나보다 잘살고 해야 나도 편안하고 그런 거지요.

아무튼 그 편지에 이렇게 답했습니다.

세한기한인심한歲寒氣寒人心寒하나니

인재인재부지인人哉人哉不知人이라.

이심전심지경심以心傳心知敬心하니

유시유처대광명有時有處大光明이라.

세상도 차고 기후도 차고 인심도 차나니

사람 사람마다 사람을 알지 못하는구나.

이심전심은 그대 경심이 아니

• 무량수전 사자후

때가 있고 곳이 있는 곳에 광명이 있으리라.

그 당시 정화한다고 인심도 차고 계절도 겨울이라 엄청 추웠어요. 그분은 때가 없다고 했으나 나는 때가 있다고 했어요. 지금 생각해도 참 재밌게 됐어요.

이 자리에 계신 한 분 한 분이 정말 귀하지 않은 분이 없습니다만, 오늘은 세계적인 학자가 오셨기에 특별히 소개하고 싶습니다. 공부해온 과정이 우리 시대에 귀감이 되기 때문에 교훈으로 삼고자 말씀을 드립니다.

이분은 부모가 일제 강점기에 일본으로 건너가서 거기서 태어났어요. 집이 너무 가난해서 옷은 한 벌뿐이고, 돈도 없고 먹을 것도 없었습니다. 그래도 학교를 다니고 싶어서 하루에 한 끼만 먹고 고학을 했답니다. 속옷이 떨어졌는데도 빨래를 하면 찢어질까봐 그대로 입고 다닐 정도였으니까 이만저만 고생이 아니었지요. 그런 가운데 죽자사자 공부해서 도쿄대학에서 일등을 했답니다. 도쿄대학은 예전이나 지금이나 들어가기가 매우 어려운 학교입니다. 이 대학은 원래 다른 나라 사람은 교수를 잘 안 시키는데, 우리나라 사람으로는 처음 교수가 되었습니다. 그 삶이 참 쉽지는 않았겠지요. 하지만 어려움 속에서도 좌절하지 않고 '오직 이 길뿐이다.' 하는 마음으로 살았기 때문에 결국 이룬 것입니다. 그 삶 그대로가 도道입니다. 호의호식하면서 배웠다면 특별할 것도 없을 것입니다. 전생에 스님 생활을 한 덕분에 그 자리에까지 오른 겁니다. 오늘 여기에도 우연히 온 것은 아니라고 생각합니다.

세계적인 학자가 된 이분은 일본에서 18년간 교수생활을 하다가 포항제철 고문으로 발탁되어 고국에 들어왔다고 합니다. 그리고 포항제철 부사장을 8년 이상 지내고, 이제 연구소 소장님으로 계십니다. 우리 스님들이 여름이나 겨울이나 누더기 한 벌 걸쳐 입은 채 수행자 정신으로 나날이 빛나는 여법한 삶을 살고자 정진하고 있잖습니까. 이분도 크나큰 어려움 앞에도 좌절하지 않고 고학으로 공부하여 오늘날 사회에 꼭 필요한 뛰어난 인재가 된 것입니다.

그와 같은 분이 이 자리에 공부하러 왔으니 얼마나 장한 일입니까. 여러분이 보시다시피 모습이야 서로가 별다를 게 없지만 얼굴에 악기惡氣가 다 떨어졌어요. 그대로가 수행이기 때문입니다. 이제는 바쁜 가운데에도 공부하러 다달이 여기를 오겠다고 합니다. 오늘로 벌써 세 번째 왔어요. 다음달에는 일본 출장과 겹치지만 그 일정을 연기하고 법회에 참석하겠다고 합니다. 보통 어려운 결심이 아닙니다.

그러한 정신력으로 일구월심 수행하면 얼마나 좋겠습니까? 공부해서 확철대오하면 유마 거사나 방 거사에 버금가는, 이 시대에 필요한 분이 되지 않을까 생각합니다. 기필코 물러나지 말고 확철대오할 때까지 밀고 나가시기를 바랍니다.

자기를 이겨낸 기쁨

인도의 협존자脇尊者는 팔십 세에 출가를 했습니다.
다 늙어서 출가를 하니까 모두 비웃었습니다. 내일모레면 송장
이 될 텐데 이제 출가해서 어쩌자는 말인가, 하는 것이지요. 남
들이 그러거나 말거나 협존자는 드러눕지도 않고 잠도 안 자며
오로지 공부에만 매달렸습니다. 협존자의 '협脇'이 '옆구리 협'입
니다. 옆구리를 바닥에 대지 않아서 그런 이름이 붙은 것입니다.
결국 협존자는 3년 만에 깨쳤습니다.

용기가 없으면 노인입니다. 중국 청나라의 순치 황제도 임금
자리를 내놓고 출가해서 스님이 되었지요. 그래서 얼마나 많은
사람에게 포교를 했습니까. 참으로 멋있습니다. 그렇게 사람이
멋있어야 하는데 우리는 뭐가 멋인지도 모르며 삽니다. 근본적
인 참나를 아는 것이야말로 진짜 멋이 아닌가요?

모두가 생사대사에 초연하는 큰 선지식이 되기를 부탁합니다.
그러니 우리가 오늘 새벽 세 시까지는 좀 힘들어도 이겨냅시다.

원효 대사의 「발심수행장」에 이런 구절이 나옵니다.

배슬拜膝이 여빙如氷이라도
무연화심無戀火心하며
아장餓腸이 여절如切이라도
무구식념無求食念이라.

절하는 무릎이 얼음 같더라도
불을 그리워하는 마음이 없어야 하며
굶주린 창자가 끊어질 것 같더라도
밥을 구하는 생각을 내지 말라.

'아이고, 좀이 쑤시고 아프네. 다리도 저리네.' 이런 생각이 들지 않습니까? 그렇다면 '그 아픈 놈이 어떤 놈인고?' 하고 관하십시오. 오히려 안 아프면 온갖 망상에 더 걸려듭니다. 아픈 게 선지식입니다. 공부가 깊어지면 아픈 것도 없습니다. 몹시 아프다 싶으면 여러분의 머리에 불을 한번 붙여보세요. 아니면 옷에다 불을 한번 붙여보세요. 과연 아프고 말고 할 틈이 있을까요? 생사가 불에 타고 있는데도 그걸 모르고 공부를 어름하게 하기 때문에 아픈 겁니다. 아플 사이가 어디 있습니까? '아프다고 하는 이놈이 어떤 놈인고?' 이것을 생각해 보세요. 자기를 이겨낸 기쁨은 말로 다 할 수가 없습니다.

꾸준히 하면 기필코 이룹니다. 부처님은 설산에서 6년을 고행

• 무량수전 사자후

하셨고, 달마 스님도 소림사에서 9년 동안 면벽수행을 하셨습니다. 꾸준히 노력하지 않고 하다 말다를 반복하면 안 됩니다. 뜸이 들 만하면 그만둔다 말이오. 정작 할일은 이 일뿐인데요. 참선법회에 동참하는 것만도 큰 공덕입니다만 말입니다. 우리가 무엇이든 반복하면 취미가 되고, 취미가 거듭되면 소질이 되고, 소질이 거듭되면 업이 됩니다.

그러니 좋은 말, 좋은 행동, 좋은 습관을 가져야 된다고 합니다. 과연 무엇이 좋은 것입니까? 내가 나를 찾는 공부보다 더 소중한 것이 어디 있습니까? 오늘 참석하신 분들이 얼마 되지 않지만 나는 여러분이 모두 부처님이라고 봅니다. 공부가 참 많이 된 분들이 있는데, 본인들이 지금 모를 뿐입니다.

구산 스님 계시는 송광사에서 여기 고운사까지 한 스님이 보름 동안 걸어서 찾아왔어요.

"큰스님한테 화두 타려고 맨발로 걸어왔습니다." 하기에 "이놈아, 네가 그러니 공부가 되나." 하고 경책을 했습니다.

그 생각도 없어야 됩니다. 보름 동안 걸어왔다는 생각, 그게 몇 푼어치나 되나 말이오.

신라의 고승 자장 율사는 통도사에서 중국 오대산 아랫마을까지 간 뒤 거기서부터 한 걸음 걷고 절하고 또 한 걸음 걷고 절하며 오대산에 이르러 문수보살을 친견했다고 합니다. 그렇게 생각하면, 산천초목도 다 부처님이고 선지식입니다. 공부가 되면 세상만물 전부가 선지식이고, 신심信心입니다. 부처님이 없다고 생각하지 마십시오. '화두를 놓치면 나는 죽은 사람이다.' 이런 생각으로 수행하십시오. 밥 먹을 줄은 알면서 화두를 놓아버리면 안 됩니다.

'방하착, 무엇을 놓으라 하는가?'

전부가 화두이므로 혹 의심이 가거든 꾸준히 파고 들어가십시오. 학문도 계속 연구하다 보면 수행이 되어 문제가 해결되곤 합니다. 그런데 화두는 깨쳐야만 풀립니다. 다른 걸로는 안 풀려요. 알음알이로 따져봤자 몇 푼어치밖에 안 됩니다. 철저하게 몰라야 풀립니다. 마침내 어려움을 뚫고 이뤄냈을 때 느끼는 그 쾌감은 말로 표현할 수가 없습니다.

자꾸 게으름 피우면 몸은 편할지언정 후회만 남습니다. 이 귀중한 시간을 적당히 보내지 마십시오. 간단없이 공부하여 힘을 얻어야 됩니다. 앉으나 서나, 자나 깨나 일체가 공부입니다. 공부하는 사람에게는 억만금을 준다고 해도 그 가치가 한쪽 눈만 못한데, 먹고 사는 걱정이 우리 세상살이의 반절은 차지합니다. 그런 걱정 하지 말라고 해서 안 할 것은 아니겠지만, 어떻든지 공부하기를 당부합니다. 공부하면 좌절할 일도 없을 뿐만 아니라 용기가 생깁니다.

—1989년 9월 고운사 정기법회

02
___

영원한 행복의 길

삼세유심유심삼세三世唯心唯心三世인데
처처광명처처신處處光明處處身이로다.
금일대중회마今日大衆會麼아
조비토주추국황鳥飛兎走秋菊黃이로다.

과거 현재 미래가 오직 마음에 있고, 마음이 곧 과거 현재
미래인데,
처처광명 처처신이로다.
금일대중은 아시겠습니까?
새는 날고 토끼는 달리고 가을 국화는 누름이로다.
억!

용기를 내어 마음 찾는 공부를 하라

진불출언眞不出言이란 말이 있습니다. 참은 말로부터
나오는 것이 아니며, 말로는 다 표현할 수 없다는 뜻입니다. 그
러나 말을 하지 않으면 알아들을 수가 없어서 입을 통해서, 또는
할을 하고 주장자도 들어 보이기도 하면서 억지로 표현을 합니
다만, 이 자리는 마음이라 해도 옳지 않고 무슨 과거 현재 미래
라 해도 옳지 않습니다. 그러나 옳지 않는 면은 접어두고 옳다는
측면에서 말씀드려 보겠습니다.

사람은 저마다 어떻게 하면 오래 행복하게 잘살 것인가 하는
생각을 합니다. 그리고 제각기 온갖 방법을 찾습니다. 행복을 찾
기 위해서 말입니다. 아무리 살아봐도 결과적으로 죽게 되는 허
망한 인생살이 아닌가, 그렇다면 영원히 사는 방법이 없을까 하
고 연구하다 보면 결국 종교를 찾게 됩니다. 종교는 마루 종宗자
가르칠 교敎자, 글자 그대로 가르침 중에 으뜸이라는 말입니다.
우리가 세상의 모든 것을 다 배우는데, 그 교육 중에서 가장 으
뜸이 종교라는 것이지요.

종교에 대해 여러 가지로 정의합니다만 누구나 다 이해할 수
있게 설명을 하자면, 상대유한의 세계에서 절대무한의 세계를
추구하는 것이라고 하면 큰 허물이 되지 않을 것입니다. 이 말은
삶이 있으면 죽음이 있고, 네가 있으면 내가 있고, 색이 있으면

공이 있고, 모든 것은 한정되어 있음을 뜻합니다. 생하면 반드시 멸하기 때문입니다. 특히나 그중에서 삶과 죽음 때문에 종교가 있다고 해도 과언이 아닐 것입니다.

한정된 세계를 차안, 절대의 세계를 피안이라 합니다. 피안은 깨달음의 세계요, 극락의 세계입니다. 어떤 사람은 천국이라고 표현하기도 합니다만, 천국은 일정한 세월이 흐르면 떨어지는 세계입니다.

무한의 세계를 추구하는 것이 종교입니다. 이론은 그러한데 어떻게 그 무한의 세계를 누릴 것인가? 이대로 차안, 이대로 피안 그대로를 수용할 수 있어야 합니다. 여기를 버리고 저기를 택하는 것은 몇 푼어치 되지 않는 가치입니다. 깨닫고 보면 한 발자국도 움직이지 않고 이대로 전부 여러분 것입니다.

이해를 돕기 위해 이것을 마음이라고 합니다. 과거와 현재 미래, 시방세계 모두가 마음으로부터 비롯됩니다. 그러면 어떤 것이 마음인가? '마음, 마음' 하는 그 마음을 아는 것을 뒤집어 놓으니까 과거 현재 미래 이대로가 마음입니다. 마음은 만지거나 볼 수 없다고 표현했지만, 마음은 만질 수도 있고 볼 수도 있습니다. 이대로가 마음입니다. 일체가 다 마음이라고 부처님께서 말씀하셨습니다. 《화엄경》에 '약인욕요지若人慾了知 삼세일체불三世一切佛 응관법계성應觀法界性 일체유심조一切唯心造'라 했습니다. 부처님을 알고자 한다면 법계의 성품을 관해야 하고, 성품을 관하면 '일체유심조', 즉 일체가 다 마음에 있다는 것을 깨닫는다는 뜻입니다.

여러분은 마음자리를 공부하려고 여기에 왔습니다. 이 자리를 알면 삶의 전체를 얻고, 이 자리를 모르면 삶이 불안하고 괴롭습니다.

나는 여러분이 공부하려고 이곳에 오는 이 시간이 매우 기다려집니다. 여러분 모습을 보면 기쁘기가 한량없습니다. 여기 오신 것만 해도 참으로 희유한 일입니다. 우연히 온 것 같아도 쉬운 일이 아닙니다. 이 공부는 겁을 낸다거나 용기가 없으면 하지 못합니다. 거기 가서 참선하다 배겨나지 못하면 그런 망신이 어디 있나 하는 생각을 갖고는 용기를 내지 못합니다.

스님들 중에도 그런 사람이 있습니다. 제방에서 강사를 지낸 스님이 있는데 그 스님은 강講으로 나아갔고 저는 참선을 지금까지 하면서 살아왔습니다. 한번은 부산포교당에서 그 강사 스님의 법문을 우연히 들은 적이 있는데 엉터리 법문을 하고 있는 거예요. 남의 눈에 흙을 넣어도 분수가 있지 원 세상에 저렇게 법문을 하다니, 이런 생각이 들어서 그 자리에서 법상을 뒤엎을까 하다가 이러면 안 되지 싶어서 참았습니다. 그 스님이 법상에서 내려왔을 때 한마디 했어요.

"아니 스님도 물에 빠져 허덕이면서 어떻게 남을 건진다고 그래요?"

• 무량수전 사자후

보통 사람 같았으면 화를 냈을 텐데 오히려 스님께서 자기를 그렇게 지적해주어서 고맙다고 하더군요. 지금 생각하면 참 부끄러운 일인데, 그때는 그저 공부만 열심히 할 때라 내 소견만 가지고 그렇게 말한 겁니다. 실은 그 스님이 나보다 한 발 앞서 가는 분이었는데 말이죠.

　그런데 후에 해인사에 가니까 거기서 또 강사를 하고 있는 겁니다. 승가에 그렇게 강의를 하는 분도 있어야 되는 겁니다만, 그때 내 단견으로는 의술을 배워서 남의 병을 고쳐주어야지 자기 병도 못 고치면서 어떻게 남의 병을 고쳐준다고 저러나 하는 생각이었습니다. 남을 가르친다는 것은 쉬운 일이 아닙니다. 그때 내가 그곳 방장스님이 쓴 글 하나를 받았는데, 그 내용을 가지고 그 강사스님과 얘기를 나누었어요. 그런데 제가 내용을 해석하는 것을 보고는 생각이 달라졌던가 봅니다.

　그다음에 가니까 "스님, 나 강사 안 하려고 합니다." 그래요. 선방에 가겠다는 겁니다. 얼마나 반갑던지 "스님이 선방에 가면 판도가 달라질 겁니다."라고 했더니 하시는 말씀이 "사실은 용기가 나지 않습니다. 나의 제자들이 다 선방에 있는데, 거기 가서 견뎌내지 못하면 그런 망신이 어디 있습니까? 팔만대장경 다 뒤져보더라도 참선을 해야 한다는 말은 알겠는데 선방 가서 못 견디면 그런 망신이 어디 있습니까?"라고 해요.

　"처음에는 보름과 한 달인데 스님이라면 그걸 못 배기겠어요?

죽을 각오로 용기를 내보세요."라고 했더니, 그 뒤 그 강사 스님은 해인사 주지를 지냈던 스님, 강사를 했던 스님 한 분, 이렇게 셋이서 지리산에 있는 선방에 가서 죽자고 공부했는데, 한 보름은 정말 죽겠더니 한 달 지나고 나자 자신이 생기더라는 말을 들었습니다. 그 뒤에도 제방선방에 다니면서 열심히 공부하는 걸 봤습니다.

이런 얘기를 하는 까닭은 이 마음자리를 찾는 공부는 실제로 용기가 없으면 하지 못한다는 것을 전하기 위해서입니다. 이런 저런 핑계를 대고 이곳을 오지 않는 분들도 있는데, 실제로는 용기가 없어 못 오는 것입니다. 선방의 문고리만 잡아도 한량없는 공덕이 있는 겁니다. 밥 한 술이라도 더 먹어야 배부른 것처럼, 참선도 해보면 알아요. 글을 읽어 아무리 지식을 쌓아도 허전할 뿐입니다.

대보살의 원력을 세워라

'설후시지송백조雪後始知松栢操요, 사난방견장부심事難方見丈夫心이라'는 말이 있습니다. 눈 온 뒤에 소나무의 지조를 알고 어려운 일을 겪어봐야 장부의 마음을 알 수 있다는 뜻입니다. 지금 팔십이 넘으셨어도 열심히 정진하고 계신 스님이 이 글을 써 붙여놨는데, 이 글을 보고 용기를 내어서 깨우치라고 소개합니다. 다시 말해서 겨울이 지나봐야 소나무의 지조를 알고 어려움을 겪어봐야 장부의 마음을 안다는 것입니다. '자락自樂을 능사能捨하면 신경여성信敬如聖이요, 난행難行을 능행能行하면 존중여불尊重如佛이라'고 했습니다. 즐거움을 능히 버릴 줄 알면 믿고 공경함이 성인과 같고, 어려운 행을 능히 행하면 존중함이 부처님 같다는 뜻입니다.

꾸준히 하지 않으면 무엇을 이룰 수 있겠습니까. 마음자리를 찾는 이 일보다 더 소중한 일이 어디에 있단 말입니까. 지금 여기 우리 선방 스님들도 생사를 걸어놓고 공부하고 있습니다. 그 가운데 한 분은 지금 100일 동안 단식을 하면서 공부를 해보겠다 하고는 목숨을 내놓고 정진하고 있습니다. 세상 사람들 모두 맛있는 것을 먹으려고 쫓아다니는데, 청춘에 죽기를 각오하고 정진하고 있는 겁니다. 비교적 견디기 쉬운 봄이나 여름도 아닌 이 겨울에 100일을 먹지 않으면 어떻게 살 수 있을지 걱정입니다. 참으로 생사대사를 해결하겠다고 하니 장한 일입니다.

지금 열하루째 굶고 있습니다. 십 년 동안 동구 밖을 나가지 않고 공부하겠다면서 지난 겨울에도 100일 동안 정진했는데, 무엇이 좀 이루어질 것 같은 생각이 듭니다. 작심삼일이 되지 않고 정진해서 금생의 이 겨울에 마쳐 보려는지 지켜보고 있습니다. 그러나 설사 깨쳤다고 하더라도 10년을 채우지 못하고 동구 밖에 나가버리면 실패작입니다. 월정사 조실이셨던 한암 스님은 30년 동안 주석하셨던 상원사 밖을 안 나가셨어요.

기필코 도를 뚫겠다는 목표를 세우고 용기를 내서 꾸준히 정진하면 이루어지게 되어 있습니다. 그런데 무슨 장날이네 결혼식이네 해서 공부하러 오지 않으니 기가 막힐 일입니다.

지금 내가 특별히 여기에 있는 한 분을 소개하는데, 마음 공부하는 데 꼭 유무식이 있는 것은 아닙니다만 오해 없이 들어주시기를 바랍니다. 포항에서 오신 김 박사님은 오늘 무슨 유명한 학술상을 받기로 되어 있는데도 치워버리고 여기 왔어요. 일본 출장도 미루고 왔답니다. 출장이야 연기할 수 있지만 아무나 받을 수 없는 그런 상을 마다하고 왔다는 것은, 저분이 세계적 학자이지만 얼마나 용맹스러운 마음을 가지고 정진하는지 알 수 있습니다.

오늘이 네 번째 용맹정진 법회 참석인데, 세 번 해보고는 자신이 딱 붙었다고 합니다. 처음 법문을 들을 때는 이해하기 어렵더니 여러 번 법문을 듣다 보니 이해가 되었고, 처음 참선할 때는 겁을 먹었는데 지금은 기필코 뚫어야 되겠다는 마음이 생겼다는 거예요. 한 달에 한 번 용맹정진뿐 아니라 아침저녁으로도 참선을 하신다고 합니다. 이 얼마나 반가운 일입니까.

공부하다가 만약 깨쳤다고 하면 세계가 달라지는 겁니다. 우리나라의 부설 거사, 인도의 유마 거사, 중국의 방 거사와 같은 분들처럼 깨쳐놓으면 얼마나 좋겠습니까. 많이 배우고 아는 사람은 많지만, 깨달아 생사를 자재하는 이 공부보다 더 소중한 것이 어디 있겠습니까. 이렇게 한 번 지조를 세웠으니 꼭 깨칠 것이라고 크게 기대하고 있습니다.

학교에 다닐 때 하루 한 끼 먹고, 옷 한 벌 가지고 졸업할 때까지 입었을 때의 고통에 비하면 이렇게 좋은 환경에서 공부하는 건 거저먹기 아닙니까? 어려울 것 없어요.

그런데 어찌 보면 지금이 더 어려울 수도 있습니다. 벼슬이 높고 돈이 많고 똑똑하면 공부하기 어렵기 때문입니다. 벼슬이라는 게 달팽이 뿔과도 같이 보잘 것 없는 것인데, 모두 벼슬이 좀 올라가면 우쭐해요. 벼슬이 높은 것을 최고의 행복으로 여기는 거지요. 돈이 많고 벼슬이 높고 많이 아는 것을 영광으로 여기지만, 그러나 돈이 많은 것보다 벼슬이 높은 게 좀 낫고 벼슬이 아무리 높아도 학문보다는 못합니다. 그런데 학문이 아무리 깊어도 도만 같지 못해요. 그까짓 것 몇 푼어치나 되냔 말입니까?

남을 이기는 것보다 나 자신을 이기는 게 낫습니다. 그런데 자신을 이기는 것보다 남에게 져주는 게 더 어려워요. 참말로 저 지옥 중생도 다 깨우쳐주려면 몸소 이 어려운 행을 능히 해야 되지 않겠습니까? 아는 것을 버리기 어렵고, 어려운 것을 행하는 것은 실제로 어렵습니다. 단지불회但知不會하면 시즉견성是卽見性이라, 다만 모를 뿐이면 통한다고 했거든요. '광학다지廣學多知하면 신식전암神識轉暗이라', 많이 알고 많이 기억하면 정신이 더욱 어두워져요. 그러니 아는 가운데 다 놔버리고 공부한다면 이 얼마나 좋겠느냐는 겁니다.

이 자리를 빌려 김 교수님께 많은 사람을 깨우치는 보살이 되겠다는 큰 원력을 세우시라고 부탁드립니다. 여기에 오셔서 이렇듯 열심히 정진하는 것이 우리 모두에게 얼마나 큰 영광인지 모른다는 걸 다시 한 번 말씀드립니다.

요즘 교수만 되어도 우쭐거리고, 무슨 장관 자리에만 앉아도 그저 안하무인이더군요. 그러나 숨 한 번만 안 쉬면 가버리는 게 인생인데 그것이 몇 푼어치나 된다고 그렇게 삽니까. 공부가 깊어지면 그거 군더더기이거든요.

세간에서 열심히 살다가 한 달에 하루만이라도 여기에 와서 나를 찾는 공부를 하십시오. 내가 무엇인지 알고 살아야 삶의 보람을 느끼지 않겠습니까? 신심과 원력만 있으면 이 공부는 오래 가지 않습니다. 대하는 구십일이요 소하는 칠일이면 된다고, 아무리 늦어도 구십일이면 알고 빠르면 일주일이면 아는데, 왜 안되는가? 첫째는 믿지를 않고, 용기가 없어서 그렇습니다. 간단없이 해야만 합니다.

이 공부를 하는 데는 똑똑한 사람만이 깨치는 것이 아니라 일자무식도 깨친 사람이 많습니다. 다만 하지 않을 뿐입니다. 누구나 다 영원한 생명과 무한한 능력을 갖추고 있습니다. 우리에게 자기를 찾는 이 일보다 더 소중한 일이 없습니다. 그래서 나는 여러분이 머리 기른 스님이 되어주고 대보살이 되어서 중생을 구제하기를 간절히 바랍니다.

세상살이 속 동중공부

사회가 혼란하다고 걱정하지 말고 여러분 자신을 걱정하십시오. 내 마음이 편하면 온 시방이 다 편합니다. 나 하나 불안하면 전부가 다 불안한 거예요. 그러니 이 마음 닦는 공부하는 것보다 소중한 일이 어디 있겠습니까? 그러다보니 처처가 광명이요 처처가 다 몸이란 말입니다. 누구 몸인가, 각자 그 이름을 붙이세요. 다 내 몸이라고 해도 좋고 여러분 몸이라 해도 좋습니다. 무슨 이름을 붙이면 어떻습니까.

오늘 이 법문이 끝나고 새벽 세 시까지 정진하겠다는 목표를 세웠으면 중간에 드러눕지 말고 앉아보세요. 도저히 배겨내기 힘들면 바깥에 나가서 포행을 하다가 다시 도전하세요. 수행은 도전하고 또 도전하는 데 성취가 달려 있습니다.

세상을 불평하고 누굴 원망할 것이 없어요. 어리석은 사람일수록 남을 원망하고 세상 불평하며 삽니다. 지지리 못난 사람이 부모 원망하고 스승 원망합니다. 왜 이렇게 나를 못나게 낳아 고생을 시키느냐고 부모를 원망하는데, 자기가 지어 받는 것인데 누구를 원망하겠습니까. 모두 고마울 뿐입니다. 고마운 생각을 가지면 공부가 저절로 됩니다. 지난날은 잘 살기 위한 경험일 뿐인데, 후회할 게 뭐 있어요. 현재가 중요한 것입니다.

똑똑한 사람, 벼슬 높은 사람, 많이 가진 사람은 틀림없이 복이 많은 사람입니다. 그런데 그런 사람들은 마음 공부할 기회를 만나기 어렵습니다. 교만해서 그렇고 또 몰라서 그렇습니다. 알아도 제대로 몰라서 그래요.

똑똑하고 복이 있다 하더라도 공부 복이 없으면 헛일입니다. 그래서 복을 삼생의 원수라고 합니다. 세상에서는 복을 최고로 아는데 수행자의 입장에서 볼 때는 삼생의 원수입니다. 복을 짓느라고 공부 못하고 복을 받느라고 공부 못하고 복이 다하면 공부하지 못합니다. 주위에 그런 사람들 없는지 한번 살펴보세요. 복을 짓고 나서 공부해야 될 텐데 복을 수용하느라고 정진하지 못합니다. 잘 먹고 입고 편안한데 누가 여기에 와서 공부를 하려고 하겠습니까?

오늘은 또 무엇을 좀 즐길까, 어떤 맛있는 음식을 먹을까, 이런 생각에 골몰합니다. 눈과 귀로 즐기고 입과 몸으로 즐기려고 합니다. 그래서 복이 많은 사람은 공부하지 못합니다. 천상에 사는 사람도 공부하지 못합니다.

요즘은 예전에 비해 물질은 풍요로운데도 죄를 짓고 마음은 오히려 가난합니다. 지금 복을 누린다 하더라도 공부하지 않으면 복이 다해 지옥에 떨어져 고통을 받습니다. 남의 신세를 지면 반드시 시은을 갚아야 합니다. 공짜가 하나도 없어요. 금생에 이 마음을 밝히지 못하면 물 한 방울도 녹이기 어려워요. 공부를 못 하면 말짱 썩은 송장이지 살아 있다고 말할 수 없습니다.

그래서 우리가 신심과 용기를 가지고 기필코 뚫어서 출격장부가 한번 되어보자는 것입니다. 언제까지 걱정만 하고 살 겁니까. 걱정을 하더라도 공부하지 못한 것을 걱정하세요. 공부에 대한 소극적인 태도를 적극적으로 바꾸자는 말입니다.

일하기 바빠 공부 못한다고 하는데, 일을 하세요. 누가 일을 못하게 합니까. 열심히 일하면서 그 가운데 자기를 늘 돌이켜보세요. 정중공부는 수월하지만 역경계에 부딪히면 힘이 없어져요. 그래서 세상살이를 해가면서 공부를 하란 말입니다. 그러나 동중공부가 생각보다 쉽지 않아요. 잘 안돼요.

그래서 여기 와서 한 달에 한 번이라도 잠깐 공부하면 여러 가지 공덕이 있습니다. 첫째, 복 짓는 일도 되고 또 더불어 공부하니까 힘이 모아져요. 지금 여러분들 보니까 보통 분들이 아닙니다. 정기가 이미 다 모여 있어요. 또 수행하는 스님들이 눌러 있으니까 훈기가 나고, 여러분에게 도움이 됩니다. 또 여러분이 이렇게 많이 모인 것이 엄청난 포교입니다. 얼마나 불교계에 힘이 되는지 몰라요. 문어발도 많아야 힘을 내는 것처럼 여러분이 이렇게 모여 공부하는 것이 엄청난 힘을 발휘합니다. 문어발을 끊으면 아무 힘이 없어요.

나에게 법문을 듣는 것은 몇 푼어치 가치가 안 됩니다. 그러나 참선하러 오는 한 분 한 분은 사자와 같아서, 사자 하나가 능히 백수를 다스리듯이 엄청난 힘이 됩니다.

크고 넓게 봅시다

복습을 하고 자랑하는 뜻에서, 그리고 여러분에게 조도를 받기 위해서 그동안 몇 군데에 가서 법문했던 것을 소개합니다.

이번에 진해에 가서 법문을 하는데, 그 지역의 큰스님들을 비롯해서 사암연합회 스님들과 지역 유지들이 많이 왔더군요. 스님네들이 앉아 있으니까 기운이 더 나는 거예요. 나는 청중의 숫자가 많으면 더 기운이 솟아납니다. 큰스님들이 앉아 계신데 법상에 오르려니 아주 미안했습니다. 그러나 이 공부에는 나이가 있는 게 아닙니다. 다섯 살 먹어서 깨달은 오세암의 동자도 있고, 열 살 먹어 깨달은 구봉 선사도 있습니다. 그러니 여러분도 용기를 가지시기 바랍니다. 그것 때문에 내가 큰스님들 앞에 법문을 하지 다른 게 있겠습니까.

• 무량수전 사자후

내가 서른한 살 때 수좌로 경봉 스님의 회상에서 공부할 때 지금 해인사 부방장으로 계시는 혜암 스님이 청해서 세 시간 동안 법문을 했습니다. 경봉 스님께선 천하의 도인 아닙니까.

어제는 국방부에서 전화가 왔는데, 글씨를 하나 써주길 부탁하더군요. 지금 조계종 원로회의 의장이신 월산 큰스님이 삼사관학교에 법문하러 가셨다가 그곳에서 글씨를 써달라고 하니까, 고운사 근일 스님한테 가서 글씨도 받고 법문도 들으라고 하시더랍니다. 사실 저는 큰스님에 비교도 안 됩니다. 또 도지사가 큰스님을 찾아뵈니까 내 얘기를 하셔서 그분이 여기를 찾아왔어요. 그래서 변소도 지어주고 가운루駕雲樓도 고쳐주고 그랬습니다. 그래도 날 알아주는 것은 큰스님과 여러분들입니다.

한 법도 취할 것이 없고 한 법도 버릴 것이 없습니다. 참말로 신심을 갖는다면 전부가 공부입니다. 귀한 분들이 왜 여기를 오겠습니까? 내 껍데기 보고 오는 것이 아니라 여러분들도 그러하듯이 신심을 갖고 오는 겁니다.

서강대학교에 다닐 때부터 여기에 와서 참선공부를 하다가 대학원을 마치고 호주에 가서 박사과정 중에 있는 사람이 있습니다. 그곳에서도 불교를 포교하려고 애를 쓰고 있는데, 얼마 전에 대사관에 근무하는 여자를 데리고 왔어요. 평생 반려자가 될 사람이라고 소개하면서, 기독교인이었는데 불교도로 만들었다고 해요. 신심이 그렇게 장할 수가 없었습니다. 그에게 하나 물어보

왔습니다.

중국의 마조 스님(馬祖道一, 709~788)이 남전, 서당, 회해 등 세 명의 걸출한 제자들을 데리고 달맞이를 갔는데, "달밤에 우리 이러할 때 뭘 했으면 좋겠느냐?" 하고 물었어요. 서당 스님은 "공양을 했으면 좋겠습니다." 하고, 회해 스님은 "수행을 했으면 좋겠습니다." 이렇게 대답합니다. 그런데 남전 스님은 옷깃을 털고 걸어갔어요.

내가 그에게 "옷깃을 터는 이 뜻이 뭐꼬?" 하고 물었더니, 그 뜻을 어렴풋이 알더라고요. 하도 고마워서 "너, 공부하겠구나. 부지런히 해라." 하면서 내 일대기가 담긴 테이프를 주었습니다. 누구나 열심히 하면 열립니다. 우리 승려들도 신심이 없는 사람이 수두룩합니다. 어찌어찌해서 승려가 되었지만 공부를 몰라서 못하고 또 용기가 없어서 하지 않습니다. 오늘 여러분들이 우리한테 많은 법문을 해줍니다. 외길로 가는 우리들도 힘들다고 하는데, 세상살이 다 누리면서 공부한다는 게 쉬운 일이 아니란 말입니다.

며칠 전 의사들한테 법문을 네 시간 정도 했더니 목도 쉬고 감기에 걸렸어요. 그런데 묘하게 괴롭지가 않아요. 아무리 건강해도 몸이 괴로우면 헛일이거든요. 만약 공부를 안 했으면 '죽으면 어쩌나.' 하고 드러누웠을 거예요. 그런데 이 공부를 해놓으니까 아까운 게 없어요. 한참 법문할 때 보면 병도 쏙 들어가버려요.

토굴에서 공부할 때도 그랬습니다. 용기를 가지면 병도 도망가 버립니다. 또 아프니까 좋은 점이 공부를 점검해볼 수 있는 기회가 됩니다. 이게 다 선지식입니다.

내가 천주교에서 하는 예비신부대학에서 초청을 받아 몇 해째 강의를 하고 있는데, 나뿐만 아니라 목사, 신부, 유림 대표 등과 함께 합니다. 내 강의가 가장 인기 있다고 해요. 그래서 이번에도 다시 초청을 받아 또 하러 가려고 합니다.

이 세상에 불교만 있으면 썩습니다. 일체가 불교가 아님이 없습니다. 나를 반대하는 사람도 있어야 합니다. 기독교, 천주교, 회교도 있어야 하고 장사하는 사람, 농사짓는 사람 모두가 필요한 것이 세상의 묘법입니다. 지옥도 있고 천국도 있으니 얼마나 좋습니까. 이렇게 울긋불긋 이루어진 조화가 참 묘한 이치거든요. 이렇게 묘용의 전체를 보면 편안한데 부분만 보면 괴로워요.

다른 종교는 뭐라 하든 우리 불교는 좁게 보지 말고 크고 넓게 봅시다. 불교를 바다에 비교합니다. 바다는 넓어서 온갖 산천의 물을 다 받아들여도 짠맛은 변함이 없고 불어나지도 줄지도 않습니다. 정말로 큰 그릇은 그렇게 다 수용을 하는데, 그게 바로 불법이요 여러분의 마음입니다.

그래서 선은 부처님의 마음이요, 교는 부처님의 말씀이요, 율은 부처님의 행이요, 정토는 부처님의 실현이라고 했습니다. 이걸 다른 말로 바꾸면 선은 우리 모두의 마음이요, 교는 우리 모두의 말이요, 율은 우리 모두의 행이요, 정토는 우리 모두의 꿈이자 실현입니다.

철저하게 버리고, 철저하게 수행하라

세상 모두 다 중요하지만 마음보다 중요한 것이 없습니다. 그래서 마음을 찾는 참선이 제일인 거예요. 어리석은 사람일수록 기적을 원하고 신통을 좋아합니다. 도인은 다른 사람의 마음을 척 알아서 좋겠다고 하는데, 그리 아는 거 못써요. 만일 여러분의 마음을 내가 다 안다면 여기 앉아 있을 사람이 몇 없을 겁니다. '저 스님이 내 마음을 다 알고 과거에 내가 잘못한 것을 다 알고 있는데 부끄러워서 어떻게 앉아 있나.' 하고 도망가버릴 거예요. 실제로 그런 사람이 있었습니다. 어떤 분들이 찾아왔는데 한 사람은 밖에서 들어오지 않기에 왜 그러느냐고 물어보니 내가 다 안다는 소문을 들어서 못 들어오겠다는 겁니다.

실제로 나는 아무것도 모릅니다. 다른 사람 마음을 아는 것이 타심통인데, 그건 점쟁이가 더 잘 알아요. 숙명통을 얻어서 사람의 마음을 알고 과거와 미래를 안다고 해도 그게 몇 푼어치 되니까. 자신의 과거나 마음은 여러분이 훨씬 더 잘 알 겁니다.

신족통을 얻어서 허공을 날고, 천이통을 얻어서 저 먼 데 있는 소리까지 다 듣는 것이 좋을 것 같지만 그렇지 않습니다. 좋은 소리만 들리나요? 죽어가는 사람들의 소리가 들린다고 생각해봐요. 또 천안통을 얻어 앉아서 다 보면 좋을 것 같지요? 내가 대구에 가다가 차사고가 나서 죽는 모습을 보았는데 참으로 안 좋았습니다. 모두 좋은 몸 받으라고 염불해 주었지만, 그 모습은 상상만 해도 좋지 않아요. 그대로가 무상인데 그런 거 다 알아도 안 좋습니다.

누진통을 얻어야 일체 업장이 다 녹아진다고 하는데 녹아진들 별 수 있고, 녹을 건 뭐가 있나요. 삼세가 유심이요 유심이 삼세라, 이 얼마나 좋습니까. 과거 현재 미래가 다 마음이요 마음이 곧 과거 현재 미래로다, 처처가 광명이요 처처가 몸이로다, 이게 다 언하에 깨칠 소리입니다.

여러 번 얘기했지만 숙지해야 될 것 같아서 우리 인생의 모습과 꼭 닮은 안수정등岸樹井藤 이야기를 다시 한 번 합니다.

어떤 사람이 맹수에 쫓기어 도망가다가 큰 구덩이가 있는 것을 보았어요. 그곳에 숨으려고 보니까 넝쿨이 뻗어 들어가 있어서 그걸 타고 내려갔습니다. 내려가다가 보니까 바닥에 독사 세 마리가 잡아먹으려고 혀를 날름대고 있었어요. 위에서는 맹수가 잡아먹으려고 으르렁대고 밑에서는 한 번 물리면 꼼짝없이 죽는 독사가 혀를 날름거리고, 설상가상 잡고 있는 넝쿨을 쥐가 오도독 오도독 갉아먹고 있습니다. 그런데 이렇게 진퇴양난의 죽는 순간에도 배가 고프단 말입니다. 과일도 열리고 벌이 꿀도 실어 다 놓은 넝쿨을 보고는 이 넝쿨 저 넝쿨 옮겨다니면서 온갖 재주 를 부립니다. 한번 잘못하면 뚝 떨어질 텐데 용케 쫓아다니면서 '아이고, 꿀맛 좋다!' 그렇게 취해 있단 말입니다.

남의 얘기로 듣지 마세요. 지금 여러분들이 다 그 속에 있습니다. 선방에 있는데 내가 왜 그 속에 있는가 하는 사람도 있을지 모릅니다. 우리가 인간으로 태어나고 싶어서 태어난 것이 아닙니다. 법신, 업신, 육신, 이 셋이 하나지만 업력으로 인해서 이렇게 태어났단 말입니다. 어쩌다 복이 있어 부잣집에 태어나면 좋겠지만 그래봤자 좀 크고 좋은 웅덩이에 태어난 것과 같아요.

넝쿨은 명줄, 쥐는 해와 달, 즉 세월을 뜻합니다. 지금 우리는 이 순간에도 죽어가고 있어요. 지금 얼마만큼 떨어져 있는지 몰라요. 수명이 100년 미만으로 한정되어 있는데, 병이 들면 명줄이 썩어 일찍 죽습니다. 또 넝쿨은 아직 튼튼하지만 열매 따는 데 재주를 너무 부리다가 떨어지면 독사한테 물려죽는 겁니다. 독사는 뭘까요? 탐욕과 성냄과 어리석음을 말하는 탐진치입니다. 욕심을 내다가 자기 명대로 못 살고 죽어서 지옥의 고통을 받고, 또 성을 내서 전쟁을 하고 남을 때리고 맞기도 합니다. 탐진치 때문에 이혼도 하고 전쟁도 일어납니다. 그런데 욕심을 내든 안 내든 때가 되면 죽을 수밖에 없어요.

그럼 어떻게 하면 살아나겠습니까? 이러한 위기에서 살아날

昨夜夢中明頭佛
今朝開眼外處塵
速看慈外處庵主
春來草葉念念

어젯밤 꿈속에서는 머리머리마다 부처더니
오늘 아침 눈을 뜨니 둥기둥건마다 보살이로다.
멀리 정밭을 바라보니 꽃들이 주인인데
봄은 풀잎 따라 오는데 생각생각은 하나로다.

수 있는 얘기를 한번 해보세요. 공부 열심히 하면 살아난다고요? 바른 길로 가면 산다고요? 바른 길로 가면 세월이 안 끊어지고 살아납니까? 이사理事가 맞아야 합니다. 실제로 내가 그 웅덩이 속에 있다고 생각해야 됩니다. 또 탐욕을 버린다고요? 오욕락을 버려도 줄이 떨어져버릴 텐데요? 탐욕을 버린다고 해서 생사를 해결할 수 있을까요?

대답을 해보세요. 참된 나를 찾아야겠다고요? 여러분의 산 소리를 듣고 싶습니다.

말을 안 하는 것을 보니 저 인도의 유마 거사가 침묵으로 불이 법문을 한 것과 같다고 간주하겠습니다. 알고 그랬다면 몰라도 만약 그렇지 않다면 여러분은 송장에 불과합니다. 송장이 대답을 합니까?

만공 스님은 "작야몽중사昨夜夢中事, 어젯밤 꿈 일이니라." 하셨습니다. 보통으로 하는 소리 같지만, 공부가 많이 된 사람이 한 소리는 틀려요. "하시입정何時入井고, 내가 언제 거기 들어가는가." 그렇게 대답한 분도 계세요. 공부한 만큼 표현하는 겁니다. 또 어떤 스님은 "아야, 아야!" 그렇게 답합니다. 그것도 참 묘하거든요. 이걸 내가 풀이해버리면 밑천이 다 보여 여러분한테는 도움이 안 됩니다.

전강 스님께서는 "달다!" 이렇게 표현했습니다. 그 꿀맛이 좋다는 말입니다. 전강 큰스님께서 "이렇게 되면 너희들은 어떻게 대답하겠느냐?" 하고 물으셔서 당시 전강 스님 회상에서 내가 튀어나가서 대답했습니다.

"스님, 저는 그렇게 않겠습니다."

"그래, 너는 어떻게 하겠느냐?"

"안이비설의 비타물非他物입니다."

스님께서 손을 잡으시며 "내가 어찌 너를 모르겠느냐." 하고 말씀하셨어요. 그때 다른 수좌들도 있었는데, 이렇게 자기 공부가 된 만큼 표현합니다.

아무튼 평범한 것 갖고도 공부에 있어서 가벼이 여기지 말고, 전부가 공부인데 항차 사람을 가볍게 보아서야 되겠는가 말입니다. 철저하게 자기 자신을 돌이켜보고 정진해야 하는데, 일하는 것도 공부고 돈을 버는 것도 공부고 잠자고 먹는 것도 공부이지만 다만 몰라야 통합니다.

도를 닦기 가장 좋은 직업이 운전수인 것 같아요. 운전수는 자기 일만 잘하면 도를 통할 텐데요.

그렇지 못한 것이 이상해서 살펴보니까 욕심이 꽉 차가지고 딴 생각을 해요. 차를 몰 때 한번 보세요. 너무 빨리 가거나 더디게 가도 안 되고 선을 벗어나도 안 됩니다. 딴 생각을 하다가 부딪쳐요. 잡념이 없는 그 자체가 도입니다. 잡념이 없으면 돈을 벌고 남녀가 사는 이 모두가 도인데, 그걸 모르고 껍데기만 빙빙 돌고 있어요.

• 무량수전 사자후

참선하면서 온갖 고행을 참고 번뇌 망상을 정리하고 탕탕히 비워보세요. 철저하게 놓으면 철저하게 수행하게 됩니다. 앉아서 조복이라도 받으세요. 생각을 비우면 안심입명이 되고 대지혜가 생깁니다. 역대 조사와 제불제조가 다 참선하는 가운데 깨달았다는 것을 명심하고 나도 그처럼 깨달을 수 있다는 확실한 믿음을 가지고 정진하세요.

지금 이 가을, 얼마나 좋은 계절입니까. 이보다 더 공부하기 좋은 때가 어디 있습니까. 노인은 닦기 어렵고 부서진 수레는 가기 어렵다고 했습니다. 조금이라도 젊었을 때 맹렬히 공부하세요. 최선을 다해도 안 되면 어쩔 수 없지만 처음부터 안 하려고 하면 되겠습니까. 농사지을 사람이 장사할 생각하면 농사가 안 되는 것처럼, 공부할 사람이 딴 생각을 하면 이루어지는 게 없습니다.

얼마 전에 진해에 가서 법문을 할 때 '진鎭'과 '해海'자를 넣어서 시를 하나 지었어요. 이 시가 나는 마음에 듭니다. 한번 읊을 테니 같이 나무아미타불을 불러보세요.

천군만마일장진千軍萬馬一掌鎭이요
일구흡진남해수一口吸盡南海水로다.
거래생사본무사去來生死本無事인데
백구척진파상비白鷗尺盡波上飛로다.

천군만마를 한 손바닥으로 진압하고
한 입에 남해수를 다 들이마신다 해도
가고 오고 나고 죽음이 다 본래 일 없는 일인데
백구는 자질을 하며 파도에서 나는구나.
억!

−1989년 10월 고운사 정기법회

• 무량수전 사자후

03

마음자리를 닦는 수행

잡으니 등운騰雲이요

놓으니 고운孤雲이로다.

억!

인과에 어둡지 않다

　중국 당나라 시대에 백장 스님이라는 분이 계셨습니다. 백장산에 머물러서 산 이름을 따서 백장 스님이라 불린 큰스님이십니다. 이 백장 선사가 법문을 할 때마다 한 노인이 대중과 함께 열심히 듣다가 돌아가곤 했는데, 하루는 법문이 다 끝났는데도 일어나지 않고 그대로 남아 있었습니다. 선사가 이상하게 여겨 누군데 그러느냐고 물었지요. 그러자 노인이 이렇게 말합니다.

"사실 저는 지금 사람이 아닌데, 아주 오래전에는 이 사찰의 주지였습니다. 어느 날 한 학인이 "상상인上上人(대수행인)도 인과에 떨어집니까, 안 떨어집니까?" 하고 묻기에 "불락인과不落因果, 인과에 떨어지지 않는다."라고 대답했습니다. 그 때문에 그 후 오백 생 동안 여우 몸을 받아 이리 살고 있으니 선사께서 한 말씀으로 이 여우의 몸을 벗어나게 해주십시오. 상상인은 인과에 떨어집니까, 안 떨어집니까?"

백장 선사가 그 자리에서 대답을 합니다.

"불매인과不昧因果, 인과에 어둡지 않다."

노인은 선사의 가르침에 크게 깨닫고 인사를 올렸습니다.

"제가 이미 벗어버린 여우의 몸이 뒷산에 있을 것이니 선사께서 다비식을 치러주시길 청하옵니다."

백장 선사는 대중을 데리고 뒷산으로 올라가 바위 밑에 있는 여우 사체를 지팡이로 끄집어내어 화장을 해주었습니다.

선사가 저녁에 법당에서 제자들을 모아놓고 그날의 인연을 들려주었는데, 그때 황벽 스님이 물었습니다.

"큰스님, 그 스님이 전생에 잘못 대답하여 여우의 몸이 되었는데, 만약 바르게 대답했다면 무슨 몸을 받았겠습니까?"

선사가 말했습니다.

"앞으로 가까이 오거라. 네게 알려주겠다."

그런데 황벽 스님이 가까이 다가가서는 선사의 뺨을 후려치는 것입니다. 그러자 백장 스님이 박수를 치고 웃으며 "오랑캐의 수염은 붉다더니 붉은 수염을 가진 오랑캐가 여기 있구나."라고 말했답니다.

『무문관』제2칙「백장야호百丈野狐」편에 나오는 이야기입니다. 이 이야기를 잘못 받아들여서 요즘 공부하는 이들 중에는 그냥 방이나 하고 주먹을 내놓는다든지 스승의 멱살이나 잡는 수가 있는데, 그래서는 안 됩니다. 여기에 깊은 뜻이 있어요. '바르게 대답했다면 어떻게 되었겠는가.'를 참구해야 합니다. 불매인과는 유명한 화두입니다. 아직 화두가 없는 사람은 이것을 참구하십시오.

인과란 무엇인가요? 나쁜 일을 하면 나쁜 과보를 받고, 좋은 일을 하면 좋은 과보를 받는다는 말입니다. 공부가 많이 된 사람은 나쁜 일을 해도 죄가 없을까요? 대통령은 사람을 죽여도 법에 안 걸릴까요? 벼슬이 높은 사람은 언행을 아무렇게나 함부로 해도 죄가 안 된다고 생각하기 쉬운데, 그렇지 않습니다. 마찬가지로 자기 공부가 많이 되어 인과에 떨어지지 않는다며 마구잡이로 행동해서는 안 됩니다. 그러면 공부할 필요가 있겠어요? 깨치고 나면 인과에 안 걸리니까 마음대로 해도 된다는 식의 법문은 큰일날 소리입니다. 그러니 어지간히 공부해서는 아는 소리 하지 말란 말입니다. 잘못하면 남의 눈까지 멀게 만들어 버립니다.

공부하는 사람은 우선 화두를 철저하게 들어야 하고, 깼다 싶으면 이야기하란 말입니다. 자기는 분명히 깼다고 생각하지만 눈뜬 사람이 보기에는 그렇지 않단 말입니다. 이처럼 아직 깨닫지 못하였는데도 이미 깨달았다고 확신하는 교만을 증상만 增上慢이라고 하는데, 증상만은 죄가 되지는 않지만 본인은 깼다고 생각합니다.

지난날 큰스님들 중에도 그런 예가 종종 있습니다.

송나라 때의 원오극근圓悟克勤 선사도 도를 확철히 깨달았다고 믿고 천하의 선지식들을 찾아 점검하러 다녔습니다. 그러다가 오조법연五祖法演 선사를 찾아갔는데, 어쩐지 인가를 해주지 않는 겁니다.

"너는 아직 덜 깨달았다."

"제가 깨친 것을 선지식들이 모두 인정하는데 스님은 왜 인정을 안 하십니까?"

"네가 지금 천하의 선지식들을 주먹 속에 다 집어넣고 있다고 여기는 모양인데, 그렇게 생각하지 마라. 언젠가 열반당에 가서 눈이 가물가물할 때 내 얘기가 생각날 것이다."

열반당은 곧 죽게 될 사람이 머무는 곳입니다. 죽음을 앞에 둔 사람을 열반당에 데려다 두곤 하지요.

그런데 극근 선사가 얼마 뒤 공교롭게도 죽을병에 걸려 열반당에 들어가게 됐습니다. 혼자 방 안에 꼼짝없이 눕게 되었는데, 화두도 도망가고 전에 하던 공부도 어디론가 달아나서 찾을 수가 없고 사경을 헤맬 따름이었습니다. 밤에 켜놓은 등불이 개똥벌레 불빛마냥 작아 보이고 두 눈에 그 빛이 가물가물해지는 가운데 고통만 극심했습니다.

그때 법연 선사가 했던 말이 퍼뜩 떠올랐지요. '내가 병만 나으면 큰스님 앞에 찾아가서 다시 공부를 물으리라.' 이런 생각이 얼마나 간절했겠습니까? 극근 선사는 다행히도 병이 나았고, 법연 선사를 찾아가 잘못을 참회하고는 그 회상에서 10년간 시자로 살았습니다. 그리고 진심으로 생각을 비우고 밤낮없이 참구하던 중에 홀연히 깨달았다고 합니다.

여러분도 병이 들어보면 알 겁니다. 내 공부가 얼마나 되었는가 안 되었는가는 역경계에 부딪쳐보면 알게 된다는 말입니다. 건강할 때는 자만하기 쉽고 공부가 다 된 것 같기도 합니다. 그런 경계가 오더라도 만족하지 말고, 또 법사를 우습게 봐서도 안 됩니다. 내가 전에 들었다는 경박상을 내면 아주 좋지 않습니다. 법사를 우습게 여기고 심지어 부처님까지도 가볍게 보는 사람이 있는데, 그러면 도에서 영영 멀어져 버립니다. 오직 정진을 잘하면서 관하십시오.

나이 육칠십에도 열심히 정진하는 분이 있고, 젊고 건강한데도 게으름 피우는 분이 있습니다. 그러지 마십시오. 옛 사람들은 온종일 정진하고는 오늘도 내가 못 깨쳤다면서 다리 뻗고 울었다고 합니다. 항상 처음이라는 새로운 마음으로 '어떻게 해서든지 이번에 내 근본자리를 깨우치리라.' 하면서 정진해야 합니다.

세상을 이롭게 하겠다는 자비심을 가지고 우선 스스로 깨달아야 합니다. 나의 참모습을 깊이 참구하기 위해서는 '화두를 놓치면 나는 죽은 사람이다.' 하는 절박한 마음으로 공부를 점검해 나가야 합니다. 어떤 분은 "집에서 참선하면 안 됩니까?" 하고 묻는데, 물론 집에서도 가능합니다. 하지만 절에 오면 육바라밀을 곁들여 할 수 있으니까 더욱 좋겠지요. 또 여러 도반들의 기운이 모여 집중이 잘되고 보다 열심히 정진할 수가 있습니다.

마음이 한데 모이면 시방세계가 밝아진다

이 법회에서 우리는 한 법도 버릴 것이 없고, 또한 한 법도 취할 것이 없다는 이치를 알아야 합니다. 제 법문을 한결같게 들었다면, 그 사람은 공부가 많이 되었다고 볼 수 있습니다. 물론 법문만이 아니지요. 일체 모두가, 유정이든 무정이든 차별 없이 보고 들을 줄 알아야 합니다. 너와 내가 둘이 아니며 다르지가 않습니다. 바람소리, 물소리, 새소리도 마찬가지입니다.

• 무량수전 사자후

오늘 법문을 들으면서 '언젠가 했던 말이네.' 하고 받아들이면 껍데기 소리만 들은 것입니다. 팔만대장경을 다 살펴봐도 부처님 말씀은 똑같고, 바닷물을 다 마셔봐도 짠맛은 똑같습니다. 법문을 피상적으로 들으면서 늘 같은 법문을 되풀이한다고 불평하면 구업을 크게 짓는 것입니다. 우리가 날마다 반복해서 부르는 관세음보살도 전부가 다릅니다.

일구월심日久月深하면 자연정혜원명自然定慧圓明이라, 날이 가고 달이 깊어지면 절로 정과 혜가 밝아집니다. 두 번 세 번 같은 내용으로 법문을 계속하는 이유는, 처음 듣는 사람을 위한 배려도 있지만 한 번 듣고는 어렵다며 물러나려는 경박한 생각을 내지 말라는 뜻도 있습니다.

요즘 입시철이라 수험생 자녀들을 위해 기도하려고 절에 온 사람이 있을 겁니다. 그런 입시 기도를 미신이라고 폄하하는 사람도 있지만 기도하는 것 자체는 좋은 일입니다. 그리고 참선을 하면 더 좋습니다. 왜냐하면 어머니의 마음이 자녀들한테 전달되니까요. '어머니가 갈등이 심하다, 어머니가 병들어 있다.' 이런 걱정을 하면 자녀의 마음이 어떻겠어요? 그와 달리 어머니가 지금 나를 위해 기도하고 있다고 생각하면 마음 상태가 편해집니다. 시험을 치러 갈 때 정신을 바로 갖게 되고 결과도 좋게 나옵니다. 심리적으로 안정되고 침착해야 실력을 제대로 발휘할 수 있겠지요.

부모 자식 사이에서도 물론이지만 내 이웃의 삶이 불안하게 흔들리면 나에게도 좋지 않습니다. 반면에 우리의 마음이 한데 모이고 깨치면 그만큼 시방세계가 밝아집니다. 나만 나로 여기지 말고 전부를 나로 생각하면 좋겠습니다. 나부터 먼저 대보살심을 발휘하여 넓은 마음을 가져야 합니다.

　참선은 잠시만 해도 관찰력이 좋아지고 판단력이 빨라집니다. 정진을 잘해서 공부하되 물러서는 사람이 되어선 안 됩니다. 이보다 더 소중한 길은 없으니 늘 좋은 말, 좋은 행동을 하려고 노력하십시오. 하다 말다 되풀이하지 말고, '화두를 놓치면 나는 죽은 사람이다.' 이런 각오로 전력을 쏟아 확철대오해서 대자유인이 됩시다. 나 밖의 나를 깨우치기 바랍니다. 그래서 혹시 거듭된 법문을 하더라도 예전에 들었다면서 가볍게 여기지 말라고 부탁드리는 것입니다. 공부가 무르익을수록 우리의 도량이 넓어지고 믿음이 깊어집니다.

　귀근득지歸根得旨요, 수조실종隨照失宗이라, 「신심명信心銘」에 나오는 구절인데 근본으로 돌아가면 뜻을 얻지만 비춤을 따르면 종지를 잃는다는 가르침입니다. 수조실종만 하지 마십시오. 번뇌 망상을 따라다니면서 보는 데 끄달리고, 듣는 데 끄달려 옆길로 새지만 말라는 겁니다.

　참선하려고 모인 이 자리가 조금 춥긴 하지만 견뎌보는 것도 좋습니다. 비좁으면 방을 하나 더 쓰세요. 나도 여러분과 같이 하면 좋겠지만 내 방에 가서 앉도록 하겠습니다. 드러누워 자는 게 아닙니다. 실제 잠도 안 와요. '스님은 우리 고생시켜놓고 편안히 드러누워 자는가 보다.' 이렇게 생각하는 사람이 있을지 모르겠지만, 잠은 이미 도망가 버렸어요. 나를 따라다니면서 정진하자고 하면 밤새워서라도 합니다.

법문도 여러분이 좋아하고 내 얘기에 쑥 빨려들면 목에서 피가 날지언정 몇날 며칠 한없이 이어갈 수 있습니다. 한 사람이라도 더 신심을 내면 좋겠다는 생각 때문입니다. 여러분이 이렇게 정진하면 내 개인적으로도 매우 고맙습니다. 여러분 덕분에 내가 공부를 안 할 수 없습니다. 이렇게 정진하는 모습을 보고는 내가 안 하면 어떻게 되겠어요? 이번에는 조금 쉴까 하다가도 여러분을 보면 '또 공부해야지. 뭐 새로운 거라도 해야지.' 하는 마음이 생깁니다.

여러분이 나를 깨우쳐주는 겁니다. 여러분을 보면 잠자코 있을 수가 없어요. 더군다나 여러분이 이 시간을 기다린다는 사실을 떠올리면 한없이 고맙습니다. 분명코 여러분은 나의 스승입니다. 여기서 정말로 눈뜬 사람이 많이 나온다면, 내가 부처님 은혜를 만 분의 일이라도 갚는 것이라고 생각합니다.

근본자리를 닦는 참선

　　스님 한 분이 나한테 편지를 보내왔습니다. 편지에 뭐라고 썼느냐 하면, 옛날 송나라 시대의 어떤 스님이 변재를 타고 난 데다가 공부한 힘까지 있어서 설법을 아주 잘했다는 겁니다. 그 스님은 3년 동안 설법을 했는데, 하루는 "나 오늘 간다." 하고는 입을 딱 벌리고 훌쩍 떠나버렸다고 해요. 그런 내용을 적어놓고 말미에 나도 그렇게 하면 어떻겠느냐고 부탁하는 편지였습니다. 세수歲壽로 예순쯤 되어서 그러든지, 아니면 그냥 입을 딱 벌리고 가면 좋겠다는 것입니다.

　　입을 벌리고 간들, 눈을 감고 간들, 서서 간들 무슨 상관이 있습니까? 내가 이 절에 온 지 9년이 꼭 찼습니다. 나는 여기서 깨달은 분이 좀 많이 나왔으면 좋겠습니다. 유마 거사나 방 거사처럼 정말로 눈뜬 사람이 나오기를 바랄 뿐입니다.

　　지금 우리 스님들이 참 열심히 수행합니다. 백일 동안 잠도 안 자고 공부합니다. 말만 들어도 고맙습니다. 날마다 먹을 것 다 먹고 잘 잠 다 자다가 하룻밤만 새워도 힘이 들지 않습니까?

　　스님들은 일생을 버리고 정진합니다. 그것만으로도 고개가 숙여질 일이지요. 그런데 하루 한 끼만 먹는 스님, 또 그마저도 줄이려는 스님이 있습니다. 내가 기대를 하고 있는 한 스님은 40일 동안 먹지 않고 찬 데서 정진하고 있습니다. 그래서 행여나 목숨을 잃으면 어쩌나, 나는 지금 그게 걱정입니다. 40일이 아니라 100일 동안 안 먹고 지내겠다고 하니까 말입니다. 아무리 사정해도 안 듣더니 50일까지만 하기로 겨우 타협을 했어요. 남의 일이니까 그냥 그러려니 넘겨볼지도 모르지만 사실 이게 보통 어려운 일이 아닙니다. 지난달에 봤는데 스님이 기동起動을 못 해요. 따뜻한 방에서 수행해도 쉽지 않은데, 추운 데서 금식하면서 정진하다가 그만 탈진된 겁니다.

굶는 것으로 종宗을 삼으면 곤란합니다. 밥이라고는 모르는 저 돌멩이들이 성불할 리는 없잖습니까? 수행을 하더라도 정신은 살아야 되지 않겠습니까? 자칫 잘못하면 단식하는 상만 취하는 것은 아닐까요? 만약 단식을 잘하는 사람이 성불한다고 하면, 깨달은 사람은 단식원에 많이 있을 겁니다. 수행자는 양극단에 치우치지 않도록 유의해야 합니다.

우리가 참선을 하는 것은 근본 마음자리를 닦기 위해서입니다. 그런데 '내가 어떻게 하면 이 씨름에서 이길까?' 하고 승부를 가르듯이 앉아 있는 사람들도 있습니다. 물론 운동시합에서 주목받고 싶은 사람도, 돈을 많이 벌고 싶은 사람도, 뛰어난 공부 성적을 거두고 싶은 사람도 얼마든지 참선을 잘할 수 있습니다. 그러나 그러한 외적인 것보다는 항상 근본자리, 마음자리를 닦는 참선을 해야 합니다.

우리의 마음자리, 태양보다 밝은 이 자리를 알 수 있는 방법은 무엇일까요? 가장 좋은 방법이 바로 참선입니다. '이것이 무엇인고?' 참구할 때마다 업장이 녹아집니다.

돌이켜보고 또 돌이켜보기를 거듭하며 얼마나 깊어져야 마음 자리를 알게 될까요? 행주좌와行住坐臥 어묵동정語默動靜에 일여 一如가 되는가를 보면 알 수 있습니다. 공부가 깊어지면 가나 오나, 앉으나 서나 화두가 도망가지 않습니다. 말하거나 침묵하거나, 움직이거나 조용히 있거나 마찬가집니다. 공부가 더 깊어지면 몽중일여夢中一如, 꿈속에서도 하나가 됩니다. 이처럼 꿈속에서도 하나가 되면 칠지보살七地菩薩이라고 합니다. 원효대사가 팔지보살八地菩薩인데, 몽중일여가 되고 팔지보살이 되면 생사에 물들지 않습니다. 오매일여寤寐一如가 되어야 확철대오합니다. 잠이 들었든지 깨었든지 간에 똑같아야 오매일여인데, 여간해서 이르기 어려운 경지이지요.

내 공부가 얼마만큼 되었는가, 안 되었는가는 공부를 점검하는 방법에 자신을 대입해보면 알 수 있습니다. 마음이 복잡하고 동으로 갔다 서로 갔다 하면 괴롭고 혼란스럽지요. 그러나 공부가 깊어지면서 그런 것들이 떨어져 나갑니다. 땅에서 금을 처음 캤을 때는 잡철이 많이 섞여 있지만 연금鍊金을 하면 금만 남듯이 다른 것은 떨어져버리고 화두만 남아야 합니다. 그러고는 한 법도 버릴 것이 없는 단계가 옵니다. 그다음 이야기는 내가 굳이 할 필요가 없어요. 여러분이 직접 체득하시기 바랍니다.

• 무량수전 사자후

대욕은 무욕

불사에는 세 가지가 있습니다. 수행 불사, 포교 불사, 가람수호 불사입니다. 절은 크게 지어 놓았는데 사람이 없다면 빈집일 뿐이고, 그곳에 도둑들이 산다면 도둑 소굴이 되는 것입니다. 우리의 몸도 그와 같습니다. 이 몸의 주인이 없으면 헛것이지요. 몸은 분명히 있는데 그 주인이 시원찮아 제 역할을 전혀 못 한다면 헛것이지 않습니까?

우리 몸이 입는 옷에는 여섯 가지가 있습니다. 천상의 옷, 인간의 옷, 수라의 옷, 짐승의 옷, 귀신의 옷, 지옥의 옷입니다. 천도天道, 인도人道, 수라도修羅道, 축생도畜生道, 아귀도餓鬼道, 지옥도地獄道 등 육도六道의 옷이지요. 우리가 다행히도 사람의 옷을 입었으니까 이 자리에 같이 앉아 있지, 짐승이라면 여기에 들어올 수가 없습니다. 그리고 지옥은 너무 괴로워서 공부가 안 되고, 천당은 너무 즐거워서 공부가 안 됩니다. 벼슬이 높다든가, 돈이 많다든가, 많이 안다든가 하면 교만하기 때문에 여간해서 공부하기가 어렵습니다. 도를 더 닦아야 하는데도 불구하고 성급한 성취감에 취해 만족하고 맙니다.

우리가 겉에 푸른 옷, 붉은 옷을 입는다고 해서 마음자리가 변하는 것은 아닙니다. 붉은 옷을 입으면 얼굴빛이 붉게 보일 수는 있겠지요. 마찬가지로 짐승 옷을 입었어도 그 안의 불성 자체는 똑같습니다. 짐승이라고 해서 가볍게 보지 말라는 말입니다. 지옥중생도 똑같은 중생인데, 다만 그 씀이 다를 뿐입니다.

깨달음에는 겉모양이 중요하지 않을 뿐더러 상관도 없습니다. 제정신을 갖고 있다면 지옥에 간들 무슨 걱정이겠습니까? 깨달음은 유식과 무식에 있는 것이 아닙니다. 깨달음은 벼슬이 높고 낮음에 있는 것도 아니고, 승속에 있는 것도 아닙니다. 그런데 현실적인 면에서는 지위가 있는 이가 깨달아 놓으면 포교가 더 잘되기는 하지요. 또 잘 배운 이가 깨달았을 때는 많은 사람이 더 감명을 받습니다. 지위가 높은 것은 흠이 아닙니다. 그것을 엉뚱하게 남용하거나 교만해지니까 문제이지요.

지위가 높거나 지식이 많거나 대중의 사랑을 받는 분들은 더욱 열심히 공부하고 깨달아서 만인에게 은혜를 갚아야 합니다. '나 혼자만 잘되면 되지.' 이렇게 생각하면 큰 오산입니다. '벼슬 높은 거 안 부럽고 오히려 귀찮다.' 하는 생각도 버려야 됩니다. 집착할 만큼 좋아하는 것이 병이라면 배척할 만큼 미워하는 것도 병입니다. 그것이 무엇이든 귀찮아하는 태도를 괜찮게 받아들이면 안 됩니다. 좋아하는 마음과 미워하는 마음은 형제지간과 마찬가지이니까요. 좋다 싫다를 떠난 대무심大無心, 즉 어떠한 경계에도 마음이 요동치지 않는 깊고 깊은 무심의 경계에 들어가면 모든 집착을 놓게 됩니다.

얼마 전 백담사에 가 있는 전직 대통령이란 사람이 "욕심이 다 떨어지면 얼마나 좋은가. 성불하려는 것도 욕심이다."라고 말하더라고요. 깨치려고 하는 것도 욕심이니까 성불을 향한 의지마저도 버려야 한다는 말입니다. 이는 아주 잘못 알고 잘못 가르치는 겁니다. 이런 주장은 깨달은 사람이 하는 소리입니다. 깨달았으나 깨달았다는 생각마저 없어야 된다는 것은 맞습니다. 그러나 깨닫기도 전에 아예 깨달을 게 없다, 욕심이 다 떨어져버렸다, 아무것도 생각하지 않는다 등등의 말은 타당하지 않습니다. 그런 논리대로라면 목석은 죄다 성불하지 않았겠습니까?

수행하는 사람은 뚜렷한 희망과 목표가 있어야 합니다. 반드시 깨닫겠다는 의지가 있어야 가능하지 그러한 생각마저 없다면 어떻게 깨달을 수 있겠습니까? 수험생이 시험에 합격하겠다는 생각이 없으면 합격은 요원한 일이지요. 뭐든지 목표가 확고해야 가능성이 높은 것입니다.

우리가 성불하겠다는 욕심마저 버려야 한다고 잘못 알고 있으면 안 됩니다. 대욕은 무욕입니다. 큰 욕심은 욕심이 아닌 것입니다. 그러므로 기필코 깨닫겠다는 목표를 이루기 위해 굳센 의지로 철저하게 정진해 나가야 합니다. 그렇지 않으면 성취할 수 없습니다. 그러한 목표가 없이, 깨치지도 못한 채 본래 생사대사란 없다는 생각을 해버리면 공에 떨어지고 맙니다. 그런 생각은 생사대사를 해결해놓고 나서 논할 이야기입니다. 숨을 한 번 안 쉬면 죽는다는 생각을 가지고 정진하십시오.

경북 영양의 일월산에 아주 오래되어 쇠락한 천화사天華寺라는 절이 있습니다. 그런데 그 절을 어떻게 해서든지 중건하려고 주지스님이 산신제를 열었습니다. 만등불사 겸 산신제라고 타이틀을 붙였더라면 좋았을 텐데 그냥 산신제라고 하니까 모르는 사람들은 좀 우습게 여기기도 했습니다만, 가서 보니까 그 골짜기에 매우 많은 불자들이 모여 있더군요. 그날 저는 축사를 했는데, 그 내용 중 일부를 들려드리고 싶습니다.

여러분, 참 반갑습니다. 사실 반갑다는 말보다 좋은 축사가 어디 있을까요? 눈은 쏟아지고 날씨가 무척 추워서 듣는 사람들은 힘들겠지만, 나는 전부가 반갑습니다. 저 일월산이 축사를 하고 있고, 저 흐르는 물이 그대로 축사입니다. 하늘에서는 꽃비가 내리면서 축하를 하고 있으니 내가 하는 축사는 사족에 불과합니다.

옛날에 이 자리에 천화동사라는 절이 있었답니다. 그 주위에는 18암자가 있었고요. 그런데 지금은 하나도 없어요. 터는 엄청 좋지만 절은 온데간데없고, 겨우 천화사라는 작은 절 하나만 남아 있고 천화사 자리는 마을이 들어서 있단 말입니다. 그러니 이 깊은 골짜기에다 절을 중건한다는 게 비록 껍데기 불사이지만은 엄청난 일입니다.

산전山田이 벽해碧海요 벽해碧海가 산전山田이라. 천화사 주지스님 법명이 벽해요. 그래서 이름 그대로 이 절이 주인을 만났으니 얼마나 다행한 일인가요. 삼일수심천재보三日修心千載寶요, 백년탐물일조진百年貪物一朝塵이라. 삼일만이라도 마음을 닦는 것은 천년의 보배요, 백년간 탐한 물건은 하루 아침의 티끌입니다. 그런데 티끌 모아 태산입니다. 이 티끌들을 잘 모아 좋은 데 쓸 줄 알아야 합니다. 나쁜 사람 백 명 도와주는 것보다 착한 사람 한 명 도와주는 게 낫고, 그보다는 한 부처님 앞에 공양 올리는 게 낫다고 했습니다. 그런 의미에서 이토록 좋은 선불장을 만들려고 하니 얼마나 다행스럽습니까? 돈 모아서 어디에 쓰겠어요? 돈 모아서 좋은 데 써야 할 것 아니오. 아무리 원력이 좋아도 도와주지 않으면 어떻게 불사를 합니까?

그리고 내 말후구末後句가 하나 있으니, 잡으니 일월日月이요, 놓으니 천화天華로다. 억!

여기가 '일월산 천화사'라고 해서 '잡으니 일월산이요, 놓으니 천화사로다.' 하면 몇 푼어치 안 됩니다. 밤에 가장 밝은 게 무엇인가요? 달이지요. 낮에 가장 밝은 건 해입니다. 그런데 해보다 밝고 달보다 밝은 게 있습니다. 어떤 사람은 마음이다, 이렇게 말하겠지만 답이 아닙니다. 부처도 아니고, 주인공도 아닙니다. 우주를 감쌀 만큼 크고, 달이나 태양보다 더 밝은 게 분명히 있습니다.

이 자리를 찾으려고 부처님이 출현했습니다. 지금 주지스님이 천화사를 중건하려는 뜻도 다르지 않습니다. 사람도 유정과 무정도 저마다 밝은 것이 있으니, 이것은 닳지도 않고 죽지도 않습니다. 우리는 오늘 이것을 찾으려고 이 자리에 온 것입니다. 그래서 대자유인이 되어야 하고, 출격장부가 되어야 합니다. 우리는 아무것도 모릅니다. 무언가를 안다고 생각하는 마음을 싹 놓아버리고, 다만 화두만 들어야 합니다. 그리고 마침내 깨칠 때는 화두 역시 놓아야 합니다. 지금은 반드시 깨닫겠다는 목표와 의지를 가지고 철저하게 공부를 하시기 바랍니다.

여러분, 이 자리에 오기가 쉬운 일이 아닙니다. 공부가 어느 정도 됐기 때문에 여기에 온 것이니 스스로 다행스러운 마음을 가져야 합니다. 다만 교만하면 안 됩니다. 형편이 허락되고 조금이라도 더 젊고 건강할 때 수행해야 합니다. 나이가 들수록 혼미해져서 공부하기가 어렵습니다. 부디 생사대사를 해결하고 이 시대의 주인으로서 많은 중생을 제도하는 대보살이 되시기를 거듭 부탁합니다.

—1989년 11월 고운사 정기법회

• 무량수전 사자후

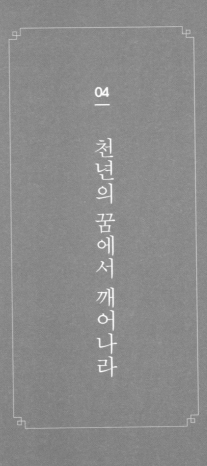

04

천년의 꿈에서 깨어나라

생사열반몽중몽生死涅槃夢中夢이요

중생교화사중사衆生敎化事中事로다.

금일대중회마今日大衆會麼아

의구춘래초자청依舊春來草自靑이로다.

나고 죽고 깨닫는 일들이 꿈속의 꿈이요

중생을 교화하는 것이 일 가운데 일이로다.

여러분 아시겠습니까?

옛에 의지해서 봄이 오니 풀이 스스로 푸르도다.

억!

나는 무엇인가

　머잖아 사월 팔일, 부처님오신날입니다. 부처님 아니 계신 곳이 있으리요마는 중생을 제도하기 위하여 2534년에 80년을 더하여 2614년 전에 정반왕과 마야 부인의 몸을 빌어 이 땅에 오셨습니다. 무엇 때문에 오셨느냐 하면, 나를 찾고, 나를 바로 알고, 나를 깨달으라고 이 땅에 오신 것입니다.

　그러면 나는 무엇일까요?

　우선 육체적인 '나'가 있고 정신적인 '나'가 있습니다. 소아小我인 '나'와 대아大我인 '나'도 있습니다. 나를 모르기 때문에 우리는 꿈속에서 헤매고 경계를 당하여 당황하는 겁니다. 삶과 죽음, 열반과 해탈이 다 꿈이란 말입니다. 하룻밤 자면서 꾸는 꿈만 꿈이 아닙니다. 허망한 것이 꿈이라면 지난 100년도 꿈이요, 천년만년도 꿈입니다. 깨어 있으면 순간도 영원하지만, 백년천년도 허망하다고 느낀다면 꿈이란 말입니다. 우리는 보통 정신은 영원하지만 육체는 그렇지 않다고 말합니다. 우리의 몸은 계속 변화하고 무상하기 때문입니다. 그런데 조금 깊이 생각해보면, 사실 육체 역시 무상하지 않습니다. 부처님이 어리석은 사람, 믿지 않는 사람을 제도하기 위해 육체가 무상하다고 했지만 근본 이치는 상주불멸常住不滅입니다. 크게 보면 멸한 바가 없음을 알게 됩니다.

인간의 몸은 저마다 차이가 있지만 대략 60조 개의 세포로 이뤄져 있습니다. 세포의 수명은 종류에 따라 다른데, 백혈구는 단 몇 분에서 2주 동안, 뼈세포는 200일까지 지속된다고 합니다. 세포가 수명을 다하면 분해되어 배설되고 그 자리에는 새로운 세포가 채워집니다.

몸은 이처럼 무상합니다. 모든 세포 활동이 멈추면 죽음이 찾아옵니다. 하루에 50만 개의 세포가 우리 몸에서 떨어져나가 논밭에 뿌려지면 곡식이나 채소가 되고, 과수원에 뿌려지면 과일이 됩니다. 그것들을 내가 먹으면 내 살이 되고, 여러분이 먹으면 여러분의 살이 됩니다. 이런 면에서 보면 육체의 완전한 소멸은 없으며, 몸은 끝없이 윤회합니다. 이런 입장에서 보면 죽음도 없고 나 아님이 없습니다.

육체도 이럴진대 정신이야 말할 것이 있겠습니까? 정신과 육체를 분리하는 것은 의미가 없습니다. 몸과 마음이 함께해야 사람입니다. 몸만 있다면 시체와 다를 바 없고, 마음만 있다면 귀신이지요. 그래서 화합이 중요합니다. 몸과 마음이 하나가 되어야 하고, 부부도 하나가 되어야 합니다.

너와 나도, 삶과 죽음도, 지옥과 천국도 하나가 될 때 비로소 우리는 행복해집니다. 이런 이치를 모른 채 사상이 다르고 이념이 다르고 종교가 다르다는 이유로 서로 미워하고 죽이는 일이 지금 이 순간에도 수없이 벌어지고 있습니다. 근본적인 나를 모

르기 때문에 그렇습니다. 나를 알아야 세상의 많은 문제가 해결
됩니다.

나를 깨닫는 첫 번째 길, 보살도

나를 찾고 나를 깨닫는 방법에는 크게 세 가지가 있습
니다. 첫째가 보살도, 둘째가 참선, 셋째가 부처님 명호를 부르
는 염불입니다.

보살도는 어떻게 실천할 수 있을까요? 보시, 지계, 인욕, 정진,
선정, 지혜, 곧 육바라밀로 피안을 건너가서 십바라밀로 중생을
제도해야 합니다. 십바라밀이란 육바라밀에 방편方便, 원顯, 력力,
지智를 더한 것입니다.

우리는 흔히 이 세계를 사바세계라고 합니다. 사바는 고통의
세계입니다. 고통의 바다, 고해苦海이지요. 바람이 불면 파도가
일어나니 우리는 사는 동안 늘 세파에 시달립니다. 사는 게 얼마
나 괴롭습니까? 오늘 이 법회에 오신 것도 쉬운 일이 아닙니다.
참석하고 싶어도 이런저런 사정이 생기기 때문에 여기에 아무나
오지 못합니다. 인생난득人生難得이요, 불법난봉佛法難逢이라. 사
람 몸 받기 어렵고 부처님 법 만나기 어려운데, 정법까지 만났으
니 얼마나 다행스럽습니까? 다행스럽게 여기는 이 마음만 지니

면 불평할 일이 없습니다.

불교에서는 이 세상을 차안此岸으로, 깨달음의 세계와 극락세계를 피안彼岸이라고 봅니다. 차안과 피안 사이에는 바다가 있습니다. 바다를 건너려면 어떻게 해야 할까요? 배를 타야겠지요. 그 배가 바로 보시입니다. 보시는 배, 지계는 돛대, 인욕은 돛입니다. 그리고 정진으로 노를 저어 선정의 키를 잡고 지혜를 나침반 삼아 저 언덕으로 건너가야 합니다.

그런데 바다가 잔잔하면 좋으련만, 반드시 바람이 불게 되어 있습니다. 바람이 불면 파도가 일어나지요. 거센 파도에 부딪혀서 부서지지 않으려면 배가 튼튼해야 합니다. 돛대도, 키도 튼튼해야겠지요. 배를 튼튼하게 하는 것이 신심입니다.

신심이 없으면 무너져 버립니다. 신위도원공덕모信爲道元功德母, 믿음은 도의 근원이요, 공덕의 어머니입니다. 믿음은 정말 중요합니다. 어리석은 사람, 악한 사람일수록 믿음이 없습니다. 공부가 된 만큼 믿고, 믿는 만큼 공부가 되는 것입니다.

신심불이信心不二요 불이신심不二信心이라, 믿는 마음은 둘이 아니요, 둘이 아님이 바로 믿음입니다. 여러분과 내가 둘이 아니고, 부처님과 내가 둘이 아니어야 바르게 믿는 것입니다. 또 중생과 부처, 유정과 무정, 지옥과 천당도 둘이 아닙니다. 그렇게 믿는 것이 바른 믿음입니다.

보살도를 실천하기 위해서는 첫째, 철저한 믿음을 바탕으로 보시해야 합니다. 물질적으로 베푸는 것도, 정신적으로 베푸는 것도 보시입니다. 베풀 것이 없으면 말이라도 좋게 하고 생각이라도 좋게 가져야 합니다. 남이 잘되는 것이 내가 잘되는 것이고, 다른 사람의 슬픔이 나의 슬픔이라고 생각하면 한량없는 보시가 됩니다. 물질적으로 보시를 하지만 마음속으로는 남이 잘되는 것을 배 아파하거나 남이 못되는 것을 좋아한다면, 그 보시는 독으로 변합니다. 항상 자비심으로 보시해야 합니다. 내 몸과 다를 바 없다는 마음으로, 자식을 기르는 부모의 마음으로 사람을 대해야 좋습니다. 타인을 위하는 마음이 결국 나 자신을 위하는 마음입니다.

주는 것이 곧 받는 것이라는 이치를 알아야 합니다. 열심히 돈 벌고 공부도 하십시오. 그렇게 해서 결실을 거두었으면 베풀 줄도 알아야 합니다. 우리는 빈손으로 왔다가 빈손으로 갑니다. 유유업수신唯有業隨身이라, 업만 몸을 따를 뿐 아무것도 가지고 가지 못합니다. 아무리 좋은 보배도, 아무리 많은 돈도 우리 몸의 눈 하나만 못합니다. 눈과 돈을 바꾸자는 제안에 선뜻 응할 사람은 아마 없을 겁니다. 그런데도 사람들은 이성을 잃고 물질을 쫓아 이 순간에도 방황하고 괴로워합니다. 자기 자신을 모르기 때문입니다.

보시의 정신을 지녀야 합니다. 베풀 줄 알아야 합니다. 베풀어 보십시오. 당장 기쁨이 찾아옵니다. 많이 가지면 불안해집니다.

큰 부자 중에 행복한 사람이 드뭅니다. 행복할 것 같은데, 사실 만나보면 개인의 삶이 불행합니다. 가진 돈을 빼앗길까봐 걱정합니다. 돈 때문에 행복을 잃고, 심지어는 귀중한 목숨마저 잃어버리는 사람도 많습니다. 돈을 행복한 삶의 필요 조건으로 삼아야지 절대 조건으로 삼으면 안 됩니다.

우리는 이웃이 괴로우면 함께 괴로워할 줄 알아야 합니다. 내면은 텅 비어 있는데, 겉만 화려하게 치장하는 것은 썩은 배와 같습니다. 공부를 하지 않으면 헛일입니다. 허수아비에 지나지 않습니다. 물질적 보시보다 정신적 보시, 법 보시가 중요한 이유입니다. 돈 많은 사람보다 공부 많이 한 깨우친 사람이 되시기 바랍니다.

보살도를 행하는 두 번째 길은 계율을 지키는 것입니다. 곧 지계입니다. 보시가 배라면, 지계는 돛대에 해당합니다. 부처님의 계율만이 아니라 세상법도 계율에 속합니다. 아내의 도리와 남편의 도리 같은 시대의 규범이나 사회법을 잘 지키는 것입니다. 나를 찾고 행복해지고자 한다면 순응하면서 때에 따라 도리를 지켜야 합니다.

부처님은 살생하지 말라고 가르치셨습니다. 생명을 죽이면 자비의 종자가 끊어져서 죽어 지옥에 떨어집니다. 사람으로 다시 태어나도 명이 짧고 병이 많습니다. 생명을 죽이지 말라는 가르침이 소극적인 계율이라면, 죽어가는 생명을 살려주라는 것은 적극적인 계율입니다. 살생하지 않을 뿐만이 아니라 고통받고 죽어가는 생명을 살리기 위해 애쓰는 사람이 되어야 합니다. 나아가 미워하는 것도 일종의 살생이니 미운 마음을 버려야합니다.

훔치지 말라는 계율도 있습니다. 이를 적극적으로 해석하면, 사람들에게 베풀라는 뜻으로 받아들이게 되지요. 훔치게 되면죽어 지옥에 가고 다시 사람으로 태어나도 가난한 과보를 받습니다. 내 것이 아닌 것은 취하지 말아야 함은 물론이고 힘들고가난한 사람에게 베풀며 나누는 삶을 살아야 합니다. 집을 수십채씩 가지고 있는 사람이 있습니다. 온갖 편법을 동원해서 어떻게 하든지 법망을 피해 재산을 불립니다. 그런데 억지로 번 돈은도리에 어긋납니다. 성실하게 돈을 벌어야 값진 것이지 불법으로 번 돈은 괴로움의 씨앗이 됩니다.

배와 돛대만 있고 돛이 없으면 무의미합니다. 보살도를 행하는 데 필요한 인욕이 바로 돛에 해당합니다. 참는 힘이 있어야합니다. 대부분의 사람들이 작심삼일만 반복하고 참을 줄 모르기 때문에 이루는 게 없습니다. 무엇이든 꾸준해야 이뤄집니다. 흐르는 물을 보십시오. 물은 막히면 돌아가는 지혜가 있습니다. 어려움에 부딪치면 우리는 좌절하지만, 물은 절망하지 않고 돌아가는 용기를 냅니다. 이 세상을 사는 동안 난관에 부닥쳐도 좌절하지 마십시오. 스님들도 공부하다가 힘이 들면 자포자기하는 경우가 있습니다. 그래서는 도를 이루지 못합니다.

　'일이 뜻대로 되기를 바라지 말라. 일이 쉽게 되면 뜻을 가벼운 데 두게 되나니, 뜻대로 되지 않는 것을 수행으로 삼으라. 몸에 병 없기를 바라지 말라. 몸에 병이 없으면 탐욕이 생기나니, 병으로 양약을 삼으라.' 보왕삼매론의 이 구절들은 언제 새겨도 싫증이 나지 않습니다. 우리는 매사가 뜻대로 되기를 바랍니다. 그런데 뜻대로만 되면 세상살이를 가볍게 보고 교만해집니다. 걱정도 병이고, 근심도 병이라면 병 아닌 것이 없습니다. 깨닫지 못하면 전부 허망 속에서, 병 속에서 삽니다. 그래서 인욕의 돛을 달아야 합니다. 철저한 신심이 있으면 인욕의 돛은 찢어지지 않습니다.

　또 돛은 바람이 불 때 쓸모가 있습니다. 그런데 바다를 건너는 데 바람이 불지 않으면 어떻게 항해할까요? 노를 저어야겠지요. 그래야 저 언덕에 도달할 수 있습니다. 바다가 항상 잔잔하고 고요하며 그 위에서 마음이 평화롭다면 굳이 피안을 향해 노를 저을 필요는 없을 겁니다. 이 세상에 고통이 없다면, 늙고 병들고 죽는 일도 없다면 저 언덕으로 가지 않아도 됩니다. 하지만 바람은 불게 되어 있습니다. 지금 당장은 고요해도 조만간 반드시 바람이 일고 바다에 거센 파도가 몰아칩니다. 그때를 대비해서 미리미리 저 편안한 곳으로 노를 저어 가야 합니다. 이것이 정진입니다.

일부러 바람을 일으키는 사람이 있습니다. 역경계에 짐짓 뛰어드는 경우입니다. 이것은 위험합니다. 배도 튼튼하지 않고 연장도 부실해서 바람이 불면 배가 부서집니다.

바람이 슬렁슬렁 불면 저 언덕에 가기가 수월할 것입니다. 그런 때는 키만 잘 잡고 있어도 풍류하듯이 잘 갑니다. 사는 동안 간혹 그런 날도 있습니다. 바람도 없이 잔잔하고 평탄한 날들이 이어지기도 합니다. 그러면 슬렁슬렁 기분 좋게 살아갑니다. 하지만 얼마 가지 못합니다. 큰 바람이 불고 거센 파도가 일어나지요. 그러면 돛대가 부러지고 배가 위태롭습니다. 이때 신심으로 이겨내야 합니다. 너무 좋은 일이 생기면 도리어 마음을 조심하십시오. 바람이 슬렁슬렁 불 때 태풍을 대비해야 합니다. 부드러운 바람이 좋다며 들뜨지 않도록 주의해야 합니다.

의심하는 마음은 흙이 되어 막히고, 좋아하는 마음은 물이 되어 빠지고, 화내는 마음은 불이 되어 타고, 기뻐하는 마음은 바람이 되어 흔들립니다. 따라서 기분 좋아하는 것도 적당해야지 지나치면 안 됩니다. 항상 조심해야 합니다. 화도 너무 많이 내면 오장육부가 타고 자칫하다간 죽을 수도 있습니다. 나만 죽는 게 아니라 남까지 망치고 맙니다. 결코 화를 내면 안 되는데, 방편 삼아 약간 낼 때는 화라고 하지 마십시오. 불 기운이 있어야 혈액이 잘 도는 이치를 적용하는 겁니다. 세상살이가 참 묘합니다. 약간의 장애가 있을 때 도를 이루게 됩니다. 부처님도 그렇고, 큰스님들도 마찬가지였습니다. 그러니 세상 살아갈 때 장애 없기를 바라지 마십시오. 다만 중요한 것은 신심입니다. 믿는 마음이 철저하면 저 언덕에 빨리 도달할 수 있습니다.

선정은 배의 키입니다. 순풍이 불 때 키를 잡으면 배가 잘 나갑니다. 항해할 때 나침반이 없으면 동쪽인지 서쪽인지 가늠하지 못하고 아무데나 가게 됩니다. 그래서 지혜의 나침반이 필요합니다. 열심히 노력하는데도 능률이 오르지 않는 것은 지혜가 부족하기 때문입니다. 지혜가 없을 때는 어떻게 해야 할까요? 지혜가 부족하면 선지식의 말씀을 듣는 게 좋습니다. 부처님의 말씀, 스님들의 법문을 들으십시오. 법문은 공부가 된 만큼 들립니다. 공부가 된 사람은 스님이 말을 더듬더듬해도 벌써 알아듣습니다. 그리고 염불을 하고 참선을 하십시오. 염불하면 지혜가 생기고 참선하면 관찰력이 빨라집니다.

저 언덕에 도달한 뒤에는 어떻게 하겠습니까? 다시 중생을 제도하러 와야 하지 않을까요? 그때는 사바라밀, 즉 방편, 원, 력, 지가 필요합니다. 중생을 교화하는 데는 원이 있어야 합니다. 또 힘이 있어야겠지요. 법력이 있어야 됩니다. 부처님의 바른 지혜로 중생계가 다하도록 끝없이 베풀고 제도해야 합니다.

나를 깨닫는 두 번째 길, 참선

　　나를 깨닫는 두 번째 길은 참선입니다. 참선을 한다고 앉아 있으면 다리가 아픈 데다가 뭐가 뭔지 몰라서 '스님들도 깨치기 어렵다는데 우리가 어떻게 깨닫나.' 하며 포기하는 분들이 있습니다. 참선 공부는 갈수록 모르는 대신 나중에 크게 깨닫게 됩니다. 대신심을 가지고 참선해야 합니다. 일일이 따지고 계교計巧를 부리면 점점 더 멀어집니다. 그러니 참선 공부를 할 때는 시비분별하는 마음을 전부 놓아버리는 게 좋습니다.

　　참선 공부를 할 때 고비가 있습니다. 우리가 108배를 목표로 절을 하면 30배가 고비입니다. 이후는 잘 넘어갑니다만 80배나 90배 넘어가면 힘이 듭니다. 천배를 할 때도 꼭 300배가 고비이고 800배까지 잘 넘기고 나면 나머지가 또 고비입니다.

　　인생살이도 마찬가지입니다. 어렸을 때는 힘만 듭니다. 빨리 어른이 되면 좋겠다는 생각이 들지요. 스무 살 무렵부터는 시간이 잘 갑니다. 세월이 후딱후딱 흐릅니다. 그런데 나이 육십이 넘어가면 입으로는 늘 "아이고, 안 죽나." 하면서도 실제로는 죽기 싫어집니다. "어서 죽어야지, 어서 죽어야지." 말만 합니다. 나이가 더 들면 곱던 얼굴에 주름이 지고, 사는 게 귀찮아지는 면도 있습니다. 새 옷으로 갈아입을 기회가 주어진다면 얼른 갈아입고 싶을 겁니다. 공부 안 해서 걱정이 되겠지만 말입니다.

• 무량수전 사자후

신심도 3년이 고비입니다. 스님들도 출가한 지 3년쯤 되면 속가로 많이 돌아갑니다. 좀 더 있어봤자 5년입니다. 그런데 10년만 넘으면 출가자로 사는 일에 믿음이 갑니다. 결혼생활도 마찬가지입니다. 서로 좋아서 결혼을 해도 3년쯤 뒤 이혼하는 경우가 많습니다. 그 고비를 넘기면 중간에 아이를 낳고 키우면서 잘 넘어갑니다.

그래서 초심이 중요합니다. 초기에 고비를 잘 넘겨야 합니다. 달걀 껍질을 깨고 병아리가 나오듯이 진통을 겪어야 공부에 힘이 붙습니다. 도고마고道高魔高라, 도가 높으면 마도 높습니다.

건강하기만 하면 공부하겠다는 사람이 있습니다. 그런데 그가 건강하면 공부를 잘할까요? 엉뚱한 짓 하기 쉽습니다. 공부를 했다고는 하는데 건강하다면 그 공부가 제대로 됐는지 의문입니다. 공부를 안 했을 겁니다. 밥 많이 먹고, 배부르고, 등이 따뜻하면 공부를 못합니다. 건강하면 공부하겠다는 말은 빈말입니다. 건강해서 공부 잘하는 사람을 보지 못했습니다.

공부를 잘하면 건강에 대해 생각할 필요가 없습니다. 육체에 집착하는 사람이 무슨 공부를 하겠습니까. 조문도朝聞道면 석사가의夕死可矣라, 아침에 도를 알면 저녁에 죽어도 좋다는 정신으로 살아야 합니다. 병은 생각하지 말아야 합니다. 병 없는 사람이 어디 있습니까? 걱정도 병이고, 근심도 병입니다. '나는 병이 없다.' 이렇게 생각하면 병이 다 떨어집니다. 별일도 아닌데 괜

히 걱정하면 체합니다. 화를 내면 몸에서 독소가 나오고 소화도
안 되고 혈압만 오릅니다.

　무엇이든지 반복하면 취미가 되고, 취미가 거듭되면 소질이
되고, 소질이 거듭되면 업이 됩니다. 늘 웃는 사람이 미인입니
다. 웃으면 얼굴이 예뻐집니다. 인상이 좋아도 찡그리기 일쑤이
고 습관적으로 오만상을 지으면 주름살이 되어 차츰 보기가 흉
해집니다. 마음을 어떻게 쓰느냐에 따라 표정이 달라집니다. 그
러니 좋은 행동과 습관을 유지하고 좋은 말을 하도록 노력하시
기 바랍니다.

자유민주와 상구보리 하화중생

　　　우리는 지금 물질이 너무 풍요로운 위험한 시대에 살
고 있습니다. 물질이 너무 풍요하면 번뇌 망상과 괴로움이 따릅
니다. 물질을 가지는 것으로 기쁨을 삼는 사람은 없다가 있으면
좋아라 하겠지만 있다가 없으면 괴로울 것입니다. 또 하나도 가
진 것이 없을 때는 걱정이 없었지만, 스스로 가지지 못한다는 것
에 대해 비애하고 괴로워합니다. 하지만 가지지 못하는 것이 괴
로운 것이 아니라 갖는 것으로 기쁨을 삼기에 괴로움이 따르는
것입니다. 돈이 생기면 부동산 투기를 하고 증권에 투자했다가

잘 안되면 목숨을 버리기도 합니다. 자기만 위하고 남을 위하는 마음이 없기 때문입니다. 세상의 괴로운 일들은 물질을 더 많이 소유하려는 욕심 때문에 일어납니다. 그러나 공부하는 사람은 큰 욕심을 가져야 합니다. 그 조그마한 땅 몇 평을 욕심내지 말고 시방세계를 다 가지려는 큰 욕심을 내라는 말입니다. 대욕은 무욕이라 했습니다. 정말 큰 욕심은 욕심이 아닙니다.

인생에서 정말 소중한 것은 나를 찾는 일입니다. 인류를 구제하지 못할지언정 자그마한 땅덩이에 살면서 남북통일 하나 해결하지 못하고 여당, 야당으로 나뉘어 싸웁니다. 또 노사가 나뉘어 투쟁을 합니다. 요즘 방송국에서 데모를 하는 것을 보면 노사가다 옳습니다. 그런데 고래 싸움에 새우등 터진다고 모두 같이 죽게 생겼습니다. 둘이 아닌 이치에서 보면 상대방이 잘되어야 나도 잘되는 것인데 말입니다. 한 발자국 물러서서 보면 꿈속의 일인 줄 알 텐데, 숨 한 번 들이쉬었다가 내쉬지 않으면 죽는 목숨일 텐데 그걸 모르고 싸우기만 합니다. 나를 모르기 때문입니다. 져주는 것이 이기는 것이라는 도리를 모르기 때문입니다.

모두 자유와 민주를 부르짖으면서 투쟁합니다. 그런데 자유와 민주의 의미를 물어보면 그 뜻을 아는 사람이 드물어요. 아니 정확히 아는 사람을 한 사람도 보지 못했습니다.

불교의 가장 이상적인 목표는 상구보리 하화중생입니다. 위로는 깨달음을 구하고 아래로는 중생을 교화한다는 뜻인데, 이를 세간적인 표현으로 하면 자유민주입니다. 먼저 깨달은 것이 자유이고, 다음으로 중생을 제도하는 것이 민주입니다. 누구나 다 깨달은 것이 민주입니다. 자유는 모든 속박과 고통으로부터 벗어난 것을 말합니다. 쉽게 말하면 자기 하고 싶은 대로 하는 것이 자유입니다. 그런데 학식과 돈이 많고 권력이 높다고 해서 자유를 맘껏 누릴 수 있습니까? 내 마음대로 되지 않는 자유, 늙고 병들어 죽는 것으로부터의 자유를 가질 수 있습니까? 깨치기 전에는 자유를 누릴 수 없습니다.

우리가 자유와 민주를 누리려고 공부하는 것입니다. 출세간적 의미의 자유와 민주는 상구보리 하화중생이고, 세간적 의미의 자유와 민주는 인류가 생긴 이래 지금까지 정치적으로 최고 이상으로 삼아 이념으로 내세운 자유민주주의입니다. 그런데 동서 고금을 통해서 그렇게 노력을 할 뿐이지 어느 시대, 어느 나라에서도 자유와 민주를 완벽하게 누려본 적은 없습니다. 자유는 개별적인 것이고 민주는 전체적인 개념이다 보니 양립하기가 어렵기 때문입니다. 자유를 누리면 민주를 누리기 어렵고 민주를 누리려면 자유가 속박됩니다.

왜 그럴까요? 능력, 권력, 남녀노소, 성격, 환경 등의 차이를 획일적으로 평등하게 할 수 없기 때문입니다. 그래서 시도해본 것이 공산주의 이론이었습니다. 그런데 실패하지 않았습니까. 그래서 지금 수정주의로 바뀌고 있습니다. 자본주의는 균형적인 평등을 추구하는데, 이것이 지닌 단점은 친소와 능력 등의 차이 때문에 빈익빈 부익부를 낳는다는 것입니다. 기계도 새 기계와 낡고 헌 기계의 차이가 있는데 하물며 사람의 평등을 어떻게 획일적으로 할 수 있겠습니까.

그러면 어떻게 해야 되는가? 우선 받는 것보다는 주는 것에서 즐거움을 가지고, 권리보다는 의무를 먼저 하고, 나를 위하는 마음보다는 남을 위하는 마음을 가지는 것입니다. 그다음 중요한 것은 세상 전체가 서로 다 연관되어 있다, 다시 말해서 세상 모두 내가 아님이 없다는 사실을 깨치는 것입니다. 자연이 파괴되면 당장 우리는 살지 못합니다. 이웃나라가 잘못되면 우리도 많은 영향을 받습니다. 이웃이 가난하면 결코 내게 좋은 것이 없습니다.

가령 예전에 텔레비전이 처음 나왔을 때, 텔레비전이 있는 집이 흔치 않다 보니 동네사람들이 텔레비전이 있는 집에 가서 함께 보았습니다. 그런데 그렇게 얻어보는 것까지는 좋은데, 차츰 텔레비전을 훔쳐가는 사람이 생기고, 보여주지 않는다고 목숨을 빼앗는 일까지 생겼습니다. 마을에 우리 집만 텔레비전이 있는데, 혼자 보면 마음이 편하겠습니까? 이웃이 잘살지 못하면 내가 불안합니다. 중중무진의 연기로 이뤄진 세상을 살고 있기 때문입니다. 그래서 저와 내가 중중무진으로 이뤄진 그물코처럼 이어져 있다는 사실을 깨닫는 것이 중요합니다. 그래야 남을 위하는 마음이 생깁니다.

　이러한 이치를 모른 채 자유민주주의를 부르짖는 사람들을 보면 안타깝습니다. 어느 기업인은 직원들의 집을 다 사주고 나서 자기 집을 샀다고 합니다. 그런 기업이 망하겠습니까? 직원들이 데모를 하겠습니까? 사장이 자신은 수십 억짜리 집에 살고 고급 외제차나 몰고 다니면서 직원들을 종 부리듯 하면 사원들이 존경하며 따르겠습니까? 사장과 직원은 애초에 둘이 아닙니다. 기업이 잘되어야 직원도 잘되고 직원이 일을 잘해야 기업도 사는 것이니, 어찌 둘이라고 하겠습니까?

평등하고 높고 귀하고 영원한 존재

　　감정이 메마르고 이웃끼리 서로 불신하는 병을 고치는 데는 부처님 법문이 가장 좋습니다. 그렇다고 해서 다른 종교를 가진 사람을 미워해서는 안 됩니다. 세상에는 여러 종교가 필요합니다. 문화와 환경, 종교와 인종이 달라도 제각각 모두가 필요합니다. 천편일률적이면 무슨 재미가 있을까요? 동양인과 서양인은 서로 생김새가 다르지만 마음은 별반 차이가 나지 않습니다. 몇 년 전 외국인 30명이 절을 방문한 적이 있습니다.

　"동과 서가 있고, 피부색과 언어가 달라도 우리에게는 다르지 않은 것이 하나 있습니다. 그게 바로 마음입니다."

이렇게 제가 한 말을 통역사가 전해주자 전부 좋아하고 웃더군요. 이처럼 마음은 다 통합니다. 얼굴이 검다고 해서 우리와 마음이 다르지 않습니다. 사람만 그런 게 아닙니다. 짐승도 똑같아서 다정하게 대하면 잘 따릅니다. 유정물有情物만 그럴까요? 무정물無情物도 마찬가지입니다. 사람은 지극히 평등하고 높고 존귀하고 영원합니다. 사람만이 아니라 산하대지와 두두물물頭頭物物, 유정 무정이 지극히 평등하고 높고 존귀하고 영원합니다. 따라서 나도 지극히 평등하고 높고 귀하고 영원합니다. 처음부터 내가 평등하고 높고 귀하다고 하면 '법사 자기가 거만하게 높다고 한다.'고 하겠지만 사람과 산하대지와 두두물물이 다 평등하고 높고 귀하고 영원하다고 하니까 모두들 이해를 합니다.

높으면 높은 대로 평등이요, 낮으면 낮은 대로 평등합니다. 이것이 차별지 평등입니다. 우리는 위아래가 없는 가운데 존재해야 하는데, 요즘은 획일성만 강조합니다. 공부를 열심히 한 사람이 점수를 잘 받는 것이 평등이고, 노력하면 노력한 대로 받는게 평등입니다. 노는 사람이나 노력한 사람이나 결과가 똑같으면 이치에 맞지 않습니다.

노는 사람이 음식을 많이 먹으면 소화가 안 됩니다. 육체 노동을 하는 사람은 밥을 두 공기 먹어도 몸을 움직이니까 소화가 되지만, 일은 안 하고 밥만 많이 먹는 사람은 탈이 납니다. 진리는 이렇게 묘하고 빈틈이 없습니다.

어둠을 밝히는 것은 무엇일까요? 불입니다. 그러면 우리의 어두운 마음을 밝히는 것, 깨우쳐주는 것은 무엇일까요? 이 질문을 기독교인들에게 하면 아마 하나님이라고 말할 겁니다. 종교가 없는 사람은 진리라고 대답하겠지요. 불교인들은 이런 질문을 받으면 금방 답이 나와야 합니다. 부처님, 혹은 부처님 말씀이라고 말입니다. 누가 우리 마음을 밝혀주는 것이 무엇이냐고 물을 때 머뭇거리면 안 됩니다. 우리가 먹고 입고 자고 공부하고 살아가는 모든 것이 부처님의 덕분이라고 감사의 마음을 지녀야 합니다. 이런 마음은 부모님에 대한 감사, 종교가 다른 사람에 대한 감사로 이어집니다. 기독교인도 고맙고, 회교인이나 이념이 다른 사람도 전부 고맙습니다.

고마운 마음을 지니면 불평할 일이 하나도 없습니다. 음식을 드실 때도 감사한 마음으로 합장을 하면 좋습니다. 절에서나 집에서나 숟가락을 들기 전에 꼭 합장을 먼저 한 뒤 드십시오. 건강에도 도움이 됩니다. 내가 먹는 음식이 감로수가 되고 약이 되기를 기도하십시오. 나아가 음식을 먹고 은혜를 갚겠다는 생각을 일으키십시오. 음식으로 몸과 마음이 건강해지므로 가족과 이웃, 사회에 보탬이 되리라 생각하면 참 좋은 일입니다.

약으로 생각하면 약 아닌 것이 없습니다. 찬물 한 잔을 먹더라도 감로수로 생각하고 귀하게 마시면 약이 되지만, 나쁜 마음으로 들이키면 금방 독이 되고 맙니다. 음식을 먹기 전도 중요하지만 먹고 난 이후도 중요합니다.

아이가 울 때 젖을 주면 설사를 합니다. 어린아이가 배가 고파서 울 때는 괜찮지만, 화가 나거나 불편해할 때 밥을 먹이면 안 좋습니다. 어른들도 기분이 좋지 않을 때는 굶는 편이 낫습니다. 기분 나쁜데 음식을 먹으면 체합니다. 체하면 머리가 아프지요. 머리가 아프면 혈액 순환에 장애가 옵니다. 피가 안 돌면 토사곽란이 일어납니다. 그러니 체했을 때는 소화제를 먹거나 속을 비우고 마음을 편하게 쓰는 게 좋습니다. 짐승은 병이 들면 굶는다고 합니다. 굶으면 병이 낫게 되어 있습니다.

밥값을 못했을 때는 굶어서 배가 고파봐야 합니다. 기한발도심飢寒發道心이라, 배고프고 추워야 도 닦을 마음도 생깁니다.

마음이 없으면 죄도 없다

참선 공부를 한 사람과 안 한 사람은 차이가 큽니다. 당장은 그다지 표가 나지 않지만 시간이 갈수록 하늘과 땅만큼 차이가 벌어집니다.

참선하는 사람은 점집에 가도 점괘가 나타나지 않습니다. 점쟁이 앞에 앉아 관觀을 하기 때문입니다. 그러면 귀신이 보지 못

합니다. 기가 약하니까 귀신이 들어와서 내 몸의 주인이 되는 겁니다.

참선하는 사람은 염라대왕도 함부로 잡아가지 못합니다. 이와 관련된 재미난 이야기가 있습니다.

예전에 공부는 하지 않고 곡차만 좋아하는 스님이 있었습니다. 스님은 우리 마음이 곧 극락이고 지옥이지, 그런 게 실제로 있겠느냐 의문하면서 그럭저럭 살고 있었지요. 그러던 어느 날 선지식이 법문을 한다는 소식을 듣고 찾아갔습니다. 그때 선지식이 "만법귀일萬法歸一하니 일귀하처一歸何處인고, 모든 법이 하나로 돌아가면 하나는 어디로 돌아갈 것인가?" 이것만 알면 염라대왕이 잡아갈 수 없다고 하는 겁니다. 가장 겁나는 게 염라대왕 아닙니까? 벼슬이 높다고, 재물이 많다고 봐주는 법이 없으니까요. 그 말을 듣고 스님이 사흘 동안 아주 열심히 정진을 했습니다. 그런데 하다 보니까 다리도 아프고 허리도 아팠습니다. 또 참선을 하는 것이나 안 하는 것이나 그게 그것 같기에 "에이, 지옥이나 극락이나 그런 게 어디 있겠나." 하면서 도중에 그만두고 말았습니다. 그런데 어느 날 스님이 덜컥 죽게 되었습니다. 꼼짝없이 염라대왕한테 끌려갔지요.

"이놈, 만날 시은만 지고 공부는 안 했으니 무간지옥으로 가거라."

염라대왕은 스님도 안 봐줍니다. 제일 무서운 게 신도들이 베푼 시은인데, 그 덕분에 살면서도 공부를 안 했으니 얼마나 큰일입니까. 공부 안 한 사람은 봐주면 안 됩니다.

염라대왕의 말이 떨어지자 스님은 손이 발이 되도록 빌었습니다. 7일만 봐달라고, 7일만 시간을 달라고 말이지요. 염라대왕이 가만히 헤아려보니까, 이 스님은 부처님 앞에 절한 공덕도 있고 죽기 전에 선지식 법문을 듣고 사흘 동안 참선한 공덕도 있었습니다. 그러기에 용서를 해주고 소원을 들어주었습니다. 부처님 앞에 예불만 올려도 황소 한 마리의 공덕이 온다는 말이 있습니다. 옛날만 해도 황소가 큰 재산이었지요. 그만큼 예불한 공덕, 참선한 공덕이 큽니다.

어쨌든 예불하고 참선한 공덕으로 스님이 깨어나자 막 화장을 하려던 참이라 모두가 놀라고 기뻐했습니다. 그런데 정작 스님은 7일 뒤에 도로 죽게 생겼으니 기쁠 것도 없었지요. 가만히 생각할수록 기가 찬 노릇이었습니다. 죽어서 지옥 문턱까지 갔다가 살아났지만 얼마 안 가 다시 죽어 지옥에 갈 게 틀림없다는 것을 안단 말이오. '과연 어떻게 하면 될 것인가. 내가 무슨 좋은 일을 해야 무간업無間業을 면할까.' 스님은 깊은 고민에 빠졌습니다. 그제야 '만법귀일하니 일귀하처라, 모든 법이 하나로 돌아가면 그 하나는 어디로 돌아갈 것인가?' 이것만 알면 염라대왕이 함부로 못 잡아간다는 선지식의 말씀이 떠올랐습니다.

스님은 이 방법뿐 다른 길은 없다고 생각하고 큰 용맹심을 발휘해 일주일 동안 참선 공부에 매진했습니다. 소변보는 것도 잊은 채 용맹정진을 하는 사이 일주일이 순식간에 지나갔습니다. 마침내 염라대왕의 나졸들이 스님을 데리러 왔지요. 그런데 무심경계에 들었으니 나졸들 눈에 스님이 보이지 않았습니다. 아무리 찾아도 없는 겁니다. 그래서 업경대에 비춰보기로 합니다. 법당에 있는 업경대에 비추면 참선을 얼마나 했는가는 물론 살아온 온갖 이야기들, 부끄러운 일들이 다 드러납니다. 하지만 이상하게 업경대에 비춰봐도 스님이 보이지 않았습니다. 아무 업도 보이지 않았지요. 그러자 나졸들이 말했습니다. "이 스님은 우리 염부계閻浮界가 다룰 수 없느니라."

죄무자성종심기罪無自性從心起 심약멸시죄역망心若滅時罪亦亡이고, 죄망심멸양구공罪亡心滅兩俱空 시즉명위진참회是即名爲眞懺悔니라, 죄는 본래 자성이 없고 마음 따라 일어나니 죄를 지은 마음이 소멸하면 죄업 또한 소멸됩니다. 죄와 마음이 소멸되어 모두 함께 공해지면 이를 일러 거짓 없는 진실한 참회라고 합니다. 마음이 없으면 죄도 없다는 것입니다. 또 백겁적집죄百劫積集罪 일념돈탕진一念頓蕩盡이라, 백겁으로 쌓인 죄가 한 생각에 다 녹아집니다. 이 도리밖에 없습니다.

살면서 우리가 얼마나 많은 잘못을 저지릅니까? 그것들을 언제 다 참회할 수 있을까요? 공부를 하면 그대로 전부 갖추어집니다. 원수를 사랑하라는 말이 있습니다만 우리는 사랑해야 할 원수조차 없어야 합니다. 한 생각마저 놓아버리면 일체가 그 가운데 다 갖춰집니다.

참선을 하면 지금 당장 확철대오는 못할지언정 공부한 만큼의 공덕이 있습니다. 그리고 구경에는 반드시 이뤄지게 되어 있습니다. 부처님이 어찌 나를 속이셨겠습니까? 기필코 내가 해내리라는 원력과 신심을 지니고 굳게 다짐할 필요가 있습니다.

참선은 알음알이로만 배워서 알아지는 게 아닙니다. 단지불회但知不會하면 시즉견성是卽見性이라, 다만 알지 못한 줄 알면 통하는 것인데 늘 알려고 추구하니까 답답한 것입니다. '만법귀일萬法歸一하니 일귀하처一歸何處인고, 모든 법이 하나로 돌아가는데 하나는 어디로 돌아가는가?' 이것을 관해 보십시오. '하나는 어디로 돌아가는가?'에서 무엇을 풀이하려고 하면 안 됩니다. 풀이해봤자 도움이 안 됩니다. 알 수 없는 그것을 늘 관할 뿐입니다.

나를 깨닫는 세 번째 길, 염불

여러분 가운데 화두를 가진 분도 있고 없는 분도 있을 겁니다. 사실 화두에서 '이뭣고'라든지 '만법귀일 일귀하처' 또는 '무자無字' 화두만이 전부가 아닙니다. 세상에는 화두 아닌 것이 없습니다. 이를 모르기 때문에 이것을 해라, 저것을 해라, 이

름을 붙여가며 가르치는 것입니다. 그러나 알 수 없는 것 전부가
화두입니다. 생각해 보십시오. 과연 우리가 아는 게 얼마나 됩니
까. 모르는 것들 투성이지요.

관세음보살 명호를 지속적으로 불러서 깨치는 방법이 상당히
좋습니다. 초심자는 늘 마음속으로 관세음보살을 염하는 것이지
요. 주위 사람들에게 들리지 않도록 마음으로 관세음보살, 관세
음보살, 이렇게 염하고 관하는 것입니다.

초심자 때는 집에서 소리 내면서 하는 게 좋습니다. 앉아 있
든 누워 있든 걷든 서 있든 일체처에서 항상 염불을 하면 마음
이 편안해지는 가운데 공덕이 깃듭니다. 부처님의 가피력도 있
습니다.

염불이 깊어지면 참선하기도 수월합니다. 염불念佛, 염선念禪,
염송念誦이 있는데, 염송을 많이 하면 염불이 저절로 됩니다. 처
음에는 의미도 모른 채 관세음보살을 염송하더라도 점점 깊어지
면 마침내 관세음과 내가 하나가 되는 경지에 도달합니다. 보고
들음이 모두 관세음이 되는 것입니다. 이때 의지하는 마음으로
만 염송하지 말고, '관세음보살을 부르는 이놈이 무엇인고?' 이렇
게 관을 하십시오. 무엇이 관세음보살을 부르는가, 무엇이 보고
무엇이 듣고 있는가. 그러면 염선이 됩니다.

지금 여러분이 보고 듣고 말하는 것은 여러분의 사대四大가 아
닙니다. 여러분의 사대를 활용하고 있는 것, 바로 그것은 이름하

여 마음입니다. 이름이 마음이지 마음도 아닙니다. 보고 듣는 이 것이 무엇인지 늘 회광반조廻光返照하면서 관하시기 바랍니다.

　남들 얘기나 하면서 살 시간이 없습니다. 기뻐하는 감정에 들 뜰 사이도 없습니다. 법열法悅에서는 기쁨을 초월합니다. 엉뚱한 데 빠져 기뻐하면 안 됩니다. 그러다가는 배가 부서지고 돛대도 부러집니다. 공부하다가 한소식 했다면서 기뻐서 미쳐버리면 곤란합니다. 깨달았다는 것도 꿈입니다. 생사열반이 모두 꿈이란 말입니다. 꿈속에서 또 꿈을 꾸는 것입니다. 살고 죽고 깨닫는 일들이 다 꿈속의 꿈인 줄 알아야 합니다. 다만 모두 꿈이니까 공부할 것도 없다고 생각해선 안 됩니다.

　살다 보면 억울한 일도 당하고 분憤한 일도 생깁니다. 잘못도 없는데 나만 꾸지람을 들으면 분하겠지요? 여러 사람 앞에서 망신을 당해도 분합니다. 그와 같은 분한 마음이 없어야 합니다. 그런 대신 분심奮心을 일으키십시오. 그럴 때 도를 닦을 수 있습니다. 상황이 좋을 때는 누가 못 합니까? 역경계에 있을 때 한 생각 바르게 일으키면 피안에 곧바로 도달할 수 있습니다. 그러니까 누가 나를 망신시키면 망신이라고 여기지 말고 부처님이 나를 깨우쳐 주시기 위해 하심하도록 기회를 주었다고 생각하십시오.

　나한테 잘한 사람도, 못한 사람도 모두가 나의 스승입니다. 공자님은 '도오선자道吾善者는 시오적是吾賊이요, 도오악자道吾惡者는 시오사是吾師이다.'라고 말씀했습니다. 나를 착하다고 하는 사람은 나의 적이요, 나를 악하다고 하는 사람은 나의 스승이라는 뜻입니다. 하지만 나를 착하다고 한 사람을 적으로 생각해서는 안됩니다. 착하다고 하거나 나쁘다고 하거나 그들 모두를 스승으로 알고, 경책으로 삼아야 합니다.

부처님이 나의 잘못을 꾸짖어주시면 어떨까요? 기쁘지 않겠습니까? 부처님이 나를 혼내시면 기분이 좋을 것 같습니다. 내가 정말 존경하는 분이 나에게 꾸지람을 내리면 오히려 감사한 마음이 듭니다. 내가 별로 인정하지 않는 사람이 내게 안 좋은 소리를 하면 기분이 무척 나쁩니다.

하지만 누가 무슨 소리를 하든지 내게 허물이 있다고 생각하면 원망할 일이 없습니다. 좋아하는 사람이 지적하면 고맙게 받아들이고, 그렇지 않은 사람이 단점을 끄집어내면 기분 나빠하는 그런 마음을 모두 털어 버리십시오. 공부를 하다 보면 항상 평탄하지 않고 어려운 경계와 순탄한 경계가 고루 나타납니다.

공부인이 주의해야 할 것

건강하면 모든 게 통하게 되어 있습니다. 건강이 잘못되면 모든 것과 연관이 되어 틀어집니다. 그래서 나부터 건강해야 합니다. 건강하기 위해서는 우선 마음을 편하게 가져야 합니다. 그리고 늘 공부하는 마음, 중생을 교화해야겠다는 원력이 사무치는 마음을 놓지 말아야 합니다. 조금 몸이 아프다고 해서 하다가 그만두고 법회에 나오지 않으면 원력을 이룰 수 없습니다. 기필코 저 피안에 도달한 다음 다시 돌아와 중생을 교화할 때까지 중단하지 마시길 간절히 바랍니다.

실참에 들어가 참선을 하다 보면 온몸에 땀이 나고 치아가 솟구칠 것입니다. 그러나 할수록 힘이 모일 것입니다. 반복하고 지속하는 가운데 나날이 달라집니다.

참선하는 사람이 주의해야 할 몇 가지 계율이 있습니다. 비단 참선 공부하는 사람만이 아니라 세상 사람 모두가 염두에 두면 이로운 삶의 지침입니다.

첫째, 말을 너무 많이 하지 마십시오. 세상살이에서도 말을 많이 하는 것은 도움이 안 됩니다. 법문도 짧게 하는 게 좋습니다. 아무리 좋은 법문도 너무 길게 하면 시들해집니다. 심지어 부처님께서 법문하시는데도 어떤 제자는 "저 노장 또 잔소리한다."고 했답니다. 49년 동안 설법했으니 오죽하랴마는 가시고 나니 얼마나 안타까운가 말이오. 그래서 하던 얘기 하고 또 하는 겁니다.

인생을 사는 데도, 도를 배우는 데도 장애가 되는 여러 이유들 가운데 말이 차지하는 비중이 큽니다. 말을 많이 하면 바람이 불게 되어 있습니다. 바람이 불면 파도가 일어납니다. 권력 가진 사람들이 말을 잘못하는 바람에 자리에서 물러나는 경우를 종종 봅니다. 말이 그만큼 무섭습니다. 좋은 말이라도 안 하느니만 못할 경우도 많은데 항차 나쁜 말이야 더 말할 필요 있나요. 더구나 공부하는 사람에게는 말이 적을수록 좋습니다. '구시화문口是禍門이니 필가엄수必加嚴守하고 신내재본身乃災本이니 불응경동不應輕動하라.' 자경문에 나오는 구절입니다. 입은 화의 문이니 반드시 엄히 지키고, 몸은 재앙의 근본이니 가벼이 움직이지 말라는 뜻입니다. 말을 조심하십시오.

둘째, 음식을 조심해서 드십시오. 여러분은 하루에 몇 끼를 드십니까? 세 끼를 다 드시면 큰일납니다. 먹는 게 넉넉하니 공부하는 사람도 안 나옵니다. 건강하게 오래 살고 싶으면 하루에 한 끼만 드십시오. 음식을 맛으로 먹고 병을 얻으려면 세 끼를 다 드시고, 건강한 몸으로 공부하면서 살려면 한 끼로 줄이는 게 좋습니다.

부처님 당시 수행자는 하루에 한 끼 먹었습니다. 대신 영양을 고루 섭취하면 됩니다. 한 끼 드시자니 배가 고프다면 세간에 사는 분들은 아침저녁으로 우유를 드셔도 좋습니다. 과학자들이 연구한 결과 하루에 세 끼를 꼬박꼬박 다 챙겨 먹으면 절반은 소화를 못 시키며, 그게 전부 병이 되고 독이 되어 몸에 쌓인다고 합니다. 그리고 육류는 피를 탁하게 만든다고 하니까 가능하면 청정한 음식을 섭취하십시오.

요즘은 승속을 막론하고 건강을 으뜸으로 치는데, 정신이 바른 사람이 건강해야지 정신이 탁한 사람이 몸만 건강하면 자신을 망치고 남도 망가뜨리기 일쑤입니다. 도적이 칼을 들면 흉기가 되고 어린아이가 칼을 들면 몸을 망치거나 죽을 수도 있고 어머니가 칼을 들면 좋은 도구가 되잖아요. 그렇듯이 나쁜 사람이 벼슬이 높으면 나라가 망하고, 나쁜 사람이 똑똑하면 사기꾼이 되고, 나쁜 사람이 돈이 많으면 마약이나 하고, 나쁜 사람이 건강하면 죄짓고 감옥 갑니다. 그러므로 선량한 가운데 다른 것이 주어져야 하는데, 내가 음식을 무엇 때문에 먹는가를 관하면서 언제나 뜻은 고고하게 부처님처럼 살아가잔 말입니다. 배는 고파도 정신은 살아 있어야 합니다.

참선하는 사람이 주의해야 할 세 번째 지침은 책을 많이 보지 말라는 것입니다. 모든 책을 금지하는 것이 아닙니다. 무턱대고 많이 읽으려고 하지 말라는 뜻입니다. 꼭 봐야 할 책을 보고, 볼 만큼 봐야 합니다. 책 보는 것을 업으로 삼으면 깨닫는 데 더딥니다. 독서가 나쁘다는 게 아니라 아무 책이나 보면 허송세월하니 곤란하다는 말입니다. 심지어 요즘에는 책장사하려고 써놓은 책이 수두룩하니 아무 책이나 보지 말라는 겁니다. 내 공부에 도움이 되는 책을 보되 내가 소화시킬 능력이 있을 때는 무슨 책을 본들 상관있으랴마는 책 보는 데 빠져서 껍데기만 보는 것을 경계하기 위해서 하는 말입니다.

참선하는 사람들은 어서어서 깨치고 싶으면 책의 뜻을 충분히 새겨가며 공부하는 데 참고하십시오. 옛 스님들이 책을 보지 말라고 한 뜻은 양적으로 많이 읽는 것보다 질적으로 깊이 공부하는 게 중요하다는 것을 강조하기 위함입니다. 또 책에 너무 의지하면 마음공부에 소홀할까봐 경계했던 말이기도 합니다.

넷째, 잠을 많이 자지 마십시오. 광겁장도曠劫障道에 수마막대睡魔莫大라, 아득한 예로부터 도에 장애되는 것은 수마보다 더 큰 것이 없다는 의미입니다. 말을 많이 하고 많이 먹으면 반드시 잠도 많이 잘 수밖에 없습니다. 잘 잠 다 자고 언제 공부한단 말입니까? 숨 한 번 안 쉬면 죽는 줄 알아야지, 오늘쯤이야 이번쯤이야 하면서 게으름 피우다 죽음의 문턱에 이르러서 평소에도 하지 않던 공부가 될 리 있나요. 건강할 때 지금 여기서부터 부지런히 정진하면 저승사자가 잡으러 와도 놀랄 것 없고, 죽을 때 자식들 불러놓고 "나 간다." 하고 옷 벗듯이 가야지요.

다섯째, 여기는 어떤가 저기는 어떤가 돌아다니지 말라는 겁니다. 스님들 중에도 공부가 잘되는 터를 찾아 이리저리 다니는 분들이 있습니다. 하지만 터가 좋다고 공부가 저절로 되는 게 아닙니다. 좋은 터 찾아다니다가 한 세월이 다 가버립니다. 공부하기 가장 좋은 법당, 가장 좋은 선불장選佛場은 어디일까요? 바로 이 몸입니다. 내 몸이 가장 뛰어난 선지식입니다. 그런데 못생겼다고, 마음에 차지 않는다고 이 몸 벗고 새로 태어나자고 하면 되겠습니까? 이보다 더 좋은 법당은 없습니다. 짐승 몸을 받거나 천상에 태어나면 도 닦기가 어렵습니다. 반고반락半苦半樂이라, 반절은 즐겁고 반절은 괴로운 인간 세상에 태어났을 때가 도 닦기에 가장 좋습니다.

금생미명심今生未明心하면 적수야난소滴水也難消라, 금생에 이 마음을 밝히지 못하면 방울 물도 소화하기 어렵습니다. 이런 생각으로 한 살이라도 젊을 때, 조금이라도 건강할 때 공부하십시오. 늘 스스로 채찍질하고, 틈을 주지 말고 공부하면 이루지 못할 게 없습니다. 그러니 지금 자기 몸을 한량없이 소중하게 여기십시오. 몸이 별 게 아니라며 자학하면 이롭지 못합니다.

공부하기 위해 건강해야지 나쁜 생각을 하려고 건강에 몰두하면 안 됩니다. 건강하기 위해서는 일찍 일어나고, 섭생에 주의를 기울이고, 위생에 신경 쓰고, 적당한 운동도 해야 합니다.

우리 몸이 선불장입니다. 우리 사는 곳 이대로가 최고의 법당입니다. 따로 찾지 말고, 극락세계에 가면 공부한다는 생각도 갖지 말란 말입니다. 자기가 서 있는 그 자리가 가장 좋은 장소입니다.

"대한민국은 시원찮으니 일본으로 가자, 미국에 가서 공부하자." 하면서 떠날 일이 아닙니다. 크게는 이 사바세계, 작게는 지구, 좁게는 대한민국, 더 좁게는 고운사, 더 들어가면 내가 사는 이곳과 나 자신 모두를 긍정적으로 받아들이십시오. 공부가 더 잘되는 곳이나 안되는 곳은 없으므로 특별한 곳을 따로 간택할 필요가 없습니다. 도처가 선불장임을 알고, 이 생에 이 몸으로 공부를 잘 지어가시기 바랍니다.

―1990년 4월 고운사 정기법회

• 무량수전 사자후

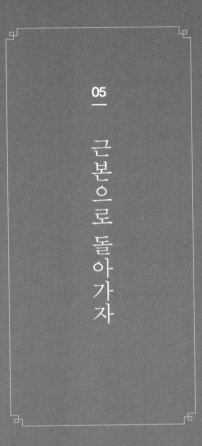

05

근본으로 돌아가자

왜 참선을 해야 하는가

오늘은 참선의 필요성, 참선하는 방법, 참선하는 사람
이 갖추어야 할 계율에 대해서 말씀드리겠습니다. 모두 참선하
러 오셨는데, 그 방법을 알고 하면 좀 수월할 겁니다. 우선 허리
를 쭉 펴고 눈을 지그시 감고 생각을 비우십시오.

참선수투조사관參禪須透祖師關이요,
묘오요궁심로절妙悟要窮心路絶이로다.

참선은 조사의 관문을 뚫는 것이요,

묘오는 마음 길이 끊어져야 된다.

　송나라 남송의 명승 무문혜개(無門慧開, 1183~1260) 선사가 지은
공안집『무문관無門關』제1칙에 나오는 구절입니다. 여기서 말하
는 조사의 관문이 화두법입니다. 묵조선도 선이고 간화선도 선
인데, 간화선 화두법에서 도를 깨친 분이 많이 나왔습니다. 묵조
선으로 도를 깨친 사람이 극히 드물다는 것을 감안하고 화두법
을 소중히 여기십시오. 깨달았다는 것은 마음길이 끊어져서 좋
아하고 미워하는 마음, 분별시비가 다 떨어져야 합니다.

　　　안약불수眼若不睡하면 제몽자제諸夢自除요,

　　　심약불이心若不異하면 만법일여萬法一如니라.

　　　눈에 잠이 없으면 모든 꿈이 스스로 사라지고,

　　　마음에 다른 바가 없으면 만법이 한결같다.

　이것은 선종의 제3대 조사인 승찬僧璨 대사가 「신심명」에서
하신 말씀입니다. 어리석은 사람은 눈만 감으면 꿈을 꿉니다. 허
망한 것이 꿈입니다. 동에 갔다 서에 갔다 그저 두려워하고 괴로
워하고 식은땀 흘리다가 깨어나보면 꿈이지요. 그런데 눈뜨고
도 꿈을 꾸고 만날 꿈속에서 삽니다. 깨치기 전에는 항상 꿈속에

서 사는 건데, 우리는 꿈속에 사는 줄 알아야 해요.

인생살이에서 가장 소중한 것이 깨닫는 일입니다. 나를 바로 찾는 길입니다. 밥 먹고 잠은 잘 줄 알면서 정작 자신을 모르고 살면 그보다 불행한 사람이 어디 있습니까. 과연 우리는 사람답게 살아왔을까요? 배가 불러도 괴롭고 배가 고파도 괴롭고, 끝없는 욕심 속에서 잠시도 마음 편할 날 없이 오욕락에 빠져 여기까지 온 게 아닐까요? 마음에 다른 바가 없으면 만법이 한결같다는데, 과연 다르지 않다는 것은 무엇일까요? 좋아하고 미워하는 마음이 없고, 살고 죽는다는 생각이 없고, 시문와 비非가 없으며, 유有와 무無가 없고, 선악이 없고 일체분별이 다 떨어져야 다른 바가 없는 겁니다. 그러면 만법이 한결같아요.

이론은 그렇다고 해도 실제로는 잘 안 되지요. 그래서 더욱 깨쳐야 하고, 깨치는 데 제일 좋은 방법이 참선입니다. 역대 조사들이 참선해서 깨쳤습니다. 더러는 염불로 깨친 분도 있지만, 염불도 결국 선으로 돌아와야 깨치는 겁니다. 염불은 의지심에 해당합니다. 어렸을 때는 부모에게 의지했지만 나이가 들어서도 부모에 의지하면 안 되듯이 처음에는 부처님을 의지했지만 끝까지 "부처님, 저를 깨쳐 주십시오."라고 하면 안 된단 말이오. 이제는 출격장부이니 염라대왕이 와도 눈 하나 깜짝하지 않고, 생사가 경각에 있더라도 놀라지 않을 만큼 되어야 됩니다.

십년단좌옹심성十年端坐擁心性하니

관득심림조불경寬得深林鳥不驚이로구나.

작야송담풍우악昨夜松潭風雨惡이더니

어생일각학삼성魚生一角鶴三聲이로다.

십 년을 한결같이 마음자리 닦으려고 애를 썼더니

깊은 숲속의 새도 사람에 놀라지 않을 만큼 되었다.

어젯밤 송담에 비바람이 사납더니

물고기는 한 뿔이 났는데 학은 세 번 소리를 하는구나.

서산대사로 널리 알려진 청허휴정(淸虛休靜, 1520~1604) 스님의 오도송悟道頌입니다.

이 마음자리를 해석해준다고 해서 여러분이 다 알지는 못합니다. 공부가 된 만큼 받아들입니다. 그러니 우리도 십 년 정도 애쓰는 흉내라도 내야 되지 않을까요? 십 년은 차치하고 석 달, 아니 삼일도 열심히 하는 사람이 드물어요. 하다 말다 하다 말다 합니다. 부싯돌을 칠 때 확 쳐버려야 불이 붙는데 말입니다.

밥 먹고 잠 잘 줄은 알면서 정말로 자기 찾는 공부는 할 줄 모릅니다. 마냥 향락에만 젖어 있지요. 서산 스님은 십 년 동안 한결같이 애를 써서 대인이 된 겁니다. 여러분이 새라고 한번 생각해보세요. 새가 얼마나 잘 놀랍니까? 그런데 사람이 와도 놀라지 않을 만큼 되었다고 하니 생사에 두려움이 없어졌다는 뜻입니다. 사람이 아니라 염라대왕이 옆에 와도 꼼짝하지 않을 정도가 되어야 합니다.

외식제연外息諸緣하고 내심무천內心無喘하며
심여장벽心如墻壁이면 가이입도可以入道라.

밖으로 모든 반연을 쉬고, 안으로 마음에 헐떡거림이 없으며, 마음이 장벽과 같아야 가히 도에 들어갈 수 있다.

이것은 달마 스님이 화두의 중요성을 강조하신 말씀입니다. 공부해보니 제일 좋은 것이 참선법이라는 겁니다. 선방의 문고리만 잡아도 지옥, 아귀, 축생의 삼악도를 면한다고 했습니다. 또 종단을 이끌어가시는 종정스님이나 큰스님들도 다 참선하신 분들입니다. 일류 대학을 나오고 팔만대장경을 다 외우는 분들이 아니란 말입니다. 역대 조사들도 전부 그렇습니다.

그런데 사람들은 왜 이 공부를 안 할까요? 믿음이 없고, 용기가 없어서 안 합니다. 또 몰라서 못합니다. 참선은 누구나 할 수 있지만 아무나 하는 게 아닙니다. 그러니 선을 공부한다는 것을 매우 다행스럽게 생각해야 합니다.

어생일각학삼성魚生一角鶴三聲이로다, 이것이 무슨 뜻입니까?

공부가 되기 전에는 이 뜻을 알기 어렵습니다. 열반하신 전강 스님께서 특히 '어생일각학삼성'을 가지고 공부하는 사람들을 많이 다뤘어요.

"너희들이 공부가 되었으면 '어생일각학삼성'이 무슨 뜻인가 한번 일러봐라." 하시곤 했습니다.

박정희 대통령이 집권하던 시절, 전강 스님 회상에서 공부를 할 때였습니다. 스님께서 "오늘 내가 청담 스님하고 대통령을 만나러 간다."고 하시는 겁니다. 그런데 그때 왜 그렇게 내가 버릇없이 당돌했는지 한마디 했어요.

"스님, 대통령이 스님을 찾아와도 시원찮을 텐데, 77대 조사라면서 대통령을 만나러 가서야 되겠습니까?"

"그러면 어쩌지…… 오늘 청담 스님하고 가기로 했는데, 내가 몸이 좀 아프다고 못 간다고 네가 심부름 좀 하고 오너라."

버릇없는 놈이라 치부하고 예정대로 가셨으면 할 수 없는 일인데, 나를 아끼셨던지 그런 말씀을 하시는 겁니다. 청담 스님이 종정으로 계시다가 총무원장을 하실 때인데, 종정이나 원장이면 나라의 대통령도 존경을 할 때였습니다.

청담 스님한테 가서 전강 큰스님의 뜻을 말씀드렸더니, "어어, 나도 안 간다."고 하세요. 그리고 하시는 말씀이, "요새는 자칭 도인이다, 선지식이다 하면서 제 병 하나 마음대로 못 한다."고 걱정하시는 겁니다. 그러시면서 과거에 당신이 만공 스님한테 인가를 받았는데, 만공 스님께서 "누가 나한테 법을 청한다면 순호를 의심 없이 보내리라." 하셨다는 말씀을 하세요. 여간해서 칭찬을 잘 안 하는 만공 큰스님이 '올연兀然'이라고 이름을 지어 주었답니다. 그러고는 대중을 모이게 해서 당신 대신 법문을 하게 했답니다. 그때 청담 스님이 유점사에서 이렇게 법문을 하셨다고 합니다.

설즉시마자說卽時魔子요,
무언진장부無言眞丈夫로다.
비로봉충천毘盧峰衝天한데
동해수무변東海水無邊이로다.

말이 있는 즉시 마구니 아들이요,
말이 없을 적에는 참다운 장부로다.
비로봉은 하늘을 찌르는데
동해수는 가이 없다.

내가 "스님, 그것 좀 적어주십시오." 했더니 천진하게 적어주셨어요. 그걸 보고 내가 말씀드렸습니다.
"스님, 여기는 공격할 틈이 있습니다."
"여기에 쇠를 대면 쇠가 녹아지지."

"그렇다면 제가 하나 묻겠습니다."

내가 일원상을 그리고 물었습니다.

"이 원 안에 들어와도 죽고 안 들어와도 죽습니다. 스님은 어떻게 하시겠습니까?"

"잘 모르겠다."

그때 내 기세가 하늘을 뚫을 듯 높을 때였어요. 어찌 보면 안하무인이었을 수도 있겠지요. 공부하는 여러분도 누구나 그럴 때가 올 것입니다. 그렇다고 해서 내가 청담 스님이나 큰스님들보다 앞서가는 것은 추호도 없었어요. '나도 사자새끼다, 까짓 거 한번 버텨보자.' 하는 객기로 그런 겁니다. 몸이 아파도 막 밀어붙일 때였으니까요. 그렇게 버릇없이 굴어도 공부하려고 하는 기상을 보셨는지 모두들 좋아하셨어요. 그때 청담 스님께서 돌아가는 나에게 차비로 2천원을 주셨습니다. 내 기억으로 당시 2천 원이면 큰돈이었습니다.

차비를 두둑하게 타서는 서울 어느 절에서 점안식을 하러 오신 전강 스님을 만났습니다. 그래 내가 자랑삼아 청담 스님과 나눈 얘기를 했지요. 지금 생각해도 대선배 앞에서 넘쳐버린 것이거든요. 서른한 살 때였으니까 건방지기 짝이 없었겠지요. 전강 스님께서 그 얘기를 듣고서 수좌가 넘치면 큰일이라고 생각하셨는지 제게 물으셨습니다.

"자네, 어생일각학삼성魚生一角鶴三聲에 대해 한번 일러보게."

"제가 바로 이를까요, 인득송認得頌으로 이를까요?"

이 말은 "누구나 알아듣게 할까요, 스님만 알게 할까요." 하는 뜻입니다.

"인득송으로 일러보게."

"찬 기러기는 자질을 하며 허공에 빠지는데 청파에 돛단배는 너울너울 춤을 춘다."

그렇게 답하자 옆에 있던 상좌들을 내보내셨어요.

"바로 한번 일러보게."

그래서 내가 바로 이른 겁니다.

당나라 현종의 비 양귀비가 정부인 안록산을 부를 때 두 사람만의 암호, 즉 안록산만이 알아들을 수 있는 말로 '소옥아, 소옥아.' 하고 몸종의 이름을 불러 아무도 두 사람의 관계를 모르게 해서 화를 면한 것처럼, 화두에 대한 답도 그와 마찬가지로 간파를 하면 불교를 망치고 여러분도 망칩니다.

내가 여러분에게 다 알려주지 못하는 것을 이해해달라는 뜻에서 말씀드리는 것입니다. 마치 겨우 솟아난 어린 싹이 갑자기 햇빛을 많이 받아버리면 피지도 못하고 말라버리는 것과 같아요. 그래서 여러분 스스로 터득해야 되는 겁니다.

참선하는 방법

참선 방법 중에 화두법이 제일이라는 것은 오랜 역사를 통해 검증된 사실입니다. 인도에서 꽃이 피어서 중국에서 열매를 맺었다고 하지요. 제자들이 훌륭하면 스승이 빛나는 이치입니다. 세속에서도 자식을 잘 길러야 부모가 돋보이듯이 부처님 법이 아무리 좋아도 사람을 기르지 못하면 이어지기 어렵습니다. 중국에서 도인들이 쏟아져 나온 게 전부 화두 참선법 덕분입니다. 그러니까 여러분은 참선법의 소중함을 알고 하되 한결같이 일념만년一念萬年으로 하십시오. 작심삼일에 하다 말다 하는 소인배들은 선을 못 합니다. 잠깐 흉내만 내도 그 공덕은 한량이 없지만 말입니다.

벼슬이 높다고 생사대사가 해결되는 것도 아니고, 돈이 많다고 해결되는 것도 아닙니다. 팔만대장경 거꾸로 외운다고 해결되는 것도 아니에요. 오직 자기 근본자리, 마음자리 깨치는 도리밖에 없어요. 그리고 깨치는 데는 화두 참선법이 가장 좋습니다.

참선은 앉아서만 하는 게 아닙니다. 앉아서 하면 좌선이고, 걸어다니면서 하면 행선이고, 누워서 하면 와선입니다. 천천히 할수도 있고, 일하면서도 하고, 어느 곳에서나 할 수 있습니다.

그러면 어떻게 하면 좋은지 그 방법을 일러주겠습니다.

첫 번째는 참선하는 것이 소중한 줄 알고, 정말로 내가 참선해서 깨칠 수 있다고 확실하게 믿어야 됩니다. 의심 없이 믿는 겁니다. '과연 될까?' 이렇게 의심하면 어려워집니다. 부처님이 나를 속이고, 조사 스님들이 나를 속였을까요? 다만 내가 노력하지 않았을 뿐입니다. 그러니 확실하게 믿어버리십시오.

대혜 스님 같은 큰스님도 참선을 하다가 안 되니까 '무선론無禪論'을 쓰려고 했습니다. 선을 하려고 해도 안 되니 '선은 없다.'고 말입니다. 그러다가 마침내 깨쳐야만 확실히 믿는 겁니다.

우리 중생들은 하도 속아서 맛보기 전에는 안 믿습니다. 이 산승이 할 말이 없어서 여러분을 속일 것이며, 설마 부처님이 속이고 조사가 속였겠습니까? 여러분, 의심이 없이 믿겠습니까? 안 믿겠습니까? 대답이 한 소리로 나오지 않는 걸 보니 믿음이 각각 다른가 봅니다. 의심 없이 소리가 한번에 나와도 시원치 않을 텐데 말입니다. 믿는다고 말은 해도 눈빛에 '믿기는 뭘 믿는가.' 하는 게 보이니 입으로만 믿는 겁니다. 참선을 하면 깨칠 수 있다는 확고한 믿음으로 공부하시기 바랍니다.

두 번째는 조금이라도 젊고 건강할 때 어서어서 깨쳐야 되겠다고 생각해야 합니다. 언제 다시 사람 몸을 만날지 모릅니다. 짐승 몸을 받거나 지옥에 떨어져 놓으면 어렵습니다. 그러니 나이 한 살이라도 더 젊었을 때, 몸이 조금이라도 건강할 때 서둘러 공부를 시작해야 합니다. 이것은 나이나 노소의 문제가 아닙니다. 언제든 바로 시작하라는 말입니다. 참으로 다행스럽게 팔십에 깨친 인도의 협존자脇尊者 같은 분도 있습니다. 이 공부는 자기가 자기를 찾는 길이기 때문에 어려운 게 하나도 없습니다. 그냥 시작하기만 하면 됩니다.

참선하는 사람에게는 대신심大信心과 함께 대분지大奮志, 대의정大疑情이 필요합니다. 참선할 때의 의심을 의정疑情이라고 합니다. 믿음이 없는 의심은 불신이라고 하는데, 그것과는 다릅니다. 의정은 화두의 생명입니다. 의정이 똘똘 뭉치면 다른 망상이 들어오지 못합니다. 그러면 경계가 오더라도 시간 관념을 잊고 화두에 집중할 수 있습니다. 그럴 때 모든 업장이 그대로 녹아 버립니다.

과연 얼마만큼 깊어져야 깨칠까요? '행주좌와 어묵동정'에도 화두가 한결같아야 됩니다. 화두가 곧 공안인데, 천칠백 개가 있습니다. 그런데 천칠백 공안만 공안이 아닙니다. 조주 '무無'자나 '이뭣고'만이 화두가 아니란 말입니다. 그러면 화두 아닌 게 없는데, 왜 늘 천칠백 공안을 쓸까요? 깨치면 일체가 공안이 되기 때문입니다.

화두, 이뭣고의 기원

오늘은 공안 중에 가장 쉽게 다가갈 수 있는 '이뭣고'

화두의 기원을 말씀드리겠습니다.

육조 혜능 대사를 아실 겁니다. 일자무식이었는데, 깨쳐서 오조 홍인 대사의 법을 이어받았지요. 하늘천 따지도 모르고 배운 것도 없는 사람이, 더구나 행자 시절에 어떻게 깨달음에 이르렀을까요? 왜 부처님 법맥이 혜능에게 전해졌을까요?

당시 남악회양南嶽懷讓 선사라고 있었는데, 공부가 상당히 된 분이었습니다. 그분이 하루는 혜능 대사의 소문을 듣고 '내가 그 스님을 한번 만나뵙고 겨루어 보리라.' 하고 찾아갔어요. 두 사람이 처음 만난 자리에서 혜능 대사가 물었습니다.

"너는 어디서 왔느냐?"

보통은 이런 질문에 여러분은 고향이나 떠나온 곳을 말하겠지요. "서울에서 왔습니다. 부산에서 왔습니다." 이렇게 대답할 겁니다. 회양 선사도 마찬가지로 자기가 사는 곳을 얘기했어요.

"숭산에서 왔습니다."

"어떤 물건이 이와 같이 왔느냐?"

여기에서 답이 막혔어요.

이 몸을 끌고 다니는 주인공이 있는데, 그것을 무엇이라 할 것인가. 어떤 사람은 마음이라고 대답하겠지만 마음도 이름입니다. 이름을 붙이려다 보니 굳이 마음, 불성, 자성, 정신이라고 부르는 것이지 그 주인공 자리는 마음이 아닙니다. 그럼 물건일까요? 그것도 아니지요. 어떤 대명사를 붙여도 맞지 않습니다. 마음도 아니고, 부처나 물건도 아니고, 다른 어떤 이름을 붙여도 그건 대명사이지 전부 맞지 않다는 말입니다.

회양 선사는 혜능 대사의 질문에 무엇이라고 대답을 할 수가 없어서 입이 딱 들러붙었어요. 그 길로 돌아와서는 8년을 고민했습니다. 보고 듣고 말하고, 나를 이끌고 다니는 주인공, 이것을 뭐라고 할 것인가? '이 무엇인고'입니다. '이것이 무엇인가'를 경상도 사투리로 하면 '이뭣고'가 됩니다. 간단할수록 좋아요. 이보다 더 간단한 것이 '이' 할 때, 한 생각 일으킬 때 돌이켜보세요. '이게 무엇인가' 회광반조해 보세요.

염불은 의지심으로 부르지만 '이뭣고'는 의문을 일으키기 때문에 굉장히 빨리 들어갑니다. 그래서 염불 천 번을 하는 것보다 '이뭣고'를 한 번 더 하는 것이 공부에 빨리 들어간다고 말합니다. 마치 산봉우리를 올라갈 때 곧바로 질러가는 것이 참선이라면, 염불은 돌아가는 길입니다. 돌아가는 길이니까 우선은 쉽지만 시간이 오래 걸리지요. 힘이 들지만 빨리 들어가니까 이 도리밖에 없어요.

'이것이 무엇인고, 이것이 무엇인고?' 가나 오나 밥을 먹으나 자나 깨나 일구월심日久月深으로 하십시오. 날이 가고 달이 깊어지면 자연스럽게 정定과 혜慧가 원명圓明해집니다. 그러면 얼마만큼 깊어져야 깨칠 수 있을까요? 행주좌와 어묵동정, 말을 할 때나 앉을 때나 드러누우나 일체가 한결같아야 되는 겁니다.

말할 때도 공부가 지속되면 상당히 깊어진 겁니다. 슬플 때는 말을 해도 슬프고, 즐거울 때는 말을 해도 즐거운 것처럼 화두를 앉으나 누우나 입을 다물거나 말을 하거나 늘상 들려고 해야 합니다. 그래서 전부가 '이뭣고'로 보여야 됩니다. 공부가 많이 되면 그런 경지가 옵니다. 사람을 만나도 전부 '이뭣고'로 보일 때가 있어요.

'관세음보살'을 부르면 관세음보살로 보여야 염불을 잘하는 사람인 것처럼 꿈속에서도 '이뭣고'로 봐야 합니다. 꿈을 꾸어도 '이뭣고' 꿈입니다. 또 꿈을 꾸나 꿈에서 깨나 '이것이 무엇인가, 이것이 무엇인가, 이것이 무엇인가?' 이렇게 지속되면, 그때는 상당히 좋은 경지입니다.

몽중일여夢中一如, 꿈에서도 한결같은 경지를 말합니다. 꿈도 없는 경계는 오매일여寤寐一如라고 합니다. '오寤'는 깨어 있는 것이고, '매寐'는 깜깜한 것입니다. 그래도 '이뭣고'만은 도망가지 않아야 합니다. 그쯤 되면 깨치는 길이 멀지 않습니다.

꿈속에 일여一如만 되어도 그 힘이 굉장해서 마구 변재가 터집니다. 행주좌와 어묵동정만 일여가 되어도 힘이 아주 강해집니다. 정신일도精神一到하면 하사불성何事不成이라, 정신이 한곳에 이르면 안 되는 것이 없습니다. 한 시간만 정신통일이 되어도 굉장한 거예요. 참선한다고 앉아보십시오. 정신이 동에 갔다 서에 갔다, 온갖 망상이 납니다. 쓸데없는 걱정부터 젖먹이 때 일까지

다 생각나지요.

부질없는 분별이나 일체 경계에 끄달림이 없으면 그때가 좋은 시절입니다. 신통이 생기고 세상 사는 이치 전부 알아봤자 아무 것도 아닙니다. 부처님은 신통 부리지 말고, 길흉화복을 말하지 말라고 하셨어요. 다른 사람의 장단점을 이야기해서 뭐하겠어요? 허공을 나는 재주가 있은들 무얼 할 것이며, 신통력이 생긴들 무슨 쓸모가 얼마나 있겠어요? 알면 오히려 괴롭습니다. 사람 죽는 모습이 보여도 괴롭고, 나를 욕하는 소리가 들려도 괴로울 겁니다. 세상의 온갖 소리가 들리고, 다른 사람의 마음도 다 들여다보이면 과연 좋을까요? 남의 마음 알아서 좋을 거 없습니다.

신통은 어리석은 사람이 좋아합니다. 신족통, 천안통, 천이통, 타심통, 숙명통을 다 해도 별것 아닙니다. 육신통 중에 오신통까지는 별것 아니란 말입니다. 하지만 누진통은 부처님 경지에 가야 얻을 수 있습니다.

신통력이 중생을 교화하는 데는 도움이 됩니다. 그래서 한 법도 버릴 것이 없다는 겁니다. 만약 여기에 우리 마음을 훤히 다 아는 어떤 스님이 있다면 그 능력이 몇 푼어치 안 되더라도 도인이라면서 그냥 무릎을 꿇습니다. 보조지눌 선사가 말씀하셨어요. 단지불회但知不會면 시즉견성是卽見性이라, 오직 모를 뿐이면 이것이 바로 견성이라고 했습니다. 많이 알고 많이 기억하면 심식이 더 어두워집니다. 어리석은 사람은 많이 아는 것을 좋아하지만 그럴수록 괴로움은 더할 뿐입니다. 이걸 꼭 명심하세요.

아는 것을 다 놓아버려야 합니다. 걱정 근심도 놓아버리고 오직 화두만 치켜들되 가나오나 '이것이 무엇인고? 이것이 무엇인고?' 하면 염라대왕도 함부로 잡아가지 못합니다. 한번 부를 때마다 업장이 녹아집니다. 결국 이 몸도 버리고 갈 텐데, 우리는 온갖 걱정을 하며 삽니다. 남편 걱정, 자식 걱정, 사돈의 팔촌까지 걱정하면서 살고 있어요. 내 몸에 병이 없으면 남의 걱정까지 하지만 내 몸이 병들면 다른 걱정은 할 사이가 없습니다. 내가 죽게 되었는데 남을 걱정하는 사람이 있을까요? 죽고 사는 생사대사 앞에서 이제 사사로운 걱정은 다 놓아버리고 화두만 잘 치켜드십시오. 살아갈 힘이 생깁니다.

참선하는 사람이 지켜야 할 계율

참선하는 사람이 지켜야 할 오계가 있습니다.

첫째, 말을 많이 하지 마라. 둘째, 잠을 적게 자라. 셋째, 책을 많이 보지 마라. 넷째, 음식을 많이 먹지 마라. 다섯째, 여기저기 돌아다니지 마라.

우리 조실 스님도 "이 계율을 진리요, 생명으로 여기고 계속해서 정에 들면 그 속에서 바른 혜가 생기므로, 계·정·혜 삼학을 잘 닦아라." 하셨습니다.

화두 하는 사람은 첫째로 말을 많이 하지 않아야 합니다.

'구시여화문口是如禍門'이라, 입은 화를 불러오는 문이니 좋은 말이라도 많이 하는 것은 이롭지 않습니다. 번민만 일으키는 나쁜 말은 더욱 삼가야 합니다. 중생 교화할 때를 제하고는 입을 다물라는 말입니다. 어떻게 해서든지 화두를 들고 열심히 반복하다 보면 그게 취미가 되고, 거듭되면 소질이 되고, 또 거듭되면 업이 되는 겁니다.

그런데 처음부터 의정이 돈발頓發하면 일주일도 못 갑니다. 그래서 시작할 때는 '이것이 무엇인고'를 염하는 식으로도 합니다. 염불을 많이 하면 저절로 입에서 염불이 나옵니다. 화두도 '이것이 무엇인고? 이것이 무엇인고?' 이렇게 해보십시오. 염불하듯이 습관처럼 하다보면 업장도 소멸되고, 또 공부도 깊어집니다.

말만 적어도 이 세상 살아가는 데 대접을 받습니다. 그러려면 우선 생각이 적어야 됩니다. 생각이 복잡하면 안 좋아요. 좋아하고 미워하는 마음도 떨어져버리면 다른 거야 말할 것이 있겠습니까? 걱정 근심을 다 놓아버리세요. 소인배일수록 걱정을 많이 합니다. 심지어 빌딩 사이를 걸어가면서 '저 빌딩이 무너지면 어이할까.' 그런 걱정을 합니다. 사고로 죽을까봐 걱정하면서 차를 몰고 다니는 사람도 있어요. 그런 사람은 선을 할 자격이 없습니다.

• 무량수전 사자후

공자님은 '조문도석사가의朝聞道夕死可矣, 아침에 도를 알면 저녁에 죽어도 좋다.'라고 했어요. 제일 무서운 것이 근심 걱정 병입니다. 두근두근하면 소화가 제대로 안 됩니다. 곧 죽는다고 생각해보세요. 올 때도 빈손으로 오고 갈 때도 빈손으로 가는데 무엇을 걱정하는 겁니까? 이제 새로 태어났다고 생각하고 공부해야 합니다. 생사대사生死大事, 죽고 사는 문제가 가장 큰일입니다. 그런데 나를 모르고 살았으니 앞으로는 '내가 무엇이냐?' 하는 문제를 파고드십시오. 이것이 바로 '이뭣고' 화두입니다.

나를 찾고 근본으로 돌아가면 뜻을 얻고, 비춤을 따르면 다 잃어버립니다. 비춤을 따른다는 것은 육근 육식에 끄달린다는 의미이고, 그러면 천한 사람이 됩니다. 모든 것의 근본은 나이며, 나의 근본은 마음이 아닙니까? 우리가 '마음, 마음' 하며 입에 달고 사는 이 마음자리를 알아야 합니다. 좋아하고 미워하는 마음을 뛰어넘어야 해요. 그런데 잘 안 되지요. 이 문제는 화두로 귀결됩니다. 화두법은 참 묘한 이치입니다.

혜가 스님이 달마 스님한테 물었습니다.

"어떻게 하면 지상 극락을 이룰 수 있냐고 누군가 물으면 뭐라고 답해줄까요?"

"마음을 관하는 한 가지 법이 모든 행을 섭렵한다."

화두는 마음을 다스리는 가장 좋은 방법입니다. 그게 잘 안되니 할 수 없이 염불이나 부처님 경전을 쓰는 사경을 하라고 권합니다. 노는 입에 염불도 하고 또 심심하면 금강경이나 부처님 경전을 써보세요. 두 가지 다 상당히 도움이 됩니다.

선객이 지켜야 할 두 번째 계율은 잠을 적게 자는 것입니다. 잠으로 인생의 반을 보내고 식충이처럼 먹고 자기만 하다가 마감하면 얼마나 안타깝습니까? 낮에 온갖 번뇌 망상을 일으켜 놓았으니 밤에 잠을 자면 만사 다 잊고 편안하겠지요. 하지만 우리는 잠을 적게 자고 스스로 깨어 있을 때마다 공부해야 합니다. 잠만 자면 송장과 다름없습니다.

잠은 음식과 관련이 있어요. 음식을 많이 먹으면 말도 많아지고 잠도 더 옵니다. 그래서 저는 선객의 네 번째 계율인 '음식을 많이 먹지 마라.'를 첫째로 삼아야 한다고 생각합니다. 소화시킬 능력도 없는데 온갖 음식을 먹으면 몸이 괴롭습니다. 나도 음식을 많이 먹는 멍청한 사람 중에 하나였어요. 보통 괴로운 일이 아니더군요. 얼마나 정신없이 먹었느냐 하면 하루에 포도를 한 관쯤 먹은 때도 있어요. 한 알 한 알 아무 생각 없이 먹었는데, 나중에 엄청난 고통을 받았습니다.

내가 어렸을 때 살던 곳은 바닷가 마을이었어요. 흉년에 먹을 게 없어서 굶주리기 일쑤였지요. 어느 날은 무슨 제삿날인 거 같은데, 오랜만에 집에 음식이 있어서 참 많이 먹었어요. 뱃속에 밀어넣듯이 먹고는 모래밭에 나가 누웠는데, 누가 나를 건드리면 터질 것만 같았지요. 굉장히 고통스러웠어요. 지금도 어떤 때는 한참 먹다가 또 어느 때는 며칠 동안 안 먹고 삽니다. 좋은 습관이 아니지요. 어리석은 거예요.

음식은 되도록 적게 드시는 게 좋습니다. 여러분이나 나나 깨치기 위해서 먹어야지 먹기 위해서 먹는 사람이 되어서는 안 되겠습니다.

선객의 오계 중에 음식을 첫째로 두고 다시 정리를 해보겠습니다. 첫째, 음식을 적게 드십시오. 육식보다는 해물, 해물보다는 채식이 좋아요. 몸이 건강해야 공부도 할 수 있습니다. 둘째, 말을 많이 하지 마십시오. 셋째, 잠을 적게 주무십시오.

네 번째는 책을 많이 보지 말라는 것입니다. 어리석은 사람은 책에 진리가 있는 줄 압니다.

중국 당나라 때 신찬 스님이라고 있었어요. 처음에 출가해서 계현 스님을 은사로 모시고 살다가 백장 스님 문하로 들어갔어요. 거기서 선을 해서 한소식을 한 다음 돌아왔는데, 이런저런 말은 일절 안 하고 다시 시봉하면서 지냈습니다.

그런데 하루는 목욕하는 은사 스님의 등을 밀다가 문득 "호호법당好好法堂이나 불무영험佛無靈驗이구나." 하고 한마디를 던지는 겁니다. "법당은 좋지만 부처가 영험이 없네요." 이 말입니다. 순간 스승이 뒤를 돌아봤어요. 그러자 이어서 "불무영험佛無靈驗인데 야능방광也能放光이로다." 이렇게 말했지요. "부처가 영험은 없는데 방광은 할 줄 아시네요." 이런 뜻입니다. 좋은 법당이란 육신을 이르고, 영험이 없다는 것은 깨달음이 없다는 뜻입니다. 방광을 할 줄 안다는 것은, 즉 말을 하면 들을 줄은 안다는 뜻이에요.

은사 계현 스님은 제자를 꾸짖을 수도 없고 난감했습니다. '참선을 한다고 하더니 한소식 했나보다.' 이런 생각을 했지요. 하지만 아무 소리 하지 않았습니다. 그리고 얼마 뒤 계현 스님이 화엄경을 열심히 읽고 있는데, 마침 벌이 창문으로 들어왔던 모양입니다. 들어올 때는 수월했는데, 열린 문으로 나가지를 못하고 정신없이 창호지 문에 부딪치며 오락가락하는 겁니다. 그 모습을 본 신찬 스님이 시를 읊었습니다.

공문불긍출空門不肯出하고
투창야대치投窓也大痴로다.
백년찬고지百年鑽古紙인들
하일출두기何日出頭期리오.

열린 문을 놔두고
창에 부딪치니 어리석구나.
백년 동안 묵은 종이를 뚫으려 한들
어느 세월에 머리가 나가길 기약하리오.

• 무량수전 사자후

'백년을 쉼 없이 경전만 읽은들 깨우칠 기약이 있겠는가.' 이 말입니다. 은사스님도 보통 분이 아니었나 봅니다. 그 길로 대중을 모아 상좌를 법상에 올려놓고 법문을 청해 들었어요. 그리고 거기서 마음의 문이 열려서 깨쳤다고 합니다.

깨달음은 나이에 있는 것도 아니요, 남녀노소에 있는 것도 아니며, 유식 무식에 있는 것도 아닙니다. 승속에 있는 것도 아니에요. 출가자든 재가자든 관계없이 누구나 서로 배우고 깨우칠 수 있습니다. 능행바 보살, 방 거사, 유마 거사, 부설 거사는 스님들을 깨우쳐주지 않았습니까.

책이나 글에 진리가 있는 줄 알면 깨닫는 데 오래 걸립니다. 물론 책을 보고 깨칠 수도 있어요. 쓸데없는 일을 하는 것보다는 책 읽는 것이 좋고, 읽는 것보다 베끼는 것이 나아요. 송나라 대혜 스님 같은 분도 만 독을 하고, 천 번을 사경했다는 얘기가 있어요.

늘 경전을 쓰면서 부처님 말씀을 가까이하는 것이 좋습니다. 아무 책이나 봐서는 안 되고, 부처님 말씀을 가까이해야 합니다. 조사 말씀을 가까이하고, 내게 공부가 되는 좋은 가르침을 가까이하라는 말입니다. 어떤 책을 봐도 능히 소화할 수 있다면 내가 이런 말씀을 드릴 필요가 없어요. 부처님 경지에 가면 아무것도 버릴 게 없습니다. 그러나 어리석은 생각으로 아무 책이나 함부로 봐서는 안 됩니다. 그래서 책을 많이 보지 말라고 하는 겁

니다. 특히 참선하는 사람은 책을 보더라도 한 페이지만 보라고
합니다. 한 페이지 속에도 진리가 있어요. 수박 겉핥기 식으로는
아무리 많은 책을 봐도 다 헛일입니다. 깊이 읽고 깊이 생각해야
합니다.

다섯 번째는 여기저기 돌아다니지 말라는 겁니다. 이 터는 어
떻고, 저 터는 어떻고 하면서 장소를 가리면 안 됩니다. 터가 공
부시켜주는 게 아니에요. 명상하기 좋은 자리에 가면 노력하지
않아도 저절로 공부가 될까요? 어떤 자리라도 내가 공부하면 전
부 선불장이고, 좋은 공부터가 됩니다. 근기가 약해서 좋은 자리
를 골라 다니는 겁니다. 어느 곳에서나 공부할 수 있어야 돼요.

가장 좋은 선불장은 자기 몸입니다. 나는 못생기고 똑똑하지
도 못하니 새 옷 갈아입고서 좋은 몸을 받은 다음 공부하겠다고
하면 늦어요. 지금 이 자리를 고맙게 생각하세요. 이 자리도 좋
고, 이 대한민국도 선불장입니다. 이 지구, 이 사바세계에서 어
렵고 극락세계에 가서 공부하겠다고 생각하면 안 되는 겁니다.

이런 말이 있습니다. "자기 몸을 학대하지 마라. 육신을 미워
하지 마라. 육신을 미워하지 않으면 도리어 정각을 이룬다." 자
기가 사는 곳, 자기 몸이 좋은 선불장인 줄을 아시기 바랍니다.

좌선의 바른 자세, 바른 호흡, 바른 생각

이제 좌선의 바른 자세, 바른 호흡, 바른 생각에 대해 말씀드리겠습니다.

우선 바른 자세를 하면 혼침이 덜 오고 소화도 잘됩니다. 밥을 먹자마자 용맹심을 가지고 화두를 들면 소화가 안 돼서 머리가 아프고, 머리가 아프면 눈도 아프고 신경이 쓰여서 참선하기가 어렵습니다. 그러니까 공양 후에 30분에서 1시간 정도 쉬고 나서 시작하면 좋습니다.

공부하는 사람은 음식을 많이 먹어서 좋을 일이 없어요. 하루 한 끼만 드시는 게 건강에 이롭습니다. 그런데 하루 한 끼는 서운하겠지요? 먹는 재미로 사는 분은 서운할 거예요. 그러니까 음식을 먹되 병들지 않게 조금 줄여서 드십시오. 하루 세 끼 말고도 온갖 과일에 빵, 과자, 술까지 다 드시니 병이 안 나는 게 이상한 겁니다. 당장에 병이 나게 되어 있어요. 음식은 한 끼 반이 정상이라고 합니다. 도 닦는 분들이니까 이제부터는 조금씩 줄여서 먹읍시다.

참선의 바른 자세는, 왼다리 위에 오른다리를 올려서 결가부좌를 하고, 오른손바닥에 왼손바닥을 올려서 양쪽 엄지손가락을 둥글게 닿을 듯 말 듯 모아 단전 앞에 놓습니다. 보통 왼쪽은 용用이고, 오른쪽은 체體라고 합니다. 체는 근본이니 체로써 용을 누르면 번뇌 망상이 없어진다고 합니다. 그래서 부처님의 앉은 모습을 원만안좌圓滿安坐, 불좌佛坐, 여래좌如來坐라고 합니다. 부처님은 망상이 없는 분이시니 왼다리 위에 오른다리를 얹고, 다시 왼다리를 오른다리 위에 얹어 꼽니다. 우리는 부처님과는 반대로 해야 됩니다. 체로써 용을 눌러야 하므로 오른다리 위에 왼다리를 얹고 다시 오른다리를 얹어 꼬는 길상좌吉祥坐를 합니다. 결가부좌를 하면 참선하다가 입적해도 넘어지지 않습니다. 이것이 좌탈입망坐脫立亡입니다. 결가부좌를 한 채로 정신을 똑바로 차리고 참구하다가 죽겠다는 용기가 있어야 가능합니다. 평상시에 공부가 되었다 해도 참으로 어려운 일입니다.

가부좌를 하고 금강권인을 하고 엄지손가락 위에다 딱 쥐어 봐요. 그대로 무릎 위에 얹고 세 시간쯤 지나면 땀이 후두둑 떨어집니다. 감기도 뚝 떨어집니다. 아랫배에 은근히 힘을 주고 단전에 화두를 두면 머리가 맑아집니다.

어리석은 사람은 '이것이 무엇인고?', '이것이 무엇이긴, 마음이지.' 하면서 화두를 연구합니다. 그러면 상기병이 납니다. 화두는 깨치기 전에는 도저히 풀리지 않습니다. 어떤 이름을 붙여도 안 된다는 것을 확실히 알아야 합니다.

화두가 없어지면 혼침이 옵니다. 그러니까 성성惺惺하고 적적寂寂하고 면면綿綿하고 밀밀密密해야 됩니다. 성성하다는 것은 깨어 있는 상태인데 깨어 있으면 망상이 나고, 적적하면 혼침이 오는 겁니다. 성성하면서 적적해야 되고, 적적하면서 성성해야 됩니다. 깨어 있으면서도 망상이 안 들어와야 되고, 적적하면서도 혼침이 없어야 된다는 말입니다. 앉아서 꾸벅꾸벅 자면 시간은 잘 가지만 모두 헛일입니다. 깨어 있어야 합니다. 금강권인을 해서 무릎 위에 얹고 허리를 쭉 펴고 턱은 당기고 입술은 살짝 붙이고 이를 지그시 물어야 해요. 용맹심이 지나치면 이가 솟구칩니다. 입을 살짝 다물고, 혀는 입천장에 가만히 올려붙이고, 잠이 와도 이겨내셔야 합니다.

참으로 한량없는 세월을 잠으로 다 보냅니다. 수마睡魔, 즉 잠마구니를 못 이기면 공부를 할 수 없습니다. 열흘이고 한 달이고 잠을 안 잘 수 있어야 합니다. 그런 힘이 있어야 한다는 말입니다. 이것은 젊었을 때 해야 돼요. 눈이 가물가물해지면 어느 귀신이 잡아가도 정신이 없어서 모릅니다. 우리가 귀신한테 끌려가서야 되겠습니까?

내 정신으로 화두를 들면 아무리 용한 점쟁이라도 점을 못 봅니다. 떡하니 화두를 들고 있으면 귀신이 벌벌 떨어서 그 앞에 와서 붙지도 못해요. 점괘가 안 나옵니다. '이것이 무엇이고? 이것이 무엇인고?' 이렇게 화두를 들면 쌓였던 업장이 녹아버리기 때문입니다.

처음에는 5분 이상 앉아 있기가 어렵습니다. 그래도 이겨내고 참아보세요. 도저히 안 되겠다 싶으면 다리를 풀고 무릎을 꿇어도 됩니다. 그렇게 하다 보면 힘이 생기고 익숙해집니다. 5분, 10분, 20분 점점 늘어나다가 한 시간, 두 시간도 하게 돼요. 그리고 열 시간, 열다섯 시간 선정에 드는 사람이 될 수 있습니다. 그러면 하루가 어떻게 지나가는지도 모릅니다. 누구든지 하면 되는데, 안 해서 못 하는 겁니다. 부모가 자식 생각하듯, 목마를 때 물을 찾듯이 해보세요. 이 길밖에 없으니 부지런히 하십시오.

'만법귀일 일귀하처' 화두도 좋고, '이뭣고' 화두도 좋습니다. 또 자기가 세상을 살아가는데 중요하게 여기는 어떤 의심이 있다면 그것을 추구해도 괜찮습니다. 이 세상에 화두 아닌 게 없습니다.

화두는 근기에 따라주는 게 아닙니다. 조주 스님은 "근본 원리를 따라 설할지언정 근기를 따라 설하지 않겠노라."고 말씀하신 바 있습니다. 무한한 능력과 영원한 생명이 있는 그 자리는 차별이 없어요. 대근기, 중근기, 하근기 등등으로 구분하는 말을 붙일 수 없습니다. 그걸 확실히 믿는다면 모두가 대근기입니다.

'이것이 무엇인고? 보고 듣고 말하는 이 주인공이 무엇인고?' 이 화두를 열심히 참구하면, 신통 경계도 나오고 온갖 경계가 다 나옵니다. 도중에 공부하기 싫은 경계나 어떤 좋은 경계가 와서 혼자 감당하기가 어려우면 스승에게 물으십시오. 경계에 부닥쳐서 이리저리 방황하지 말고 반드시 스승을 찾아서 물으시기 바랍니다.

육조 스님은 "깨치면 부처님이고, 미혹하면 중생"이라고 말씀하셨습니다. 이어서 "자비慈悲는 관음觀音이요, 희사喜捨는 세지勢至며, 능정能淨은 석가釋迦요, 평직平直은 미륵彌勒이라. 인아人我는 수미須彌요, 사심邪心은 대해大海며, 번뇌煩惱는 파랑波浪이요, 독심毒心은 악룡惡龍이며, 진로塵勞는 어별魚鼈이요, 허망虛妄은 신귀神鬼며, 삼독三毒은 지옥地獄이요, 우치愚痴는 축생畜生이며, 십선十善은 천당天堂"이라고 하셨어요.

이것들이 우리 속에 다 있습니다. 자비慈悲는 남의 잘됨이 나의 잘됨이요, 남의 슬픔이 내 슬픔인 마음입니다. 가장 대표적인 자비의 화신이 관세음보살이지요. 여러분도 남이 잘되면 같이 기쁘고, 남이 슬픈 일을 당했을 때 함께 슬퍼한 경험이 있을 겁니다. 그게 바로 관세음보살의 마음입니다.

희사喜捨는 아낌없이 주는 마음입니다. 오른손으로 주면서 왼손이 모르고, 오른손마저 몰라야 하는 거예요. 특히 어머니들은 자식한테 젖을 주면서 '이건 내 소중한 피'라면서 아까워하지 않아요. 우리 어머니들은 기억하지 않지요. 기꺼이 주는 그 마음이 대세지보살의 마음이니 남에게도 그리 해보세요.

능히 청정하면 석가이고, 평등하고 곧음은 미륵이며, '나'라는 생각 때문에 인상, 아상, 중생상, 수자상이 생기므로 인아人我상은 수미산이라는 것입니다. 삿된 마음은 바닷물이고 번뇌는 파랑인데, 파도가 크게 일어나면 배가 부서지듯이 번뇌가 많이 일어나서 괴로워하다가 스스로 죽음에 이르기도 합니다. 독심은 옛날에 악룡으로 비유하곤 했는데, 요새는 안 맞는 말이기 때문에 생략합니다. 허망은 귀신이라, 귀신같이 허망한 것이 없는데도 귀신만 보면 벌벌 떱니다.

삼독은 지옥입니다. 욕심을 내니까 괴롭고 성냄보다 더한 괴로움이 없고 사랑보다 더한 뜨거운 불이 없습니다. 애욕 때문에 모두 얼마나 괴로워합니까. 그다음에는 어리석음이 바로 축생과 같고, 열 가지 선은 천당과 같은 것입니다.

우리 마음에는 이 모든 것이 들어 있습니다. 그러니까 이 마음을 잘 쓰면 부처님이 되고 잘못 쓰면 짐승이 되며, 지옥에도 가고 천당에도 갑니다. 육조 스님의 말씀을 유념하시기 바랍니다.

나는 이 월말 법회에 와서 참선하는 분들을 보면 고개가 저절로 숙여집니다. 일생을 외길로 걷는 스님들도 힘이 드는데, 여러분은 얼마나 어렵습니까. 이렇게 참선을 하는 것이 여러분 개인에게도 힘이 되겠지만, 불교계, 특히 고운사에 큰 힘이 됩니다. 비록 껍데기 불사이지만 아마 오실 때마다 달라지는 게 보일 겁니다. 이것이 다 여러분의 뜻이라고 생각하며, 이 일이 결코 헛되지 않으리라 믿습니다. 그래서 나는 더 열심히 포교하고 법문하러 다닙니다. 이것이 반은 내 공부라고 생각합니다. 그동안 익혔던 것을 얘기해 드리면, 조금 재미가 없어도 좋아하십니다. 저는 또 그 모습을 보고 함께 기뻐합니다. 혹시 안 좋아하는 분들도 있겠지만, 그래도 열 사람 중에 한 사람만이라도 좋아한다면 나는 법문을 하러 가려고 합니다.

우리는 늘 포교를 해야 됩니다. 열 사람만 포교해도 초지보살이 된다고 합니다. 10년 동안 스님 백 명을 정성껏 뒷바라지해서 그중에 눈뜬 사람, 깨달은 사람이 한 명만 나와도 거기 들인 밥값이 빠진다는 말이 있습니다.

그러니 이 자리가 참으로 귀한 자리입니다. 전부 깨치면 좋겠지만 설사 못 깨친다 하더라도 그 씨는 심어졌을 거 아닙니까? 그러니 참선하는 게 재미도 없고 어렵지만 이 자리에서 깨치도록 정진합시다.

양변을 뛰어넘어야, 생에도 사에도 초연해야 깨치고, 나라는 생각을 뛰어넘어야 참나를 쓸 수 있는 힘이 생깁니다. 집착하면 어두워져 버립니다. 말로는 그럴 듯한데 실제로는 잘 안되기 때문에 화두를 드는 겁니다. 화두 들고 참선해도 잘 안 되면 염불을 하세요. 염불해도 잘 안 되면 보살도를 실천하고, 그것도 행하기 어려우면 사는 동안 윤리 도덕이라도 잘 지켜야 합니다.

늘 경전을 베껴 쓰고, 자기 판단에 옳지 않으면 하지 말고, 밥값을 못 했으면 굶기라도 하면 됩니다. 삶과 죽음은 한 호흡 사이에 있습니다. 지금 죽는다고 생각하면 걱정할 게 뭐가 있을까요. 그러니까 흐지부지한 걱정 근심은 놓아버립시다. 오늘 살다가 언제 갈지 모르는데, 염불 소리 한 번 더 듣고 쾌활 쾌활하게 지내자는 말입니다.

'이뭣고'가 안 되면 법당에서 절이라도 하십시오. 그렇게 하면 조금씩 공부 문이 열립니다. 열심히 해서 안 될 일이 없습니다. 자, 어서 일어나서 정진합시다.

—1992년 5월 고운사 정기 법회

06
_

물
처
럼

바
람
처
럼

살
라

오대설경고금동五臺雪景古今同이요
무명동천만세명無名洞天萬歲明이로다.
오대문수재하처五臺文殊在何處인고
지지엽엽보살향枝枝葉葉菩薩香이로다.

오대산 설경은 고금에 아름답고
무명동 흐르는 물은 만세에 맑도다.
오대 문수는 어느 곳에 있는가.
가지 가지 이파리 이파리마다 보살의 향기로다.
억!

오대산 문수도량 성지순례

　　이 시는 중국 오대산에 가서 느낀 바를 읊은 것입니다. 중국 4대 불교 성지 중 하나인 오대산에는 동서남북 네 방향과 중앙에 높은 봉우리가 있는데, 이 봉우리들의 정상이 넓고 평평하여 예로부터 오대五臺라고 불렀습니다. 오대 중에 가장 높은 북대는 그 높이가 해발 3,056미터나 됩니다. 2,500미터쯤 올라가니까 눈이 가득 쌓여 있더군요. 어떤 곳은 날씨가 더운데, 오대산에는 눈이 쌓여 있으니 중국의 국토가 얼마나 넓은지 새삼 실감했습니다. 지역에 따라 기후 차이가 컸지요. 설산 위에 흰 구름이 지나는 모습을 봤는데, 설경이 참으로 아름다웠습니다. 또 문수보살의 사상이 깃든 문수도량에 와 있다고 생각하니 불자로서 감회가 깊었습니다.

　　오대산은 문수보살의 성지답게 동대에는 총명聰明문수, 서대에는 사자獅子문수, 남대에는 지혜智慧문수, 북대에는 무구無垢문수, 중대에는 유동孺童문수가 봉안되어 있습니다. 문수는 지혜문수만 있는 줄 알았는데 오대산에 가서 새삼 알게 됐습니다. 총명하고 사자처럼 두려움이 없으며 지혜로운 보살, 그리고 알음알이 때가 없고, 동자처럼 천진한 문수보살을 모신 것이지요.

　　오대산 아래에 형성된 절 마을에는 2천 명 이상이 살고 있는데, 전부 불교인이랍니다. 중국으로 목숨 건 구법행을 떠나온 신라의 자장 율사는 그 마을에서부터 일보 일배로 오대산에 이르러 마침내 문수보살을 친견했다고 합니다. 자장 율사의 간절함을 떠올리니 수행자로서 감회가 새로웠습니다.

오대산 초입의 탑원사에는 거대한 부처님 진신사리탑과 문수보살의 머리카락을 봉안한 작은 문수발탑文殊髮塔이 있습니다. 문수보살을 뵙기도 어려운데 어째서 머리카락을 봉안한 탑이 있는지 여러분은 의아하게 생각할 겁니다.

아주 먼 옛날, 이 절에서 무차대회無遮大會를 열었답니다. 무차대회란 출가와 재가, 남녀와 노소, 귀천의 차별 없이 모두가 평등하게 법문을 듣고 함께 공양하고 물품을 나누는 법회입니다. 스님들은 그날의 행사를 위해 많은 양의 팥죽을 쑤고 있었지요. 그런데 행색이 남루한 보살이 다가와 너무 배가 고프다며 팥죽 한 그릇을 달라고 했습니다. 보살은 아기를 안고 있었고, 곁에는 강아지도 한 마리 있었답니다.

팥죽 쑤던 스님은 아직 부처님께 공양 올리기 전이니 줄 수가 없다고 거절했습니다. 그러자 보살이 호통을 쳤답니다. 어찌 부처와 자신을 차별하냐고요. 보살의 말이 맞지요. 스님은 팥죽 한 그릇을 떠 주었어요. 여인은 그걸 다 먹은 다음 가진 게 머리카락뿐이라며 싹둑 잘라 내놓고는 데리고 온 강아지를 타고 사라졌다고 해요. 사자를 타고 내려온 문수보살이었던 거예요.

사람들은 이후에 문수보살의 머리카락을 봉안하여 높이 3미터 가량의 하얀 탑을 세웠다고 합니다. 그 탑이 바로 문수발탑입니다.

산하대지 두두물물 전부가 문수보살이고 부처님입니다. 미물이든 짐승이든 사람이든 다 소중히 여겨야 하고 차별하면 안 됩니다. 나와 견해가 다른 사람까지 포함해서 말입니다.

깨치고 보면 그대로이다

예전에 달마 스님이 9년 동안 잠도 자지 않고 면벽 수행하신 소림굴에도 가봤습니다. 소림굴은 숭산 소림사 위에 있는 동굴인데, 워낙 가는 길이 험하고 경사가 급해서 소림사만 보고 돌아가는 사람들이 많습니다. 하지만 나는 소림굴이 꼭 보고 싶어서 몸이 좋지 않은 상황에서 땀을 뻘뻘 흘리며 힘겹게 계단을 올라갔습니다. 중간쯤 올라가니 거기서 물을 파는 사람들이 있더군요. 하루하루 생계를 유지하기 위해 그 계단을 매일 오르내리는 그들의 일상을 생각하니 새삼 내 삶이 행복하다고 생각했습니다. 한편 나의 또 다른 모습이기도 하고요.

힘든 몸을 이끌고 소림굴에 올라가서 참선도 했습니다. 달마 스님이 공부했던 곳이니 얼마나 좋겠습니까. 기념사진도 찍고 공부 흉내도 내고 그랬지요. 껍데기라도 계속 흉내를 내다 보면 진짜가 된단 말입니다.

달마 스님이 수행했던 숭산은 산세가 아주 좋았습니다. 지금 남아 있는 탑들을 보니 과거엔 그야말로 최고의 수행처가 아니었겠나 짐작이 됩니다. 소림굴 아래 소림사에서는 달마 스님이 만들었다는 달마권법을 가르치는 무술학교가 있습니다. 5천 명 가량이 거기서 무술을 배운다고 합니다. 그런데 크게 보면 별것 아니지만 좁은 식견으로 보면, 불교 공부는 하지 않고 육체에만 매달려 서로 겨루고 때리는 장면이 편치 않았습니다. 남녀 학생들이 무술을 배우는 모습에 관광객들이 많이 찾고 있었는데, 어쩐지 소림사가 돈벌이 공간으로 변해버린 것만 같아 마음이 불편했습니다. 하지만 결국에는 그들도 불교를 믿고, 언젠가는 정법으로 들어올 날이 있을 겁니다.

숭산 소림굴을 다녀온 뒤에 이런 시를 적었습니다.

숭산소림달마동崇山少林達磨洞을

미답천만한불소未踏千萬恨不少로다.

도득귀래무별사到得歸來無別事하니

숭산소림달마동崇山少林達磨洞이라.

숭산의 소림과 달마동을

가보지 못할 때는 한도 많더니

가보니 별것 아니고
숭산에는 소림, 소림에는 달마동이더라.

이 시는 첫 구절과 끝 구절이 똑같습니다. 같은 데에 묘妙가 있습니다. 시집가기 전에는 가고파서 한이 많더니 막상 가보니까 별것 없고 시집살이 그대로이지요. 깨치지 못했을 때는 한이 많았는데 깨치고 보니까 그대로입니다. 숭산에는 소림, 소림에는 달마동이라, 가보지 못했을 때는 한도 많았지만 가보니 별것 아니고, 숭산 그대로요 소림 그대로이며 달마동 그대로였습니다.

숭산에 있는 돌이나 바위, 산천초목이라고 별것 있겠습니까. 세상 어디에나 있는 것들이지요. 그러나 달마 스님의 위대한 혼과 정신이 살아 숨쉬는 곳이기 때문에 우리가 소중하게 대하는 것입니다. 그러나 그 의미를 모르는 일반인들은 소림굴이 있는 꼭대기까지 애써 올라가지 않고 밑에서 망원경으로만 보기도 하지요. 수행하는 우리와는 달리 말입니다.

청산은 나를 보고 말없이 살라 하고
창공은 나를 보고 티없이 살라 하네.
탐욕도 버리고 성냄도 벗어놓고
물처럼 바람처럼 살다가 가라 하네.

• 무량수전 사자후

자연 경계 이대로가 전부 나의 스승입니다. 말없는 청산처럼 지내고 티없는 창공처럼 살고 탐욕도 성냄도 다 벗어놓고 물처럼 바람처럼 살다 가라고 하는데, 물한테서 무엇을 배우며 바람한테 무엇을 배우겠어요?

'바람 부는 대로 물결치는 대로 살라.'는 말을 자주 들을 겁니다. 우리는 물에게서 무엇을 배워야 할까요? 바로 하심하는 자세입니다. 물은 높은 데서 낮은 데로 흘러갑니다. 이처럼 언제나 나를 낮추고 하심하면 만복이 다 돌아옵니다. 그래서 물처럼 살라고 하는 겁니다. 여러분도 가장 낮은 곳을 향해 아래로 아래로 흘러가세요.

막히면 돌아가고 고이면 넘치는 물의 지혜를 배워야 합니다. 생명 있는 모든 존재는 물을 먹어야 삽니다. 우리도 물처럼 꼭 필요한 사람이 되어야 합니다. 그리고 물은 젖어듭니다. 어디에 있든 젖어드는 성질이 있습니다. 네모난 그릇에 담으면 네모나게 보이고, 둥근 그릇에 담으면 둥글게 보입니다. 자신을 고집하지 않고 함께 어우러지는 동사섭同事攝의 정신을 배울 수 있습니다. 슬픈 일이 있으면 함께 슬퍼하고, 즐거울 때는 같이 즐거워하는 동사섭의 본질을 물이 가르쳐줍니다.

무엇보다 물은 더러움을 깨끗하게 씻어줍니다. 그리고 어려움에 부딪치면 더 용기를 내어 흐르는 게 물입니다. 폭포를 보십시오. 한 치의 머뭇거림도 없이 절벽 아래로 곧장 떨어져내린 뒤에 다시 유유히 흘러가지 않습니까. 우리도 사는 동안 좌절하지 말고 용기를 내봅시다. 한없이 부드러우면서 무엇보다 강한 물처럼 바람처럼 우리 그렇게 살아봅시다.

달마 스님의 신발 한 짝

달마 스님에 관한 유명한 일화들은 대부분 중국의 오진자가 쓴 『달마보전』에 들어 있는데, 그중 스님이 양무제와 제자 혜가를 만난 이야기를 들려 드리려고 합니다.

달마 스님은 인도 향지국왕의 셋째 아들로서 부처님으로부터 28대 조사이며 중국에 와서는 초조가 됩니다. 달마 스님의 스승인 27대 조사 반야다라 존자는 법을 전하면서 이런 당부를 남겼습니다.

"중국으로 건너가 대법을 선양하라. 조급하게 시행하다가 그날로 시들게 하지 마라."

가정도 그렇고 나라도 정신적 지도자가 없으면 망하는 겁니다. 달마 스님이 중국으로 오니 중국은 불교가 융성하게 되지만 인도는 불교가 쇠퇴해집니다.

스승의 명에 따라 달마 스님은 3년 만에 중국에 당도했습니다. 그러자 인도에서 관세음보살이 왔다고 온 나라에 소문이 퍼져 나갔지요. 당시의 국왕인 무제는 깊은 신심으로 절을 짓고, 불상을 조성하고, 탑을 세우고, 승려를 양성하고 있었습니다. 그러니 달마 스님을 직접 뵙고 싶었겠지요. 두 사람이 처음 만난 날, 무제가 물었습니다.

"짐은 왕위에 오른 이래 14년 동안 사람을 제도하고 절을 짓고 경을 쓰고 불상을 조성하고 탑을 세우고 승려를 공양하는 일을 수없이 했는데, 어떤 공덕이 있습니까?"

"소무공덕所無功德이오."

달마 스님은 조그마한 공덕도 없다고 답했습니다. 왕이 좋은 일을 많이 했는데, 왜 공덕이 없다고 했을까요? 좋은 일을 하되 한 바 없이 했으면 그 공덕이 더욱 클 텐데, '내가 좋은 일을 했다.' 하는 생각을 냈기 때문에 작은 공덕도 없다고 말한 겁니다.

기독교는 오른손이 하는 일을 왼손이 모르게 하라고 하지만, 불교는 오른손도 몰라야 한다고 가르칩니다. 주었다는 상이 없어야 한다는 말입니다. 어머니의 사랑이 크고 깊은 것은, 자식에게 무한히 베풀지만 베풀었다는 상이 없기 때문입니다. 아기에게 젖을 주면서 '내가 언제 언제 젖을 주었으니 나중에 이자를 붙여서 갚아라.' 하는 마음을 가진 어머니는 없습니다. 여담이지만 남편에게는 꼭 받으려 하고 심지어는 더 받으려 하지요. 이런 사람의 삶은 몇 푼어치 안 됩니다.

양무제가 다시 묻습니다.

"그렇다면 짐을 대하고 있는 그대는 누구입니까?"

"불식不識이오."

여기서 달마 스님은 불식, 즉 모른다고 답했습니다. 불식은 많은 뜻을 함축하고 있지만, '모른다' '과하지 않다'로 해석하는 게 일반적입니다.

양무제의 분상에서는 그것도 모르면서 감히 왕에게 공덕이 없다고 했으니 기분이 언짢았겠지요. 하지만 그것만 갖고는 달마 스님을 죽이지 않았을 겁니다.

달마 스님이 다시 말합니다.

"만약 극락세계에 가기 위해 불교를 믿고 염불을 하면 마구니이고, 부처님의 경전으로 깨치려고 하면 외도요, 계율로써 깨치려고 하면 천마입니다."

그야말로 청천벽력 같은 소리였습니다. 그래서 위나라 광통율사나 유지삼장 법사 같은 큰스님들이 달마 스님을 죽여야 한다고 진정서를 올렸습니다. 이역의 스님이 회상을 이뤄 법을 전하고 있어서 기분이 나빴는데, 그들이 생각할 때는 더구나 맞지도 않는 엉뚱한 소리를 하고 있으니 그냥 둘 수가 없었지요. 그래서 다섯 차례나 음식에 독을 써서 먹입니다. 하지만 달마 스님은 그때마다 토해내고 독을 이겨냈어요. 그러다가 마침내 여섯 번째 독약을 먹게 되었는데, 대사께서 부탁하기를 죽은 후에 화장을 하지 말고 웅이산에 묻어달라고 했습니다. 통상 스님은 다

비를 하겠지만 유언대로 웅이산에 묻어주었는데, 그래도 큰스님을 죽게 했으니 미안한 마음에 천자는 자기의 꽃신을 신겨서 묻어드리고 정림사에 탑을 세웠습니다.

그런데 3년 뒤 위나라 사신 송운松雲이 서역에 다녀오는 길에 총령蔥嶺(파미르 고원. 아프가니스탄, 타지키스탄, 파키스탄, 중국 등에 접해 있는 해발 5,000미터의 중앙아시아 고원 지대)에서 달마 스님을 만납니다. 스님은 한쪽 손에 짚신 한 짝을 들고 있었지요. 예전에 본 적 있는 달마 스님을 의외의 장소에서 만나게 되니 얼마나 놀라고 반가웠겠습니까. 송운은 제대로 인사도 드리지 못한 채 합장하고 물었습니다.

"큰스님, 어디 가십니까?"

"당신 나라와 인연이 다해서 서역으로 가는데 그대의 임금을 만나거든 이 짚신을 보여주시오." 하고 헤어졌습니다.

송운이 돌아와 보니 자신을 사신으로 파견했던 명제는 승하하였고, 효장제가 즉위하여 왕위를 잇고 있었지요. 송운은 왕을 만난 자리에서 달마 대사를 만난 사연을 자세히 보고했습니다. 죽은 지 3년 된 달마 스님을 만났다는 사실과 신발 한 짝을 전해주라고 했다는 말을 도저히 믿을 수 없었던 황제는 묘를 열어보라고 지시했습니다. 무덤을 파헤치고 관을 열어보니 관 속에 시신은 없고, 달마 스님이 입적할 때 신었던 짚신 한 짝만 남아 있었습니다. 어떤 종교는 3일 만에 부활했다고 하는데, 달마 스님은

3년 만에 부활했으니 굉장한 일입니다.

불안한 네 마음을 가져오라

달마 스님이 소림굴에서 수행할 때입니다. 하루는 당시에 이미 이름을 널리 떨치고 있던 신광神光 스님이 찾아와 문을 두드렸지요. 하지만 스님은 그를 만나주지 않았습니다. 신광은 달마 스님이 참선하고 있는 굴 밖에 서서 밤을 지샜습니다. 밤새도록 눈이 내려 허리까지 쌓였는데도 꼼짝 않고 서 있었어요.

마침내 달마 스님이 문 밖에 나와서 하시는 말씀이, 그런 신심으로도 안 된다고 하시는 겁니다. 그러자 신광은 칼을 뽑아 자기의 왼쪽 팔을 잘라서 신심이 견고함을 보이는 겁니다. 일설에는 달마 스님이 "그대의 믿음을 보여라." 하고 말하자 신광이 왼팔을 끊었고, 그때 땅에서 때 아닌 파초가 피어나 끊어진 팔을 받쳤다는 얘기도 있습니다.

아무튼 달마 스님은 신광의 신심을 확인하고 말했어요.

"여러 부처님들과 보살들이 법을 구할 때 육신을 육신으로 보지 않았고, 목숨을 목숨으로 보지 않았다. 그대가 지금 팔을 잘라 내 앞에 내놓으니 이제 구함을 얻을 것이다."

그야말로 위법망구爲法忘軀입니다. 법을 위하여 자신의 몸을

• 무량수전 사자후

잊었다는 말이지요. 달마 대사는 신광을 제자로 받아들이고, 이후 혜가慧可라는 새 이름을 주었습니다. 혜가 스님은 달마 스님 회상에서 더욱 철저한 수행을 이어갔습니다.

그러던 어느 날 혜가 스님이 달마 스님을 찾아가 이렇게 여쭙는 겁니다.

"저의 마음이 괴로우니 부디 편안하게 해주십시오."

"너의 그 괴로운 마음을 가져오너라. 내 마땅히 마음의 평화를 주리라."

"아무리 찾아도 마음을 찾을 수가 없습니다."

"찾을 수 없다면 어찌 그것이 너의 마음이겠는가? 내가 이미 너를 편안하게 하였느니라."

이 대목에서 혜가 스님은 마침내 깨달았습니다.

우리는 비록 팔을 자르지는 못할지언정 깊은 신심은 있어야 합니다. 온갖 간교를 다 부리면서 도를 이루기를 바란다고 되겠습니까? 문수의 지혜, 보현의 원력, 지장의 일체중생이 성불해야 나도 성불하겠다는 마음을 가져야 합니다.

적어도 그 정도는 아니더라도 어머니의 마음으로 세상을 살아가야지요. 마음의 병을 고치고자 출현한 분이 부처님입니다. 마음의 병이 나아야 육체의 병이 낫는 것이지 마음이 병이 나면 육체는 하잘것없어요.

마음도 없는 이치

우리 이제 인생 새롭게 살기 위해서 용기를 내어봅시다. 우선 믿은 다음에 용기를 가지고 공부하면 안 될 턱이 없습니다. 저도 여러분을 보면 용기가 생겨요.

관악언觀惡言이 시공덕是功德이니 차즉성오선지식此則成吾善知識이라, 나쁜 말도 관해보면 이것이 공덕이요, 이것이 곧 나를 깨우치는 선지식이라 했습니다. 이런 마음으로 법회에 임한다면 결코 이 법회가 헛되지 않을 겁니다.

    욕지제불심欲知諸佛心인댄
    당관불지혜當觀佛智慧니라.

    부처님의 마음을 알고자 할진댄
    부처님의 지혜를 관하라.

《화엄경》〈여래출현품〉에 나오는 말입니다. 부처님의 지혜는 저 허공과 같고, 온 우주는 부처님으로 가득합니다. 다만 우리가 못 보고 못 듣는 것입니다. 듣고도 모르고, 보고도 모를 뿐입니다. 집착해서 보니까 그렇단 말입니다.

• 무량수전 사자후

일심불생一心不生이면 만법무구萬法無咎로다.
무구무법無咎無法이요, 불생불심不生不心이로다.

한 마음도 난 바 없으면 만법에 허물이 없다.
허물이 없으면 법도 없고 난 바 없으면 마음도 없다.

「신심명」의 이 구절에서 우리는 마음도 없는 이치를 깨쳐야
합니다. 깨쳤다는 생각조차 없으면 그다음에는 만법이 전부 다
수용되는 겁니다.

조주 스님 회상에서 공부하던 어느 수좌가 하루는 마당을 지
나가는 개를 보고 스님한테 물었습니다.

"저 개에게 불성佛性이 있습니까, 없습니까?"

"없다."

부처님은 유정이나 무정이나 다 불성이 있다고 하셨는데, 조
주 스님은 없다고 한 겁니다. 수좌는 '부처님은 불성이 있다고
했는데, 왜 우리 스님은 없다고 했을까?' 하는 의문을 가지고 공
부를 시작했습니다. 이것이 그 유명한 무자無字 화두의 기연입
니다.

만약 부처님을 믿지 않거나 조주 스님을 믿지 않았다면 공부
가 안 되었을 겁니다. 부처님과 조주 스님을 믿었기 때문에 의
심이 나고 공부가 되었단 말입니다. 믿음이 바탕이 되어야 의정

이 생깁니다. 믿음이 없는 의심은 불신에 지나지 않습니다. 불신으로는 공부가 안 됩니다. 가장 중요한 게 믿음입니다. 믿었는데 그동안 내가 알아왔던 것과 맞지 않을 때 거기서 의정이 발하게 됩니다.

화두의 생명은 대신심, 대분심, 대의정입니다. 선방에서 공부를 잘하는 스님도 있지만 잘 못하는 스님들도 있습니다. 그들은 자기 공부가 안 되는 것은 탓하지 않고, 선지식이 화두를 시원치 않게 일러준 탓이라고 합니다.

가정에서도 마찬가지입니다. 공부 못하는 것을 부모 탓으로 돌리는 아이들이 있어요. 자기를 좀 영리하게 낳든가 건강하고 잘생기게 낳든가 하지 왜 이 모양으로 낳았는가 하고 말입니다. 훌륭한 아이들은 부모를 원망하지 않아요. 항상 감사하게 생각하고 잘못이 있다면 자신에게 돌립니다. 더 훌륭한 사람은 잘못을 자신한테도 돌리지 않아요. 다만 용기를 잃지 않고 더 적극적으로 삽니다. 실패하면 또 도전하는 겁니다. 후회는 비겁입니다. 더구나 원망하면 천하기까지 합니다.

경험은 유일한 스승입니다. 오늘 잘못한 게 있으면 그것을 거울삼아서 내일은 잘하면 됩니다. 지혜를 짜고 수행 정진해서 적극적으로 살아가는 사람이 되어 봅시다.

부처님이 나에게 복을 주시고 극락세계로 인도해주시고 전부 부처님이 알아서 편안하게 해주기를 바라면, 그는 곧 못난 사람입니다. 오늘부터는 이렇게 적극적으로 기도하십시오.

'부처님의 지혜를 배웠기에 나는 인생이 평탄하기만을 바라지
않습니다. 다만 어떠한 어려움에 부딪쳐도 이겨낼 용기를 주옵
소서.'

허물을 공부로 삼으라

일정 중에 계림을 갔는데, 계림은 천하 계림입니다.
미국 대통령도 거기에 가서 이곳은 중국 계림이 아니라 천하 계
림이라고 했답니다. 중국 산수화도 거기서 비롯됐다고 합니다.
거기서 지은 시를 소개합니다.

계림산색천고수桂林山色千古秀요
이강유수만세청漓江流水萬歲淸이로다.
역대풍류재하처歷代風流在何處인고
강상유람한왕래江上遊覽閑往來로다.

계림 산색은 천고에 빼어나고
이강 흐르는 물은 만세에 맑도다.
역대 풍류객은 다 어디로 갔느냐

강상에 유람선만이 한가로이 왕래하네.

　깊은 뜻은 여러분이 헤아리고, 지구상에 이렇게 좋은 곳도 있구나 하는 생각이 들어요. 또 그 좋은 데 절을 지어 포교하면 참 괜찮겠다는 생각을 해봤습니다.

　중국 여행길에 육조 스님이 선종을 개창한 남화사에도 들렀습니다. 남화사에는 앉은 채로 열반에 들어 몸 그 자체가 사리로 변한 육조 스님의 등신불이 모셔져 있습니다. 명대明代의 감청 화상, 단전 화상의 육신상肉身像도 모시고 있는데, 그 세 분을 부처님처럼 위하며 공경하고 있었습니다. 중국 사찰에는 참선하는 스님이 별로 없는데 남화사에선 스님들이 열심히 참선하며 수행 정진하는 모습도 보았지요.

　육조 스님은 아시다시피 방아를 찧는 일자무식의 행자였는데, 단박에 도를 깨치고 5조 홍인 스님으로부터 의발을 전수받아 중국 선종의 6대 조사가 되신 분입니다. 그리고 다른 스님들 말씀은 어록이라 하는데, 육조 스님 법문은 경이라고 합니다.

　이처럼 누구든지 깨칠 수 있습니다. 용기를 가지세요. 우리에게는 무한한 능력이 있고 영원한 생명이 있습니다.

　여러분도 열심히 정진한 다음 나중에 돌아갈 때는 목욕재계하고 아이들 모아놓고 "울지 마라. 내가 오늘 새 옷 갈아입으러 간다." 이렇게 말하고 앉아서 가면 얼마나 멋있겠습니까. 그러려면 염불도 열심히 하고, 참선도 꾸준히 하고, 음식은 적당히 잡수고, 일을 하지 않으면 끼니를 거를 줄도 알아야 합니다. 살기 위해 먹어야 합니다. 먹기 위해 살면 새 옷을 갈아입을 때 몸이 천해집니다. 그리고 깨어 있어야 합니다. 깨치기 위해서 먹고 입는 것이며, 깨닫기 위해서 병나지 않을 만큼만 잠도 자는 겁니다. 혹시 잠이 오지 않아 고생이라면 불면증이라고 걱정하지 말고 앉아서 회광반조하십시오. '나는 무엇인가.' 하고 돌이켜보라는 말입니다. 걱정 근심도 다 벗어놓고 욕심도 버리고 자신을 반조해보면 마음이 편안할 것입니다.

허물이 있을 때는 그 원인을 자신이든 남이든 누구에게도 돌리지 마십시오. 허물 자체를 경험으로 삼고 그것을 공부로 삼으세요. 남 탓으로 돌리는 것보다는 내 잘못으로 여기는 게 낫지만, 우리는 허물이라고 생각하지 말고 공부로 생각하자는 겁니다. 이렇게 적극적으로 살아봅시다. 걱정과 근심을 내려놓고, 음식은 소식하고, 공부는 놓지 말며, 하루에 백팔배라도 계속하자는 말입니다.

마음이 편안하면 있던 병도 사라집니다. 암이 가장 무서운 병이라고 하는데, 암을 고치는 법이 있습니다. 정신적으로는 기도하고 마음을 편하게 쓰고, 또 육체적으로는 절을 많이 하면 좋아요. 절을 하면 한없는 공덕이 있습니다. 신앙심도 고취되어 좋고, 운동이 되니까 나쁜 게 몸에서 다 빠져 나갑니다. 그래서 우리 몸을 방어해주는 백혈구 수치가 높아집니다.

뜸도 도움이 됩니다. 뜸을 뜨면 열에 약한 암세포들이 죽는다고 합니다. 한 시간 정도 뜸을 떴는데, 8시간 후에 백혈구가 배로 불어났다는 실험 결과도 있습니다.

시간이 날 때 쓸데없이 말을 많이 하지 말고, 늘 참선을 해보세요. 겉보기에도 근사하게 보입니다. 반면 흐느적거리고 쓸데없는 소리나 늘어놓는 것은 아무 가치가 없어요. 아무리 잘하는 법문이라도 가치 없는 말이나 쏟아내면 별게 아닙니다. 그러니 일상생활에서는 더 말할 게 없지요. 할말만 하고 공부합시다. 문에 틈이 생기면 바람이 들어오듯이 한가하면 망상의 바람이 들어옵니다.

금생今生에 미명심未明心하면 적수滴水도 야난소也難消라, 금생에 이 마음을 밝히지 못하면 방울 물도 소화하기 어렵습니다. 『선가귀감』에 나오는 구절인데, 우리 이런 정신으로 열심히 공부합시다.

육조 스님 회상에 가서 지은 시로 이제 결론을 맺어야겠습니다. 이 시는 잘못하면 조금 넘치는 글이 아니냐는 오해를 살 수도 있지만, 여러분이 이해를 해주시길 바랍니다.

오여혜능하자시吾與慧能何者是인고
시래무처불개화時來無處不開花로다.

약문수인근일사若問誰因勤日事인댄
여여일월조건곤如如日月照乾坤이라.

나와 더불어 혜능 어느 것이 옳은가?
때가 되면 꽃이 피지 않는 곳이 없다.
누가 나더러 근일의 일을 묻는다면
여여한 해와 달이 천지를 비춘다 하리라.
억!

—1993년 제2회 구룡사 백고좌법회

07

인생난득
불법난봉

영산회상증상봉靈山會上曾相逢인데
금일재래여여회今日再來如如會로다.
백만대중재하처百萬大衆在何處인고
무언유수항하수無言流水恒河水로다.

영산회상에서 우리 일찍이 만났는데
오늘날 여여회원으로 다시 만났구나.
백만 대중은 다 어느 곳에 있는가.
갠지스 강이 말없이 흐르네.
억!

무소유 수행을 실천하는 사람들

얼마 전에 여여회 스님들과 인도 성지순례를 하고 돌아왔습니다. 그때 법화경 설법지인 영산회상에 가서 시를 한 수 지었는데, 오늘 우리 대중을 보니 생각이 나서 읊어봤습니다.

불자라면 누구나 석가모니 부처님이 법을 펼치신 인도에 가보고 싶지 않겠어요? 나도 중국보다 인도 여행이 훨씬 감회가 깊었습니다. 기쁜 마음으로 다니니까 힘든 줄도 모르고 수월했습니다. 자기 그릇만큼 느끼고, 공부가 된 만큼 받아들이는 곳이 인도라고 합니다. 어떤 사람들은 인도를 가리켜 거지의 나라, 소를 섬기는 나라라고 말합니다. 소가 아무 데나 다니니까요. 자가용 비행기까지 갖추고 아주 호화스럽게 잘사는 사람이 있는가 하면, 매일 구걸하며 겨우겨우 먹고사는 거지들도 많습니다. 인물이 훤칠하게 잘생긴 사람이 있는 반면 몸이 불구인 사람들도 많아요.

여행하는 동안 나는 개 짖는 소리를 못 들었어요. 그 많은 사람들 속에서도 개들은 편안하게 잠을 잡니다. 길거리에 수많은 발길이 오가지만 개를 밟지 않고 다들 잘 피해 다닙니다. 소들이 길을 어슬렁거리며 다니는데, 참 순했어요. 그리고 비록 돈을 구걸하는 사람들은 있어도 훔치는 사람은 보지 못했습니다. 훔치려고 들면 얼마든지 가능했을 겁니다. 만약에 그렇게 되면 그 사회가 어찌 되었을까요.

육도중생六道衆生이 일목요연一目瞭然이요, 언어도단言語道斷이 시명인도是名印度인 것을 캘커타에 가서 느꼈습니다. 천도天道, 인도人道, 지옥地獄, 아귀餓鬼, 축생畜生, 아수라阿修羅가 한눈에 다 보입니다.

누구는 천상의 인간처럼 외모도 잘생기고 풍요롭다 못해 화려하게 사는데, 바로 옆에는 말할 수 없을 만큼 가난하게 사는 사람이 있어요. 그렇게 형편없이 가난한 사람은 처음 보았습니다. 안타깝고 불쌍해서 도저히 볼 수가 없어요. 거지 중에 그나마 살기가 조금 낫다는 사람의 집이 있는데, 고작 대나무 몇 개 걸쳐 놓고 비닐로 덮은 채 사는 수준입니다. 그 엉성한 집에 아이들이 많이 살고 있었어요. 상황이 안 좋은 사람들은 길바닥에서 그대로 잡니다. 다행하게도 날씨가 따뜻하니까 걸망 하나 메고 다니며 그냥 살아가는 겁니다.

그런데 거지들 중에 사실은 부자들이 더러 섞여 있다고 해요. 인생 말년쯤 되면 일부러 거지 생활을 자처해서, 말하자면 출가를 하는 거예요. 공부가 많이 된 사람들 중에 일부러 그런 생활을 경험해본다고 해요.

인도인들은 어떻게 저리 자연스럽게 어우러져 사는 것일까 생각해보니, 여러 가지 이유가 있겠지만 나는 세 가지 정도로 정리해 봤습니다.

첫째, 오랜 시간 동안 여러 전쟁을 거치며 가난해야 살아남을 수 있다는 걸 터득했다는 겁니다. 18세기 인도는 영국과 프랑스의 식민지 전쟁으로 국민들의 삶이 피폐했어요. 20세기에도 인도와 파키스탄 간에, 또 인도와 중국 간에 전쟁이 일어났습니다. 뿐만 아니라 인도 내에서 여러 종교들이 서로 싸우고 부족끼리 서로 다퉈서 분쟁도 자주 발생하고, 그때마다 무수한 사람들이 죽어나갔어요. 그런 상황 속에서 사람들은 터득을 한 겁니다. 부와 권력이 있는 사람보다 가난한 사람이 살아남을 가능성이 높다는 것을 말입니다. 전쟁이나 분쟁이 일어나면 너 나 할 것 없이 죽는 사람이 많겠지만, 그중에서 힘있는 사람들이 서로 죽이고 죽는 광경을 무수히 목격한 겁니다. 힘없는 사람은 아무도 신경을 안 씁니다. 그래서 살기 위해서 일부러 가난을 선택한 측면도 있다고 생각됩니다.

둘째, 그들은 무소유의 지혜를 압니다. 소유한 것이 적어야 도가 깊어진다는 것을 알아요. 자이나교는 수행의 일환으로 옷도 입지 않아요. 그래도 부끄러움이나 구애됨이 없습니다. 큰스님일수록 옷을 벗습니다. 얼굴을 드러내는 것이나 몸뚱아리를 내보이는 것이나 뭐가 다르겠냐는 겁니다. 모두 관념일 뿐이지요. 이런 생각으로 사는 수행자들이 인도에는 많습니다. 허공을 날아다니고, 땅속에 몸을 묻고 한 달 뒤에 꺼냈는데 안 죽고 살아난 사람도 있다고 합니다. 그러니 돈이나 물질, 육체에 무슨 집착이 많을까요. 영적 수련에 익숙하니까 오히려 가난의 미덕을 높게 치는 겁니다. 가진 것이 없으니 잃을까봐 걱정하거나 빼앗길까봐 전전긍긍하지 않습니다. 그런 것을 차별하지 않는 나라가 인도입니다.

셋째, 인도 사람들은 윤회와 인과를 철저히 믿습니다. 전생에 잘살고 벼슬 높을 때 복을 짓지 못하고, 오히려 죄를 지어 그 과보로 현생에 가난하다고 생각합니다. 그러니 지금 못살아도 착한 일 하고 복을 많이 지으면 다음 생에는 풍족하게 살 거라고 믿는 겁니다. 인도인은 80퍼센트 넘게 힌두교도입니다. 영국이 수백 년 동안 지배하면서 기독교 사상을 전파하고, 또 이슬람교가 칼로 목을 치면서 개종을 요구했지만 인도인들의 뿌리는 흔들리지 않았습니다. 그런 혹독한 탄압을 모두 이겨낸 것은 인도인들의 몸에 힌두교 사상이 깊숙이 배어 있었기 때문입니다.

오늘날 많은 이들이 말하기를 인도에서 불교가 쇠퇴했다고 합니다. 하지만 까막눈으로 봐서 그런 말을 하는 겁니다. 실제로는 석가모니 부처님의 말씀대로 정법, 상법, 말법시대가 이루어졌어요. 본래 흥망성쇠가 없는데 어리석은 중생들은 형상이 잘 되어 있으면 불교가 흥하다고 하지만 진리는 영원하단 말입니다.

함께 여행하던 우리 스님들이 이런 걸 다 알면서 짐짓 현지인들에게 불교가 인도에서 핍박당한 이유를 물어봤어요. 한 노파가 답한 말이 아직도 생생합니다. 계율을 잘 지키던 소승불교 때는 불교가 융성했는데, 대승사상을 잘못 받아들여서 그만 힌두교와 불교가 뒤죽박죽되었다는 겁니다. 인도에서는 석가모니 부처님을 힌두교의 신 비슈누의 아홉 번째 화신으로 섬긴다고 합니다. 이렇게 대승사상을 잘못 받아들인 탓에 불교가 인도 땅에서 사라지게 되었다고 설명하더군요.

삶과 죽음이 공존하는 갠지스

힌두교의 가장 대표적인 특징은 범아일여梵我一如 사상입니다. 너와 나, 짐승과 사람, 우주와 내가 하나라는 겁니다. 그래서 사람이 죽으면 그 몸을 물고기와 새한테 보시합니다. 시신을 새 먹이로 주는 장례를 조장鳥葬이라고 합니다. 장례 형식에는 매장도 있고 화장도 있습니다만, 인도에서는 주로 화장한 뒤에 유골을 강물에 뿌립니다. 그런데 장례를 치르면서 우는 사람을 못 봤어요.

시신을 화장터로 옮길 때는 리어카에 싣고 밀고 갑니다. 형편이 좀 나은 가정에서는 사람들이 시신을 들고 가는데, 상주들이 그 뒤를 그대로 따라갑니다. 돈이 없는 사람은 화장을 하다가 장작이 떨어지면 그냥 그대로 시신을 강물에 던져 버립니다. 시신을 다 태울 만큼 나무를 풍족하게 사지 못하기 때문입니다. 그러면 그 시신을 물고기가 먹고 새들이 날아와 먹고 그럽니다.

1993년 현재 인도 인구가 약 9억 명인데, 그동안 얼마나 많은 사람들이 강에서 장례를 치렀는지 갠지스 강물이 석회물처럼 뿌옇게 변했다고 합니다. 하지만 갠지스 강물은 생각보다 깨끗했어요. 깨끗하다 더럽다 하는 것도 관념의 차이일 뿐입니다. 인도인들은 삶과 죽음이 공존하는 그 강에서 서로 조화롭게 자연스럽게 살아가고 있습니다.

그런데 힌두교의 전통 중에 남근 숭배 사상이 있어선지 남근을 상징하는 장식을 건축물이나 그림 등에 흔하게 사용하고 있었어요. 우리로서는 상상하기 어려운 일이지요. 부처님은 성이 문란하지 않게 잘 가르쳐 놓았는데, 불교 사상이 해이해지면서 힌두교에 완전히 동화되어 버린 겁니다. 그래서 노파가 말하기를 굳이 불교를 믿을 필요가 없게 되었다고 하니 대승불교를 잘못 받아들였다는 겁니다. 우리는 한 법도 버릴 것이 없지만 한 법도 취할 것이 없다는 양변을 잘 새겨야 합니다. 아무리 금은보화가 소중하고 남편이나 아내가 소중하고 자식이 소중하고 벼슬이나 재물이 소중해도 갈 때는 하나도 가져가지 못하고 빈손으로 가는 것이니 오직 공부한 것만 남습니다. 오직 업만 다음 생에 따라갑니다.

부처님이 처음 법을 펼쳤던 바라나시와 녹야원을 들렀는데, 그 자취만으로도 그 당시 불교가 얼마나 융성했던가 한눈에 알아볼 수 있었습니다.

인도 비하르 주에 있는 나란다 대학 유적지도 방문했습니다. 나란다 대학은 5세기 초 굽타왕조 때 창건된 사찰로서 세계 최초의 불교종합대학입니다. 가로 5킬로미터, 세로 11킬로미터에 이르는 아주 넓은 지역에 대학 건물들이 가득 차 있었고, 인도뿐 아니라 동남아시아 등 세계 각지에서 유학승들이 찾아와 붓다의 가르침을 공부했다고 합니다. 오늘날에도 이렇게 큰 대학이 없습니다. 현재도 발굴 중인데, 그 터만 봐도 정말 어마어마하더군요. 100개의 강의실에 1만 명의 수행자와 학자들이 모여 경전을 토론하고, 율법을 정리했다고 합니다. 대학 터에 서서 1,500년 전 불교의 전성기를 상상해보니 참으로 감격스러웠습니다.

7세기 초 중국에서 유학을 간 현장 법사는 당시 나란다 대학에 모여 공부하는 승려학자가 3천 명에 이른다고 기록했습니다.

그러나 불교 교학의 중심지였던 이 대학은 12세기 말에 이슬람의 침략으로 전부 파괴되고 맙니다. 믿으려느냐고 물어서 믿지 않으면 죽였답니다. 지금도 여전히 종교의 이름으로 자행되는 전쟁에서 많은 역사 유적과 유물들이 파괴되고 있습니다. 참으로 안타까운 일입니다. 불교처럼 자비로운 종교는 없습니다. 부모를 죽인 원수도 갚지 말라고 가르치니까요. 이런 종교는 불교밖에 없어요.

인도 바라나시에 가서 우리 일행은 갠지스 강을 건넜습니다.

春日薰風絲絲綠
夏野肥牛自歸來
秋野肥牛自歸來
冬天霽月萬古明

춘일훈풍사사록
하무조중방우
추야비우자귀래
동천한월만고명

봄날 따뜻한 바람에 실실이 푸르고
여름 무성한 풀 가운데 소를 놓아 먹인다.
가을 들판에 살찐 소가 저으로 돌아오는데
겨울 하늘에 차가운 달빛은 만고에 밝았어라.

누런 강물이 흐르는 강변에 빌딩들이 늘어서 있었지요. 부유한 성주들 중에는 말년에 바라나시 갠지스 강가로 와서 회향하는 사람들이 있다고 합니다. 죽음이 가까워오면 일부러 거지 행색을 하고 담요 한 장 두른 채 땅바닥에 누워 자고, 그렇게 수행하다가 그대로 죽기를 원하는 겁니다. 갠지스 강가에 화장터가 있으니 바로 화장해서 물에다 뿌리면 끝입니다. 그 풍경이 참 인상적입니다. 나무가 부족해서 덜 태운 시신을 그대로 강물에 던지는데, 그 옆에서는 사람들이 목욕을 하고 그 물을 성수라고 먹어요. 물이 더러워 보이는데 말입니다. 그런데 소들도 그 물을 다 먹습니다. 소는 더럽거나 깨끗하다는 생각을 안 하기 때문에 병이 안 나는 겁니다. 일체유심조라, 아무리 깨끗한 물도 더럽다고 생각하면 갑자기 먹기가 싫어집니다. 우리는 깨끗한 수돗물도 믿지 못해서 약수를 찾고 생수를 사 먹습니다. 끝없는 불신 속에서 살아가는 겁니다. 그러니 병이 더 많아지지요.

갠지스 강을 건너는데 마침 시신을 화장하더군요. 그 장면을 보고 시를 한 수 지었습니다.

초전법륜녹야원初轉法輪鹿野苑하고
해동사문도항하海東沙門渡恒河로다.
임의소요항하사任意逍遙恒河沙타가
환지본처바라나還至本處婆羅那로다.

부처님이 처음 법의 바퀴를 굴리신 녹야원을 지나
해동 사문이 갠지스 강을 건넜도다.
항하사 모래 위를 임의로 걷다가
바라나시로 환지본처했도다.

　석가모니 부처님이 깨달음을 얻은 뒤 가장 가까운 다섯 비구
에게 처음으로 설법을 한 곳이 녹야원입니다. 그 자리에 기념탑
을 세우고 사원을 지었는데, 현재 남아 있는 자취만 보더라도 당
시에 불교가 얼마나 번성했는지 알 수 있습니다.
　녹야원을 지나고 갠지스 강을 건너 경전에 자주 등장하는 항
하사 모래밭을 걸어봤습니다. 맑고 넓고 깨끗했어요. 기념으로
항하사 모래를 필름 통에 조금 담아 왔습니다.
　오는 길에 화장터 주변을 지나는데, 송장을 그냥 늘어놓았더
군요. 차례로 고기 굽듯이 태워서 강에 던져버리면 주위를 돌아
다니던 짐승들이 주워 먹는 겁니다.
　그런데 그곳 사람들은 갠지스 강물을 먹으면 병이 모두 낫는
다고 믿어요. 히말라야 높은 산골짜기에서 내려오는 갠지스 강
물을 성수로 받아들이고 있습니다. 그 강가에서 명상을 하고, 기
도를 합니다. 또 그 물을 길어 먹고, 목욕하고 빨래를 합니다. 거
의 모든 생활을 갠지스 강에서 하는 셈입니다.
　우리 일행은 마가다국의 수도였던 라지기르에 들러 영축산靈

鷲山에도 올랐습니다. 석가모니 부처님이 영축산에서 법을 설하신 모임을 영산회상靈山會上이라고 하는데, 그 유적지를 가보니 상상했던 것보다 훨씬 좋았습니다. 부처님이 1,200명의 대중에게 법문을 설하신 자리에 우리도 앉아봤습니다. 우리도 부처님이 되어보자고 말입니다. 누워도 보고, 절도 하고, 정진도 하고, 또 기념사진과 비디오도 촬영했습니다. 열심히 정진하는 수행자가 되자며 우리끼리 맹세도 했어요.

부처님이 영축산에서 법화경을 설할 때는 백만 명이나 모여들었다고 합니다. 이 산중에 어떻게 백만 명이나 모일 수 있었을까 의아했어요. 그런데 가보니 과연 옛날이라면 충분히 가능했겠구나 싶었어요. 영축산의 정상은 독수리 머리 형상이고, 전체적으로는 독수리 날개 모양입니다. 지금은 숲이 무성하게 우거져 있지만 위에서 내려다보니 지세가 일목요연합니다. 그리고 그 시절에 이미 인구 3백만의 도시가 있었다고 하고, 부처님이 법문하실 때 신통을 보이셨다면 실제로 백만 대중이 모여 거룩하게 영산회상을 이루지 않았을까요.

앞에서 들려드린 시가 영축산에서 지은 겁니다. 다시 한 번 읊어보겠습니다.

영산회상증상봉靈山會上曾相逢인데
금일재래여여회今日再來如如會로다.

백만대중재하처百萬大衆在何處인고
무언유수항하수無言流水恒河水로다.

영산회상에서 우리 일찍이 만났는데
오늘날 여여회원으로 다시 만났구나.
백만 대중은 다 어느 곳에 있는가.
갠지스 강이 말없이 흐르네.

　《유마경》의 주인공인 유마 거사의 고향 바이샬리에도 가봤습니다. 설법지를 둘러봤는데, 유마 거사와 관련된 유적은 거의 없었어요. 아소카 대왕의 석주石柱와 사자상 하나가 남아 있었습니다. 아소카 대왕은 불법을 전하기 위해 인도 전역에 아름다운 기념 석주를 많이 건립했는데, 바이샬리의 석주는 다른 것들에 비해 원형이 잘 보존되어 있습니다.

　아소카 대왕이 이곳에 석주를 건립한 것은 근처에서 부처님이 설법을 하셨기 때문입니다. 그런데 이런 일화가 전해져 옵니다. 당시 부처님의 제자들이 서로 싸움을 했는데, 시간이 지나도 화합하지 않았다고 해요. 결국에는 부처님이 자리를 피했지요. 제자들이 얼마나 놀랐겠어요. 이리저리 찾아다니다가 7일 만에 어느 숲속에서 부처님을 만났습니다. 그런데 원숭이들이 망고를 따다가 부처님께 공양을 올리고 있더랍니다. 제자들은 너무도 부끄러워 깊이깊이 참회를 했습니다. 짐승도 부처님을 알아보고 공양을 올리는데, 부처님을 모시고 있는 제자들이 서로 싸우고 있었으니 도저히 얼굴을 들 수가 없었겠지요.

기록에 따르면, 코브라도 부처님 앞에서는 고개를 숙였다고 합니다. 어떤 독한 것도 부처님 앞에 가면 다 조복했어요. 제자들이 그 이유를 여쭈었더니 부처님이 이렇게 대답하셨습니다.

"나는 악기惡氣가 다 떨어졌다."

바이샬리에서 지은 시를 소개합니다.

구래부동여여사舊來不動如如士가
바이샬리겁외가婆利薩提劫外歌로다.
고금불이유자미古今不二柚子味인데
일주석사수구지一株石獅守舊址로다.

예로부터 동하지 않는 여여한 거사가
바이샬리에서 세월 밖의 노래를 부르는구나.
예로부터 유자의 맛은 둘이 아닌데
기둥 하나 돌사자만이 옛 땅을 지키는구나.

여러분과 같은 거사인데, 도를 통하여 동하지 않는데, 무엇에 동하지 않느냐 하면 생사는 물론이고 일체에 동하지 않는 겁니다. 세월 때문에 우리는 윤회를 받는 겁니다. 둘이 아니라는 것은 유마 거사의 '불이법문不二法門'이 유명하니 이리 읊은 겁니다.

유마 거사가 병이 들었다 하니 부처님 제자들이 병문안을 가는데 아무나 문안을 못 갑니다. 워낙 공부가 깊으니 행여 방망이를 맞을까봐서요. 거기다가 유마의 병은 중생의 병이 다 나으면 낫는다고 하니 함부로 말을 붙일 수 없어요. 부처님의 상수제자들도 같이 갔는데 둘이 아닌 법을 말합니다. 한 제자는 생사가 둘이 아니라 하고, 한 제자는 너와 내가 둘이 아니라 하고, 어떤 제자는 유무가 둘이 아니라 하는데, 유마에게 불이不二를 말해보라고 하자 묵연하고 있으니 문수보살이 이르기를 "참으로 유마가 불이를 설했구나!"라고 하는 것입니다.

우리가 말하자니 불이라고 하는 것이잖아요. 마침 그때 유자柚子를 우리 일행이 맛보게 되어서 유자의 맛이라고 했습니다. 또한 유마 거사도 '유維' 자가 같은 발음이잖아요. 돌기둥 하나 사자상만 남아서 옛 땅을 지키고 있는 모습 그대로입니다.

돌아오는 길에는 태국에도 들렀는데, 흔히 태국을 우리보다 후진국이라 하는데 멀지 않아 우리보다 잘살 것이라 봅니다. 왜냐하면 첫째, 관광 수입만 400억 불인데 대부분 부처님 절 구경하는 것입니다. 또 태풍이 없고 자원이 풍부합니다. 그리고 사형제도가 없는데, 혹 사람을 해치면 그 집안에 가서 먼저 사과부터 하고 재판을 합니다. 형이 끝나도 절에 가서 참회하고 스님이 되기도 합니다. 스님이 식당에 가면 그냥 드리면 드렸지 팔지는 않고, 차비도 받지 않아요. 우리나라는 불심이 약해졌으니 스님들의 책임이 크고 신도들의 책임도 있습니다. 여러분들이 만약 먹물 옷 입은 사람을 보고 합장하면 그대로가 법문입니다. 저보고도 합장하면 부끄럽고 몸가짐이 더욱 조심스러워집니다.

태국에 왔을 때 마침 성철性徹 종정 스님의 다비일이라서 11시 맞추어 반야심경도 외우고 축원도 했는데, 송광사 현호玄虎 스님이 나보고 법문을 하라고 합니다. 큰스님 열반에 내가 무슨 법문을 하겠나 싶어서 조사弔詞 겸해서 하나 했습니다. 현지 일반 신문에 큰스님 열반송이 실려 있어서 거기 곁들여서 시를 지었습니다.

> 원광圓光이 보조普照하니 적寂과 멸滅이 둘이 아니요
> 보이는 것은 관음觀音이요 들리는 것은 묘음妙音이니
> 보고 듣는 것 밖에 진리가 따로 없으니
> 시회대중是會大衆은 알겠는가?
> 산은 산이요 물은 물이로다,
> 하시던 큰스님 이제 가시면 언제 오시렵니까?
> 지금 사람이 귀합니다.
> 새 옷 갈아입으시고 우리 곁에 오시옵소서.

가야산색토혈루伽倻山色吐血淚하고
홍류동천지성류紅流洞天止聲流로다.
성철종정재하처性徹宗正在何處인고
일륜토홍방벽산日輪吐紅放碧山이로다.

가야산색도 피눈물 토하고
홍류동 흐르는 물소리마저 그쳤도다.
성철 종정 큰스님은 어느 곳에 계시는고
한 바퀴 붉음을 토하면서 벽산마저 놓으소서.

　　사람마다 누구나 친함이 있겠지만 특히 나하고 인연이 깊고 가르침을 많이 받고 사랑을 받다가 헤어지면 서운한 것입니다. 누구나 잘해줄 때는 모르지만 내가 생각할 때는 저를 참 사랑하신 분이 아닌가 싶습니다. 한 삼 년을 스님 밑에서 공부를 하면서 스님과 많은 대화를 하고 늘 점검을 받았어요. 나중에 찾아뵈었을 때도 다른 사람에게는 시간을 잘 내주지 않아도 저한테는 서너 시간씩 할애해주시고 글씨도 써주시고 하셨어요.
　　성철 스님 열반송입니다.

　　생평기광남녀군生平欺誑男女群하여
　　미천죄업과수미彌天罪業過須彌로다.

• 무량수전 사자후

활함아비한만단活陷阿鼻恨萬端이니
일륜토홍괘벽산一輪吐紅掛碧山이라.

평생 동안 남녀의 무리를 속여
그 죄가 수미산보다 더하다.
산 채로 아비지옥에 떨어지니
한 바퀴 붉음을 토하고 벽산에 걸렸다.

그러면 스님이 무슨 거짓말을 해서 남녀를 속였을까요? 남녀
만 속인 것이 아니라 불조佛祖까지 속였지요. 왜 하필 남녀를 속
인 것이라 하느냐면, 본래 다 깨달아 있고 갖추어 있는데 거기
대고 "잠자지 말고 어서어서 공부해라." 하는 것은 마치 어머니
가 어린애 울 때 "애비 온다."고 하면서 울음을 달래기 위한 것과
같단 말이오. 실은 지극히 겸손하게 자기를 낮추는 것이고, 중생
을 위해서 속였지요.

또 '아비지옥 무간지옥에 떨어졌다.'는 것은 무엇이냐 하면, 부
처님이 지옥에 가지 않으면 누가 가겠느냐는 말입니다. 큰스님
이 지옥에 가야 중생을 제도할 것 아니오. 못난 사람이 천국이나
극락을 좋아합니다. 만약 부처님께서 극락이나 좋아하신다면 누
가 절하겠습니까?

'한 바퀴 붉음을 토하고 벽산에 걸렸다.'는 말은 아직도 중생

교화의 의무를 다 못했다는 뜻이니, 나는 위에서 '방벽산放碧山'이라고 '벽산마저 놓으소서.' 한 겁니다.

사람을 가벼이 여기지 말자

인도는 자원이 풍부하고, 태풍이 없으며, 해가 지평선에서 뜨고 지평선으로 지는 너른 평야가 많습니다. 한쪽에서 씨를 뿌리는데, 다른 한쪽에서는 벌써 수확을 하는 풍경도 자주 봅니다. 따로 거름을 주거나 농약을 뿌리지도 않고 김을 매지도 않고 자연 그대로 농사를 지을 뿐입니다. 그래서 수확량은 우리나라의 10분의 1도 못 돼요. 그렇게 욕심 없이 자연에 순응하며 살고 있습니다.

인도인들이 소를 귀하게 여기는 것은 무조건 섬기는 게 아니라 소에게도 불성이 있기 때문에 함부로 하지 않는 겁니다. 회교도들은 쇠고기를 먹지만 대부분의 인도 사람들은 힌두교도들이라 잡아먹지 않아요. 소는 밭을 갈고 수레를 끄는 일꾼입니다. 소젖은 사람의 음식이 되고, 똥은 연료로 쓰이지요. 쇠똥으로 벽을 바르기도 합니다. 쇠가죽은 신이나 물건을 만드는 재료로 쓰고, 살은 짐승들에게 나눠줍니다. 인도인들은 소나 돼지고기는 병이 많다고 여겨서 먹지 않고, 거의 채식을 한다고 해요.

• 무량수전 사자후

인도는 도로가 굉장히 복잡합니다. 온갖 탈것들이 뒤엉켜 있어요. 운전자들은 마치 곡예를 하듯이 운전을 합니다. 그런데도 사고가 많지 않아요. 그 이유를 생각해보니, 우선은 힌두교도들은 술을 마시지 않고, 또 현재의 삶에 불평 없이 깊은 신앙심으로 윤회를 믿으며 살기 때문인 것 같습니다.

인도 사람들은 장례를 치르면서 울지 않습니다. 좋은 곳으로 갔는데 왜 우는가 말입니다. 그 모습을 보면서 우리도 울지 말아야겠다는 생각을 했어요. 쓸데없이 애착을 부리지 말고, 갈 때가 되면 미련 없이 갑시다. 그렇게 사는 게 순응하며 순리대로 사는 겁니다.

우리는 사는 동안 종종 여행을 할 필요가 있습니다. 많은 것을 보고 느끼게 됩니다. 중국 여행도 그렇지만 이번 인도 여행에서도 나는 참 많이 배웠습니다. 여행하는 법도 알았어요. 낯선 곳을 다닐 때는 음식을 조심하고, 또 기쁜 마음으로 여행해야 한다는 것을 절감했습니다. 그리고 내가 전생에 인도에서 산 것 같은 기분이 들었어요. 눈에 보이는 곳이 전부 생소하지 않고 익숙하게 다가와서 편안했습니다.

그리고 이번에 인도 여행을 하면서 새삼 느낀 게 있습니다. 나는 비록 가진 것은 없지만 재벌이 안 부럽고, 벼슬도 없지만 대통령이 안 부럽습니다. 지식도 부족하지만 박사도 교수도 부럽지 않아요. 창조한 바 없지마는 하나님이 안 부럽고, 깨친 바는 없지마는 부처님이 안 부럽습니다. 다만 지장보살은 부럽습니다. '지옥중생이 다 성불해야 나도 성불하겠다.'는 지장보살의 신심과 원력, 그 능력이 가장 부럽습니다.

사람을 가벼이 여기지 맙시다. 미물이나 짐승도 함부로 대하면 안 되는데, 하물며 사람은 말할 것도 없지요. 서로가 서로를 소중히 여겨야 합니다. 절대 일거수일투족을 가볍게 해서는 안 됩니다. 우리는 진실로 본성을 깨쳐서 일체중생을 구제하는 원력보살이 되어야 해요.

보통 사람들은 행복하면 도를 닦지 못하고, 불행해도 도를 닦을 수 없습니다. 건강해도 닦을 수 없고, 병이 들어도 마찬가지입니다. 발심하지 못한 사람은 경계에 끄달려서 그때마다 공부가 안 되는 것입니다. 그러나 발심한 사람은 어려우면 어려울수록, 즐거우면 즐거울수록, 건강하면 건강할수록 공부가 잘됩니다.

건강하면 지금 여기 앉아서 공부하고 있을까요? 병이 들면 치료하느라 공부를 못 합니다. 그런데 발심한 사람은 병이 들면 오히려 무상을 느끼고 건강할 때 조금이라도 더 공부해야겠다고 생각합니다. 건강하면 더욱 열심히 분발해서 공부한단 말입니다.

지난날의 나를 돌아봐도 그렇습니다. 다리가 아팠을 때는 다른 망상이 없으니까 공부가 더 잘되었습니다. 다리만이 아니라 온몸이 썩어 흐느적거려도 그것 때문에 오히려 다른 망상이 없어지고 더욱 발심이 되어 공부하는 데 큰 동기가 되었어요. 성철 스님이 병원에 가라고 돈을 주셨는데도 안 갔어요. 다시 생각해도 병이 공부에 큰 힘이 된 것 같습니다.

　인생난득人生難得이요 불법난봉佛法難逢이라, 사람의 몸을 받아 태어나기 어렵고 부처님의 법을 만나기도 어렵습니다. 그런데 이렇게 정법까지 만났으니 얼마나 다행스럽습니까. 참 다행이라는 마음으로 공부하시기 바랍니다.

—1993년 11월 부석사 정기법회

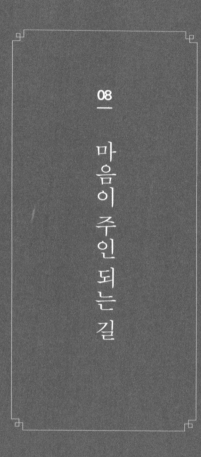

08

마음이 주인 되는 길

나를 밖에서 찾지 마라

낙조토홍괘벽산落照吐紅掛碧山한데
한아척진백운간寒鴉尺盡白雲間이로다.
문진행객편응급問津行客鞭應急하고
심사노승장불한尋寺老僧杖不閑이라.
방목원중우대영放牧園中牛帶影하고
망부대상첩저환望夫臺上妾低鬟이라.
창연고목계남로蒼煙古木溪南路한데
단발초동농적환短髮樵童弄笛還이로다.

지는 해는 붉음을 토하고 벽산에 걸렸는데
찬 까마귀는 자질하며 백운 간으로 날아든다.
나루를 찾는 나그네가 채찍질 급하고
절 찾는 노스님의 발걸음이 한가롭지 않다.
풀어 놓아 먹이는 동산에 소 그림자 길기만 하고
망루에 낭군 기다리는 아낙네 솜옷을 둘렀네.
시냇가 고목에는 푸른 내가 어렸는데
짧은 머리 초동이 피리 불며 돌아온다.

이 시는 어사 박문수가 과거 보러 가다가 귀신한테 들은 시입니다. 과거 보러 가는 도중에 초립을 쓴 사람을 만났는데, 박문수에게 묻기를 "선비는 지금 어디 가십니까?" "예, 서울에 과거 보러 갑니다." 하니 "과거 시험은 이레 전에 이미 끝났습니다." 하기에 "무슨 말씀입니까. 아직 7일이 남은 줄 아는데요." 하니 그 초립 쓴 사람은 "지금 내가 과거를 보고 오는 길입니다." 하는 겁니다. "그러면 과거 시험의 시제詩題가 뭐요?" 하니 '낙조落照'라고 하는 겁니다.

그래서 장원 급제한 글귀가 뭐냐고 물으니 위의 글을 일러주는데, 일곱 번째 구절까지는 말해주면서 마지막 구절은 기억이 잘 안 난다고 하는 겁니다. 박문수는 아쉽기는 하나 길을 나선 김에 서울 구경이라도 하고 가야겠다고 생각하고 계속 갔는데,

도착해보니 아직 과거가 3일 남아 있어서 '까딱하면 속을 뻔했구나.' 하고 생각했습니다.

그런데 시험장에 가니 정말 시제가 낙조인지라 초립 쓴 사람이 일러준 것을 그대로 베꼈습니다. 맨 끝 구절은 모른다고 했으니 자기의 소견을 붙여서 지었습니다. 시험관이 보니 일곱째까지는 귀신이 한 글이고 맨 끝 구절만 사람이 했단 말이오. 귀신이 했단 말은 그만큼 빈틈없이 잘된 글이란 말이오.

그래서 급제하고 내려오다가 그 자리에서 초립을 쓴 사람을 다시 만나요. 그 사람이 하는 말이 "사실은 내가 사람이 아니라 귀신인데 억울하게 죽었으니 원수를 좀 갚아달라."는 겁니다. 그래서 귀신이 일러준 대로 경상도 어느 지방을 찾아가 원한을 풀어주었다고 하는 이야기입니다.

오늘 여기 오신 분들 중에도 생각은 사람인데 귀신 노릇하는 사람도 있어요. 제정신이 아니라 남의 정신으로 살면 귀신이니 오늘 여기서 제정신으로 살자고 이렇게 온 겁니다. 그럼 어떤 것이 나인가 하면, 나는 나지도 않고 죽지도 않는 것이 나이며 늙지도 병들지도 않는 것이 나인데, 육신에 집착하면 나고 늙고 병드는 것이 괴롭고 번뇌 망상으로 살아갑니다. 그러니 스스로 반조해서 나는 누구인지 관하고 바깥 경계, 즉 오욕락이나 팔만사천 번뇌에 끄달리지 말아야 합니다.

위의 시를 살펴보면, '지는 해는 붉음을 토하고 벽산에 걸렸는데'라는 구절은 해 떨어지는 상황을 그대로 표현한 것입니다. '찬 까마귀는 자질하며 백운 간으로 날아든다', 이 구절에서 어떤 사람은 자연 경계를 전부 공부로 보지만 어떤 이는 괴롭게 보기도 합니다. 누구나 공부 된 만큼 받아들이게 되어 있어요. 때는 가을이란 것을 염두에 두고 생각해보세요.

'나루를 찾는 나그네가 채찍질 급하고', 이 구절은 해 떨어지면 나룻배는 뜨지 않으니 집에 가려면 어서어서 채찍질해서 길을 재촉해야 하는 모습을 그린 겁니다. '절 찾는 노스님의 발걸음이 한가롭지 않다', 옛날에는 해 떨어지면 불이 있는 것도 아니고 산은 더욱 어두워지고 하니 해 지기 전에 어서 절을 가야 할 거 아닌가요. 그러니 노스님의 발걸음도 바쁘단 말이오.

'풀어 놓아 먹이는 동산에 소 그림자 길기만 하고', 이 구절은 동산에 해질녘 소보다 그림자가 더 멀리 드리워져 있고 해 지는 모습 그대로입니다. '망루에 낭군 기다리는 아낙네 솜옷을 둘렀네', 날은 춥고 해는 지는데 이제야 남편이 오려나 어진 아내는 기다릴 것 아닌가요.

'시냇가 고목에는 푸른 내가 어렸는데', 해 질 때 어슴푸레한 상황을 푸른빛이라 하고 내가 낀 모습을 그리 표현한 것입니다. '짧은 머리 초동이 피리 불며 돌아온다', 이 마지막 구절은 박문수가 지은 것인데, 어른도 급해서 걸음을 재촉하는 터에 어린 초동이 언제 피리 불면서 한가로이 돌아옵니까? 운자는 맞을지언정 이치에 맞지를 않아요. 그러면 어떻게 해야 여기에 맞출 것인지 여러분 스스로 생각하되, 금일 산승에게 하라고 한다면 이렇게 하겠습니다.

기왕에 있는 구절처럼 할 바에는 '기우초동농적환騎牛樵童弄笛還이로다'라고. 즉 소를 탄 초동이 피리 불며 돌아온다고요. 소를 탈 정도면 이미 어린아이는 아니잖아요. 소를 탈 정도면 여유가 있으니 피리 불며 돌아온다고 해도 되고, 이는 한가로운 소식이란 말이죠. 또 살아 있게 하려면 '일락서산월동천日落西山月東天이라', 곧 해가 서산으로 지고 달은 동쪽에서 빛난다고 하면 됩니다. '일락서산월출동日落西山月出東이라'면 어떠냐 하는 사람도 있는데, 그러면 안 됩니다. 왜냐하면 달은 해가 없을 때 빛이 나는 것이잖아요. 글이 비극으로 끝날 수도 있고 희망으로 끝날 수도 있지만 기왕이면 희망으로 끝나야지 단멸견斷滅見에 떨어지면 안 됩니다.

토인비의 말에, 가장 소중한 시간은 언제이냐 하면 바로 지금이고, 가장 소중한 사람은 누구냐 하면 현재 대하고 있는 사람이라고 했는데, 그렇다면 바로 지금 여러분과 나입니다. 현재 하고 있는 일이 가장 중요한 것인데, 남방불교에서도 현재 하고 있는 것을 하라고 해요. 설령 깊이는 못 들어가도 안정이 되긴 하지요. 저 밖에서 찾으려고 하지 말고, 여기 이 법회에 왔으면서 집생각 쓸데없는 생각하지 말고, 이 순간만이라도 내가 무엇인지 찾아보잔 말입니다. 회광반조하되 화두가 잘 안 되면 그동안 해오던 것 반성이라도 해야지요. 부정보다는 긍정, 긍정보다는 부정과 긍정을 뛰어넘는 무심, 무심보다는 반야가 좋단 말이오. 깨치는 것은 차치하고라도 뉘우치기만 해도 업장이 녹아집니다. 기왕이면 잘 살아야 좋은 것 아닙니까?

어느 만석꾼의 유언

옛날 어느 마을에 부자가 되고 싶은 사람이 살았습니다. 그는 늘 '어떻게 하면 잘살 수 있을까.' 궁리를 했습니다. 그러던 어느 날 목마른 사람에게 물을 주고, 배고픈 사람에게 밥을 주면 복을 받아 부자가 된다는 말을 듣고 그렇게 복을 지으며 살기로 결심합니다. 그래서 산중으로 들어가 사람들이 오가는 길목에 움막을 짓고 목마른 사람에게 물을 주고 배고픈 사람에게 밥을 주고, 피곤한 사람들은 쉬어가게 해주었습니다. 공부도 그렇듯이 좋은 일 한두 번씩은 누구나 할 수 있지만 꾸준히 지속하기는 쉽지 않은데, 그는 앞뒤 재지 않고 계속 복 짓는 일을 해나갔어요. 그렇게 오랜 시간 하다보니 좋은 사람 나쁜 사람 온갖 사람들이 그의 움막을 거쳐 갔지요.

하루는 풍수를 잘 보는 지관이 들렀는데, "이런 사람이야말로 복을 받아야 한다."면서 12대 만석꾼에 9대 진사를 배출하는 좋은 명당자리를 골라주는 겁니다. 거기에 조상의 묏자리를 쓰면 좋은 일이 있을 거라고 말입니다. 그런데 그런 명당에 묘를 써도 덕을 펴지 않고 복을 짓지 않으면 오히려 화근이 되는 경우가 많아요. 복을 짓는 사람은 아무데나 묘를 써도 복을 받습니다. 참 묘한 이치이지요. 처처가 극락이고, 처처가 명당입니다. 누군가에 대해 사람들이 다 좋은 사람이라고 말하면 나도 그렇게 보아집니다. 긍정적으로 생각하면 일이 다 긍정적으로 풀립니다. 자기 자신도 긍정적으로 봐주세요. '나는 왜 이렇게 못났나.' 한탄할 필요가 없습니다. 하심하는 것과 자기를 학대하는 것은 다릅니다. 자기 학대는 큰 죄예요. 가장 큰 죄가 자살입니다.

아무튼 명당자리를 추천해준 지관은 이런 당부를 남기고 길을 떠납니다.

"좋은 자리를 쓰면 한두 번은 어려운 고비가 지나가야 됩니다. 지금 기르고 있는 개가 새끼를 낳을 테니 잘 기르세요."

과연 머지않아 지관의 말대로 개가 새끼를 낳았고, 주인은 강아지들을 정성스럽게 보살펴 주었습니다.

그런데 어느 날 도적들이 들이닥쳐 행패를 부리고 주인을 해치려고 하는 겁니다. 그 순간 개와 강아지들이 용맹하게 도적들을 물리쳐서 위험한 고비를 넘기게 되지요. 또 한번은 주인이 출타했다가 술을 많이 마시게 되었는데, 돌아오는 길에 산중 수풀에 쓰러져 그만 잠이 들고 말았습니다. 마침 산불까지 나서 불길이 덮쳐와 타 죽게 생겼지요. 그때 개가 달려와 주인을 깨우려고 애쓰고, 그게 잘 안되니까 개울에 가서 몸에 물을 적셔 와 주인 몸에 뿌렸어요. 그렇게 주인이 불에 타지 않게 도와줘서 목숨을 구했다고 합니다. 하지만 개는 결국 불에 타 죽게 됩니다. 목숨을 바쳐서 주인을 살린 거지요.

기르던 개 덕분에 살아난 사내는 다시는 술을 먹지 않겠다고 다짐을 했어요. 그리고 정신을 바짝 차리고 돈을 모으기 시작하더니 시간이 흘러 만석꾼이 되었습니다. 만석꾼은 죽음을 앞두고 자식들에게 유언을 합니다.

"너희들은 만석 이상은 하지 말고, 벼슬도 하지 말아라. 하려면 진사까지만 해야 한다."

"어찌하여 만석 이상은 안 된다고 하십니까?"

"1만석이 넘어가면 2만석, 2만석이 넘으면 3만석을 쌓아두고 싶은 게 사람의 욕심이다. 그러다가 잘못하면 남한테 다 뺏기고 목숨까지 잃게 된다. 만석만 해도 많으니까 욕심을 부려서는 안 된다는 말이다. 재산이 불어났을 때는 빌려준 곡식에서 반만 받아라. 너무 안 받아도 좋은 일이 아니니 두 섬 빌려줬으면 한 섬만 받아라. 가까운 일가친척과 이웃을 도와주고, 백 리 안에 굶어죽는 사람이 없게 해라. 혹시 자존심 때문에 곡식을 빌리러 못오는 사람을 위해 대문 밖에 뒤주를 두고 몇 가마니 채워두어라.

낮에 못 가져가면 밤에라도 가져갈 수 있게 곡식을 채워놓아라."

이러니 어느 누가 그 사람을 싫어하겠어요?

"벼슬은 왜 하지 말라고 합니까?"

"아무리 충신이어도 임금이 바뀌면 자칫 역적으로 몰릴 수가 있다. 그러면 사람을 잃고 재산도 다 없어지기 때문에 벼슬을 하지 말라는 것이다."

"그런데 왜 진사는 하라고 합니까?"

"실력은 갖추어야 한다. 그래야 원님들이 함부로 못 하고, 이 재산을 지킬 수 있다. 학문을 성취해서 언제든지 마음만 먹으면 벼슬을 할 수 있는 실력은 길러놓아야 된다."

아버지의 유언을 자식들이 그대로 지켜 이후 12대 만석꾼과 9대 진사를 배출한 집안이 바로 경주 최부자집입니다.

맨 처음 만석꾼이 된 이야기야 구전으로 내려오고 있지만, 실제로 최부자집의 중시조中始祖 최진립 장군부터 독립운동가이자 마지막 '경주 최부자'인 최준 선생까지 경주 최씨 400년 역사는 후손들에 의해 지금까지 이어져 오고 있습니다.

우리나라에도 이렇게 부자이면서 백성들의 사랑을 받는 훌륭한 사람들이 있었습니다. 우리는 세계적으로 영리한 민족입니다. 그런 우리가 남북통일을 이루고 세계를 선도하는 국가가 되려면 경주 최부자집 같은 사례를 널리 퍼뜨리고, 또 우리 자신이 직접 실천해야 합니다.

가정을 꾸린 분들은 가능하면 자녀를 여럿 두는 게 좋습니다. 잘 키우고 가르치면 그만큼 좋은 일이 많이 생깁니다. 자식을 낳아 먹이고 입히고 보살펴본 어머니는 뭔가 달라도 다릅니다. 자식 낳아 기르는 것도 다 공부이기 때문입니다.

아이들이 스무 살이 넘으면 절에 보내는 것도 좋습니다. 무조건 대학에 보내려고 애쓸 일이 아닙니다. 대학은 서울이나 도시에만 둘 것이 아니라 산중에 두면 좋겠어요. 사람 많은 서울이나 도회지는 지옥과 같은데, 공기 좋고 물 좋은 산에 대학이 있으면 좋지요. 부모와 떨어져 사는 경험을 하면 그게 아이에게도 큰 공부가 됩니다.

최부자집이 만석꾼이 된 시초는 목마른 이에게 물을 주고 배고픈 이에게 밥을 준 공덕에 있다면, 공부하는 우리들은 참선에 크나큰 공덕이 있다는 걸 알아야 합니다.

좌선을 하다가 다리가 아프면 무릎을 꿇고, 무릎을 꿇어도 아프면 앉아도 됩니다. 그렇게 억지로라도 이 고행을 한번 해보십시오. 틀림없이 공덕이 있습니다.

보살십지와 십바라밀

보살의 열 가지 수행 단계가 있는데 초지부터 성인입

니다. 초지에서 십지까지 열 가지 단계가 있는데, 초지는 환희지歡喜地, 이지는 이구지離垢地, 삼지는 발광지發光地, 사지는 염혜지焰慧地, 오지는 난승지難勝地, 육지는 현전지現前地, 칠지는 원행지遠行地, 팔지는 부동지不動地, 구지는 선혜지善慧地, 십지는 법운지法雲地입니다. 그중 보살 초지를 환희라고 해요. 왜 초지를 환희지라고 할까요? 우리 같이 공부해봅시다.

보살의 열 가지 수행덕목인 십바라밀을 아실 겁니다. 보시, 지계, 인욕, 정진, 선정, 지혜, 방편, 원, 역, 지 등이지요. 십바라밀에 십지를 붙이면 딱 들어맞습니다. 부처님 법은 과학적이고 철학적입니다. 또 신앙적으로도 빈틈이 없어요. 십바라밀을 행하면 바로 십지가 됩니다.

십바라밀의 첫 번째는 보시布施입니다. 보시를 하면 기쁩니다. 남에게 베풀면 기분이 좋습니다. 몰래 주면 더 기뻐요. 오른손이 준 것을 왼손이 모르게 하라고 하지만, 불교에서는 오른손마저도 몰라야 한다고 말합니다. 베푼다는 것은 참 좋은 일인데, 베풀었다는 상도 없이 주면 기쁨과 환희가 더욱 큽니다. 이렇게 주었다는 상을 내지 않고 주면 이미 십지의 첫 단계인 환희지歡喜地에 이른 것입니다. 아무 기대하는 바 없이 물질적, 정신적으로 베푸는 사람들은 이미 초지보살이십니다.

여러분도 정말 아낌없이 준 적이 있을 겁니다. 누구에게 그런 무조건적인 보시를 했을까요? 바로 자식들입니다. 아들딸에게 젖을 먹이면서 대가를 바라는 어머니는 없습니다. 끝없이 주기만 하지요. 그래서 어머니들은 모두 초지보살에 해당합니다. 나는 어머니가 가장 위대한 인간이라고 생각해요.

불교는 어머니의 종교에 비유할 수 있습니다. 자식에게 끝없이 주고 싶은 어머니의 마음과 지옥중생이 다 성불해야 나도 성불한다는 지장보살의 정신은 상통합니다. 바로 불교의 자비정신이지요.

십바라밀의 두 번째는 지계持戒입니다. 계율을 지키면 청정합니다. 청정하면 때가 없어요. 때가 없어야 청정하겠지요? 이렇게 계율을 잘 지켜 마음의 때를 벗으면 십지의 두 번째 단계인 이구지離垢地에 오릅니다. 아무리 미인이라도 때가 있으면 더럽고 보기 안 좋아요. 행실이 나빠도 좋지 않습니다. 몸과 마음에 때가 없으면 벌써 이구지입니다. 계행을 잘 지키고 윤리 도덕을 잘 지키면 청정한 이구지가 되는 겁니다.

세 번째는 인욕忍辱입니다. 우리는 참을 힘이 있어야 합니다. 조금 춥거나 더워도 참아낼 힘이 있어야지 그 힘이 없으면 참선을 못 합니다. 어리석을수록 참을 힘이 없고, 위대한 사람일수록 잘 참습니다. 참으면 힘이 나고 빛을 발하게 됩니다. 그래서 인욕을 잘하면 십지의 셋째 단계인 발광지發光地가 됩니다.

십바라밀의 네 번째는 정진精進입니다. 정진을 해야 앞으로 나아갈 수 있습니다. 부단히 노력해서 정진하면 불꽃 같은 지혜가 생깁니다. 지혜의 불꽃이 번뇌를 다 태우는 거지요. 그래서 십지의 넷째 단계인 염혜지焰慧地가 되는 것입니다.

다섯 번째는 선정禪定입니다. 잘 잠 다 자고, 할말 다 하고, 먹을 것 다 먹고는 선정을 얻지 못합니다. 신라의 원효 스님이 출가수행자를 위해 지은 「발심수행장」에 이런 구절이 있어요. '자락능사自樂能捨하면 신경여성信敬如聖이요, 난행능행難行能行이면 존중여불尊重如佛이라.', 내 즐거움을 능히 버릴 줄 알면 믿고 공경함이 성인과 같고, 어려운 행을 능히 행하면 존중함이 부처님과 같다는 뜻입니다.

아무리 어려워도 십바라밀의 선정을 꾸준히 닦으면 십지의 난승지難勝地에 이릅니다. 무엇을 이기는 걸까요? 바로 내 자신을 이기는 것입니다. 선정을 지속하여 내 안의 끊기 어려운 미세한 번뇌마저 다 소멸하면 난승지가 됩니다.

여섯 번째인 지혜智慧바라밀을 잘 닦으면 반야바라밀의 대지혜가 바로 눈앞에 드러납니다. 그래서 십지의 현전지現前地가 됩니다.

일곱 번째는 방편方便바라밀입니다. 중생을 교화하는 데는 한 법도 버릴 것이 없어요. 목마른 사람에게는 물을 주고 배고픈 이에게는 밥을 주듯이 다 필요합니다. 방편바라밀을 잘 닦아야 십지 가운데 칠지인 원행지遠行地에 이릅니다. 원행이란 미혹한 세계에서 멀리 떠난다는 뜻인데, 원행지에 이른 보살은 대원력大願

力과 대지혜력大智慧力, 대방편력大方便力을 갖추고 어려운 중생들을 구제합니다.

여덟 번째는 원願바라밀입니다. 우리는 부동不動의 원이 있어야 합니다. 이것은 십지 중 팔지인 부동지不動地와 연결됩니다. 무상의 지혜가 끊임없이 일어나서 번뇌에 동요되지 않는 단계가 부동지입니다. 부동지에 가야 생사윤회를 안 받고, 생사윤회에 흔들림이 없습니다. 신라의 원효 스님이 팔지보살로 추앙받고 있습니다. 그런데 화두가 몽중일여만 된다면 이미 팔지입니다. 참선법으로 오매일여의 경지에 가면 안 깨치려야 안 깨칠 수가 없습니다. 그러므로 깨달음에 이르는 가장 빠른 길이 선이란 것을 명심하시기 바랍니다. 이렇게 한 단계씩 차례로 올라가려면 굉장히 힘들잖아요. 선을 공부하면 그대로 갖추어져 버리니까 말할 것이 없습니다.

아홉 번째는 역力바라밀입니다. 말 그대로 힘입니다. 악한 것도 힘을 가질 수 있겠지만, 악한 힘으로는 중생을 제도하지 못합니다. 보살은 착한 힘, 거리낌없는 힘으로 중생을 제도하고 설법하여 이타행을 완성합니다. 이것이 지혜의 작용이 자재한 선혜지善慧地입니다. 걸림 없는 지혜를 갖추고 중생에게 두루두루 가르침을 설하는 경지예요.

열 번째는 지智바라밀입니다. 십지에 가야 바로 알 수 있고 이것을 각覺이라 하며, 지바라밀을 원만히 성취하면 보살의 마지막

수행 단계인 법운지法雲地에 이릅니다. 그런데 아직은 구름이 가리고 있어서 햇빛을 보지 못합니다. 깨달았다는 생각 때문에 햇빛을 못 보는 겁니다. 지혜의 구름으로 중생에게 그늘을 드리워주고 진리의 비도 내리게 하여 참으로 중생을 이롭게 하는 경지에 갔지만 아직도 구름이 가리고 있어서 완전한 햇빛을 보지 못합니다.

보살의 열 가지 수행단계를 다 지나면 이제 등각等覺이 됩니다. 부처의 깨달음과 거의 같은 깨달음이라는 뜻입니다. 등각은 구름이 걷히고 해가 활짝 나오듯이 깨달음이 드러납니다. 그러나 깨달았다는 상은 여전히 남아 있는 상태입니다. 아직 해가 있으니까요.

등각을 지나면 묘각妙覺이 됩니다. 바르고 원만한 부처의 깨달음을 성취한 경지입니다. 본래 다 갖추어져 있으므로 깨달을 것이 없음을 묘하게 깨닫기 때문에 묘각이라고 표현한 것입니다. 말하자니 깨달음입니다.

말과 생각이 끊어진 자리

참선이 얼마나 소중한 것인 줄 아시겠지요? 대인大人이 아니면 어렵습니다. 어떤 것이 대인이냐? 믿음이 클수록 대인입니다. 우리 오늘 하루만이라도 깨어 있어 봅시다. 참선한다고 앉았는데 망상이 죽 끓듯 해도 참아보세요. 그러다가 도저히 안 되면 일어나서 한 바퀴 빙 돌고 또 한 번 해보십시오. 그러면 달라요. 기가 살아납니다.

달마 스님은 『혈맥론』에서 이런 말씀을 하셨어요.

"광학다지廣學多知는 무익無益이라 신식神識이 전암轉暗이니라."

두루 많이 배우고 많이 안다고 해도 별 이익이 없으며, 의식만 오히려 어두워진다는 뜻입니다. 많이 배우고 많이 기억하면 마음이 점점 더 어두워집니다. 하근기는 배우고 기억하고 지식을 많이 얻으려고 합니다. 중근기는 염불과 주력을 하고, 상근기는 참선을 합니다. 팔만대장경과 제자백가를 다 안다 해도 그거 몇 푼어치나 되겠습니까? 아주 형편없는 사람은 그것도 안 합니다.

참선 공부보다 소중한 게 없고, 나를 찾는 것보다 더 급한 게 없습니다. 나를 찾는 데는 참선이 으뜸입니다. 혹시 공부가 잘 안 되면 일상생활에서 자기가 지금 무엇을 하고 있는가를 살펴보십시오. 이것이 가장 중요합니다.

「신심명」에 이런 구절이 있습니다.

다언다려多言多慮하면 전불상응轉不相應이요

절언절려絶言絶慮하면 무처불통無處不通이라.

귀근득지歸根得旨하면 수조실종隨照失宗하고
수유반조須臾返照하면 승각전공勝却前空이라.

말이 많고 생각이 많으면 더욱 상응치 못하고
말이 끊어지고 생각이 끊어지면 통하지 않는 바가 없다.
근본으로 돌아가면 뜻을 얻고 비춤을 따라가면 종취宗趣를
잃어버리고
잠시라도 돌이켜보면 앞의 공空보다 낫다.

　이 순간만이라도 한번 다 놓아버립시다. 나라는 생각까지도
전부 버리고 마음의 주인이 되어서 육체를 다스려보자는 말입니
다. 마음이 육체의 종이 되면 천한 사람이 되는 겁니다. 진실로
반조해보면 압니다. 세상에 신통이 자재하지만 다 알아봐야 몇
푼어치 안 됩니다. 깨달았다는 생각도 다 놓아버려야 합니다. 여
기 앉아 그동안 알던 것들 싹 버리고 나라는 생각도 뛰어넘어야
힘이 솟습니다.

─1994년 2월 부석사 정기법회

09

아침저녁으로 정진하라

마음을 다스려 생사대사를 해결하라

범소유상凡所有相이 개시허망皆是虛妄이니
약견제상若見諸相이 비상非相이면 즉견여래即見如來로다.

무릇 상이 있는 것은 다 허망하니
모든 상이 상이 아님을 보면 부처님을 보리라.

　새삼 부처님의 이 말씀이 떠오른 것은 오늘이 우리 은사 스님
49재 날이기 때문입니다. 여느 때 같으면 이때 법회에 오셔서 법
문을 하셨을 텐데 말입니다.

금일 산승의 이 무거운 심정을 여기 계신 불자님들은 한 번쯤 느껴보셨을 겁니다. 부모님이 계실 때는 소중한 줄 모르다가 어느 날 홀연히 떠나보내고 나면 잘못하고 아쉬웠던 것만 떠오르지요. 저도 그러해서 앞으로 살아갈 일을 생각하면 속가 부모님이 돌아가셨을 때보다 더 어깨가 무겁습니다. 스님이 계실 때는 몰랐는데 가시고 나니 정말로 허전합니다. 껍데기 불사일지언정 우리 스님한테 자랑하고 싶어서 한 것도 있는데 이제 내보이고 상의할 사람도 없다는 생각이 듭니다.

　　우리 스님은 두드러지게 가르치기보다는 일거수일투족, 평상심 가운데서 많은 것을 느끼고 배우게 하셨습니다. 누구나 할 수 있는 일을 막상 실천하기란 쉬운 노릇이 아닙니다. 매일같이 하루도 안 빠지고 예불을 모시고 팔십 고령에도 손수 장보러 다니시고, 어디로 움직일 때는 버스 타고 다니셨습니다. 계행이 청정하셨습니다.

　　어떤 분들은 궂은 곳과 좋은 곳을 가려서 법문을 하기도 하지만, 우리 스님은 오라는 데는 마다하지 않고 가셨습니다. 누가 저한테 법문을 청했을 때 "스님, 제가 이미 법문 약속이 있어서 가지 못하게 되었습니다. 스님이 대신 법문을 좀 해주십시오." 하고 부탁을 드리면 사양하지 않으셨습니다. 내 상좌가 그런 부탁을 하면 나는 해주기 어려울 것 같아요. 하지만 우리 스님은 마다하지 않고 해주셨어요. 보통 사람들은 하기가 어려운 일이었다는 생각이 듭니다.

모든 사람들이 다 나의 스승이요, 배울 점이 있습니다. 비유한다는 것 자체가 실례인 줄 알면서도 구태여 말씀을 드린다면, 이 근래 도인 중에 천하가 다 아는 성철 스님보다 더 존경하는 분이 우리 스님이라고 나는 자신 있게 말할 수 있습니다.

성철 스님은 박학다식하고 천하가 다 아는 도인이지만 우리 스님처럼 사신 분은 드물 겁니다. 편찮으셔도 병원에 좀처럼 안 가셨어요. 한번은 변비로 일주일 이상 고생하다가 관장을 하게 되셨는데, "내가 평생 병원에 한번 안 갔는데 한의원에 가서 관장을 했다." 하면서 부끄럽게 생각하셨습니다.

열반에 드신 날까지도 예불을 하시고 가셨습니다. 이제 정말로 중생 교화를 위해 법을 펴실 중요한 시기인데 벌써 가신 겁니다. 스님 밑에서 시봉한 우리들이 너무 지혜가 없고 잘못했다는 생각이 들어서 우선 한 말씀 드리는 겁니다.

우리의 목숨은 연장할 수도 있고 당길 수도 있습니다. 꼭 어떤 나이에 가게끔 되어 있는 것은 아닙니다. 이 몸뚱아리는 옷과 같고 기계와 같아서 조금 떨어지면 기워 입고 또 부족한 곳을 잘 때우면 오래 살게 됩니다. 자기에게 부족한 면이 어디인지를 살펴봐야 합니다. 간이 좋은 사람은 폐가 좋지 않을 수 있고, 폐가 좋으면 위가 안 좋기도 합니다. 어느 한 곳이 안 좋은 것이지 다 나쁘지는 않아요. 만약에 신장이 좋지 않다면 약한 면을 보완

하면 되는데, 그냥 방치해둡니다. 그렇게 살다가 결국 전체를 망치게 된다는 것을 지금은 모릅니다. 그런데 어디가 안 좋다고 해서 거기에만 생각을 두고 너무 매달리면서 걱정 근심하는 것도 좋지 않습니다.

우리의 몸을 균형 있게 다스리는 만병통치약은 참선법입니다. 마음이 안정되어야 몸 전체가 안정됩니다. 특정한 부위에 집착해서 집중적으로 고치려고 하면 다른 쪽이 안 좋아집니다. 물질은 반드시 그렇게 되어 있습니다. 전체를 다스리는 것은 마음뿐입니다. 우울증 때문에 생병이 나고 자살도 하고 그러지 않습니까?

엊그제 어떤 행자가 찾아와서 물었습니다.

"어떻게 하면 마음을 안정시키고 잘 다스릴 수 있습니까?"

그 답을 얻으려고 전국을 쫓아다니는 행자였습니다. 그 행자에게 뭐라고 일러주어야 잘 알아들을까 생각을 해봤습니다. 그가 알아듣거나 못 알아듣거나 관계없이 답을 준다면 내가 할 말은 이겁니다.

"놓아버려라."

놓을 것도 없지만 굳이 말로 하자니 "놓아버려라." 이런 답을 주어야겠지만 그가 알아듣겠습니까? 임제 스님처럼 신심이 있으면 몽둥이로 두들겨 패면 알아들을 텐데 근기가 그만하지 못하니 그럴 수도 없어요. 사회에서 일류 대학을 졸업했으니 분별심이 많았지요. 그래서 이런 얘기 저런 얘기를 하다가 내가 물었습니다.

"목이 마르면 어떻게 하면 되겠느냐?"

"물을 먹어야 되죠."

"물이 없을 때는 어떻게 하느냐?"

"샘을 찾아서 물을 찾아야 됩니다."

"샘이 없을 때는 어떻게 하면 되겠느냐?"

"땅을 파서라도 물은 먹어야지요."

"그럼 어디 땅을 파야 되겠느냐?"

"……"

행자가 답을 못 하고 멍하니 있길래 내가 말을 이어갔습니다.

"가까운 데에서 가장 가능성이 있는 곳의 물을 파되 한 구멍을 파야 물맛을 보겠지? 10미터만 뚫으면 나올 텐데 9미터에서 멈춰버리면 기운만 빠지고 물맛도 못 보고 죽을 것이다. 이 말 속에 다 진리가 있느니라."

땅도 아무 땅이나 파면 안 되고 물이 나올 것 같은 자리를 선택해야 합니다. 땅을 팔 때도 파다 말다 하면 백날 애써도 물을 못 만납니다. 또 가까운 데서 찾아야지 먼 데 가서 물을 찾으려고 해서는 안 됩니다. 가는 길에 너무 목이 말라서 죽을 수도 있습니다.

우리 공부도 마찬가지입니다. 여기는 어떻고 저기는 어떻고 따지고, 또 이것 하다가 저것 하다가 오락가락하면 되는 것이 하나도 없습니다. '정신일도하사불성精神—到何事不成'이라고 정신이 한곳에 이르면 어찌 안 되는 것이 있겠습니까? 이제부터라도 멀리서 찾지 말고 가까운 데서 찾아야 합니다. 행복도 불행도 깨달음도 전부 가까운 데 있습니다. 가장 가까운 데는 어디일까요? 자기 자신이겠지요. 자기 중에서도 마음입니다. 이 마음을 잘 다스려야 된단 말입니다.

화두법과 참선법에 진리가 있습니다. 우리 사회가 지금 어지럽고 혼란하다고 하지만 거기에 끄달릴 게 아니라 이런 때일수록 정말로 발심해서 공부해야 합니다. 지금이 위기라고 말하는 사람들은 정말로 위기가 무엇인지 모르는 사람들입니다. 이런 말이 실례 같지만, 와서 얘기하는 것을 보면 엉뚱한 것을 찾고 있어요. 경제가 위기다, 윤리 도덕이 무너졌다 등등의 걱정은 다 지엽적인 것입니다.

진짜 위기는 생사대사입니다. 숨 한 번 안 쉬면 가는 것입니다. 죽어버리면 명예도 돈도 그 무엇도 아무것도 필요가 없어요. 누구나 언젠가는 필연적으로 죽게 되는데, 언제 죽으냐 그게 문제입니다. 당장이라도 숨을 5분만 안 쉬면 죽지요. 그렇다면 이 생사대사를 해결하는 게 중요할까요, 돈이 더 중요할까요? 돈이 나를 죽음에서 구해준다면 돈을 벌어야 되지만, 돈이 많으면 오히려 명대로 못 삽니다. 돈은 필요조건이지 절대조건이 아니에요. 전부 경제 발전에만 치우치다 보니까 오늘날 이토록 안 좋은 일들이 생기는 겁니다.

우리들은 행복하려고 살지 불행하려고 사는 것은 아닙니다. 마치 돈 버는 것이 전부인 양 세상을 사니까 이 모양이 되는 것입니다. 너도 나도 남의 잘못만 캐고 있습니다. 아주 망할 징조입니다. 개인은 물론 가정에서도 아내가 뭘 잘못하는가, 남편이 뭘 잘못하는가 서로 흠만 찾으면 그 부부는 결국에 가정을 지키지 못하고 깨져 버립니다.

요새 나부터 남에 대해 나쁜 말을 안 하고 좋은 말 하기 운동을 실천하고 있습니다. 남을 좋게 말하지는 못하더라도 나쁘게만 말하지 않아도 좋은 세상이 됩니다. 절대 남의 허물을 말하지 말고 허물로 보지도 마십시오. 허물이 눈에 보이면 내 허물처럼 생각하세요. 아니 내 허물처럼 생각할 것도 없이 그것을 공부로 생각하고 무심으로 지내야 합니다. 저마다 자기 안경을 쓰고, 그 안경에 비치는 대로 세상을 보고 있다는 걸 아십시오.

그럼 이제 나는 무엇을 해야 할까요? 내 마음을 다스려서 생사 대사를 해결하는 이 일을 빼놓으면 뭐가 있겠습니까? 우리는 전부 꿈을 꾸고 있습니다. 꿈꾸느라 제정신이 아니니까 노력을 해도 헛고생만 하는 겁니다.

우리가 정말로 할 일이 무엇인가를 찾고, 어떤 생각으로 세상을 사느냐에 따라 이 사회가 달라집니다. 여기 모인 우리들이 전부 악한 마음을 가져보세요. 한 사람만 악한 짓을 해도 사회가 온통 들끓을 텐데 여기 계신 분들이 모두 나쁜 짓을 벌이면 이 나라는 그냥 망해버릴 겁니다. 반대로 우리 부처님처럼 좋은 일을 하고 좋은 생각을 하면 이 사회가 좋아지겠지요.

인생관, 종교관, 세계관이 전부 나로부터 비롯되는 것이니, '나 하나쯤이야. 오늘쯤이야.' 그런 생각은 하지 마시고, 이제부터는 '공부 안 하면 헛일, 마음 닦는 이 공부를 빼면 전부 허튼 노력'이라는 것을 확실히 알고 실천하십시오.

근수지계, 근수정진, 근수중사

오늘은 부처님의 말씀과 우리 은사 스님이 하신 말씀을 비유를 들어 말씀드리고 싶습니다.

'수행자는 계, 정, 혜 삼학을 잘 닦아야 한다.'는 부처님의 가르침을 우리 스님은 근수지계勤修持戒, 근수정진勤修精進, 근수중사勤修衆事로 설명하셨습니다. 말은 달라도 뜻은 같은 겁니다. 이것은 승려뿐만 아니라 우리 모두가 지녀야 할 소중한 가르침입니다.

'지계'는 스님들이 지켜야 할 계율과 세상 사람들이 지켜야 할 계율이 있습니다. 계율을 사회법, 윤리 도덕이라 해도 좋습니다.

우리는 이 계율을 부지런히 잘 지키고 실천에 옮겨야 합니다. 소극적인 계율은 지키고, 적극적인 계율은 실천에 옮기자는 말입니다. 예를 들어 '살생하지 마라.'가 소극적인 계율이라면, '죽어가는 생명을 살려라.'는 적극적인 계율입니다. 나쁜 일을 안 하는 것도 중요하지만 나아가 좋은 일을 하라는 겁니다. 여러 가지로 어려움을 겪고 있는 지금은 지계가 더욱 필요한 시대가 아닌가 합니다.

그다음 근수정진에 대해 생각해봅시다. 우리는 흔히 정진해야 한다는 말을 많이 합니다. 마음 닦는 공부건 세상 공부건 정진하지 않으면 되는 일이 하나도 없습니다. 장사할 때나 사업할 때도 마찬가지입니다. 그러면 어떻게 정진을 해야 할까요?

마음 닦는 공부에서부터 바라는 것을 중단하지 말고 꾸준히 해야 합니다. 샘을 파는 일과 같이 큰 사업이든 작은 사업이든 간에 확신을 한다면 어려움이 있더라도 고비를 참고 잘 넘겨야지 하다 말다 하면 전부 실패합니다. 꾸준히 하는 과정에서 기다릴 줄도 알아야 되고, 밀고 나갈 줄도 알아야 합니다.

성공한 사람이나 잘사는 사람을 보면 대부분 일을 꾸준히 합니다. 일본에서는 국수 장사를 해도 백 년, 이백 년 전통을 이어가고 그것을 보람으로 여긴다고 합니다. 조상 대대로 하던 일을 부모님이 물려받고 또 그걸 자식들이 물려받아서 한다면 효도일 뿐만 아니라 남들이 따라할 수 없는 전문성을 갖게 되어 고정고

객이 형성되겠지요. 그래서 하다 말다 해서 되는 것은 하나도 없다는 겁니다. 남이 잘된다고 해서 덥석 시작해서도 안 됩니다. 오히려 남들이 안 할 때 시작해서 꾸준히 노력하면 잘될 가능성이 큽니다.

무엇이든 꾸준히 하면 안 되는 것이 없습니다. '바닷물을 푸는 사람의 마음 자세', 이런 심정을 가지지 않고는 참선 공부를 하기가 어렵습니다. 이리저리 이치를 따지고 여기저기 아프다면서 늘 핑계를 대고 소인배처럼 저울질을 하면 공부하기가 어려워요. 한 번 딱 마음을 먹었으면 '기필코 내가 이루리라.' 이런 생각으로 꾸준히 밀어붙이면 반드시 이루어집니다. 그래서 부처님이 말씀하신 계정혜 삼학 중 '정'을 우리 스님은 근수정진이라고 해석하여 가르치신 겁니다.

날이 가고 달이 깊어지면 자연히 정과 혜가 원명해집니다. 변함이 없어야 됩니다. 될 수 있으면 이겨내려고 노력하고 그게 잘 안되면 돌아가는 지혜, 즉 물처럼 사는 지혜를 갖춰야 합니다. 흐르는 물을 잘 보세요. 가다가 막히면 돌아가지요. 우리에게도 그런 지혜가 있어야 된단 말입니다.

그러면 지혜는 어디서부터 나올까요? 정으로부터 생깁니다. 정은 선으로부터 생기지요. 그래서 '참선하라, 참선하라.' 거듭 당부하는 것입니다. 참선은 아무나 못 합니다. 참선하라는 소리를 듣기도 쉽지 않아요. 예전에는 참선하는 사람을 만나기도 어려웠어요. 세월이 좋아지고 그동안 복을 많이 지어서 요즘은 참선하는 흉내라도 내보는 것이지요.

선방의 문고리만 잡아도 삼악도를 면한다는 말이 있습니다. 참선법을 만나기가 오죽 어려웠으면 그렇게 말했을까요. 그러니 여러분은 다행스럽게 생각하고 이 공부를 하십시오. 아무것도 부러워하지 마세요. 이 공부만 해도 걱정이 없습니다. 열반에 들 때까지 이 공부를 놓지 않고 중단하지 않으면 염라대왕이 함부로 못 합니다.

그러기 위해서는 원력을 세워야 됩니다. 다음 세상에는 반드시 공부를 이루어서 고통 속에 허덕이는 중생을 제도해야 되겠다는 원력입니다. 이것이 근수중사인데, '중사'는 보살행입니다. 한 법도 버릴 것이 없는 것이 근수중사입니다. 근수지계, 근수정진을 바탕으로 하면 한 법도 버릴 것이 없습니다. 그것이 없는 근수중사는 야합이고 전부 고통만 장만할 일이 된다는 말입니다.

청정무염시계淸淨無染是戒며 대경부동시정對境不動是定이요 득자재력시혜得自在力是慧라. 계를 딱딱하게만 생각할 게 아닙니다. 청정무염이 바로 계戒입니다. 무엇에 물들지 않아야 청정한 것일까요? 우선 생사, 즉 살고 죽는 것에 물들지 않아야 됩니다. 시비, 유무, 고저, 장단 등 일체에 물들지 않아야 됩니다.

물들지 않는다는 말이 무슨 뜻일까요? 그것은 끄달려서는 안 된다는 말입니다. 끄달린다는 것은 삶에 대한 애착, 죽음에 대한 두려움, 그리고 온갖 욕망에 휘둘린다는 뜻입니다. 좋아하고 미워하는 마음이 전부 분별심인데, 여기에 끄달리면 청정하기 어렵습니다. 물들지 않았을 때 무염입니다. 무염이 바로 청정이고, 이것이 바로 계입니다.

대경부동은 경계를 대하여 동하지 않아야 된다, 일체처一切處에서 동하지 않아야 한다는 뜻입니다. 무엇에든 동하지 않는다는 것은 흔들리지 않는다는 뜻이지요. 물들지 않는다는 말과 뜻이 같습니다. 경계를 대하여 좋아한다 싫어한다, 나쁘다 좋다, 옳다 그르다, 살았다 죽었다 등등의 분별심에 끄달리지 않고 흔들림이 없어야 정定입니다. 중생들이 알아듣지 못하니 계속 말을 바꿔서 할 뿐입니다. 계 가운데에 다 들어 있어요. 그러니까 팔풍오욕八風五慾에도 흔들림이 없어야 바로 정입니다. 공부가 안 되면 정이 안 되겠지요. 그런 이치를 알고 공부해야 합니다.

득자재력시혜得自在力是慧라, 자재하는 힘을 얻으면 그게 바로 지혜입니다. 중생은 번뇌가 병이고 보살은 자비가 병입니다. 그러나 부처님은 일체처를 묘용으로 쓰시니까 한 법도 버릴 것이 없습니다. 그래서 우리는 어떤 경계를 겪어도 일체가 공부라고 보면 됩니다. 나에게 잘해주든 잘못해주든 알고 보면 전부 나의 스승이고 좋은 경책이건만 우리가 그것을 모를 뿐입니다.

기한발도심飢寒發道心이라, 춥고 배가 고파야 도 닦을 마음이 생긴다고 했습니다. 공부하는 사람의 분상에서는 그렇습니다. 그러나 세상 사람들은 사랑이 변했다고 자살하고, 사업이 망했다고 자살하고, 돈 몇 억 없다고 자살을 하지요. 그럴수록 더 용기를 가져야 하는데 말입니다.

오늘 어떤 보살 한 분이 좋은 얘기를 해주어서 아주 기뻤습니다. 요새 사람들은 빚 몇 억만 있어도 자살하고 이혼하고 그러던데, 그분은 그 정도 어려움은 대수롭게 여기지 않고 살아왔습니다. 뿐만 아니라 남편을 출세까지 시킨 여장부였습니다. 전생부터 많이 닦은 인연도 있겠지만 원체 많은 시련을 겪었기 때문에 돈에 대해서는 초연한 것 같았습니다. 몸이 아프게 되었는데도 자기 앞에 닥쳐온 일들을 지혜롭게 잘 풀면서 살아왔더군요. 그분을 보고 '훌륭한 남편은 아내한테 있고, 훌륭한 아들은 어머니한테 있다.'는 것을 다시금 배웠습니다.

우리 부석사 불자님들처럼 이렇게 참선하고 계정혜를 행하면 국가가 통일되고 인류 평화도 그대로 이루어집니다. 개인적으로 와서 물으면 내가 일러줄 일이지만, 통일 문제도 어려울 게 하나도 없습니다. 참선하는 마음처럼 하면 얼마든지 가능합니다. 경제 문제를 포함한 모든 국가 문제도 다 해결이 된다고 나는 믿습니다. 그러니까 어려운 때일수록 참선 공부를 꾸준히 하십시오. 참선하는 사람은 누가 조언을 구하면 여러 말 할 것 없이 무조건 앉혀놔야 합니다. 무조건 앉아보세요. 앉아서 고요히 선정을 익혀보시길 바랍니다.

자기 험담을 하지 않는 수행

　　도반스님이 주지로 있는 절에서 부처님 복장물을 도
난당한 적이 있습니다. 그날 밤에 여러 스님들이 같이 있었는데,
도둑을 맞고 나서 모여 대책을 의논했답니다. 그중 한 분이 도난
신고를 하지 말라고 하더랍니다. 원래 신고하지 않으면 주지가
법에 걸리는데 말입니다. 그 스님은 복장물을 꼭 되찾고 싶으면
자기가 시키는 대로 해보라면서 진언을 가르쳐주더래요. "백 일
동안 백만 독만 하면 찾을 수 있으니 스님 한번 해보시오." 하더
라는 거예요. 도반스님은 찾을 욕심에 그 말을 믿고 따라했는데
만약 이 말을 안 믿고 도난 신고를 했다가 영영 못 찾으면 어쩌
나 걱정이 되었고, 설사 찾는다고 해도 자신이 찾아야 주지로서
책임을 면할 수 있을 것 같았답니다.

　　그래서 도둑맞은 복장물을 찾을 욕심에 그 스님이 일러준 진
언을 백만 독을 했어요. 그런데 그 후에 정말 찾게 되었고, 되찾
은 복장물에 국보급 보물이 있다는 걸 알게 되었답니다. 그동안
복장물에 무엇이 들어 있는지 몰랐는데, 도둑이 잡힌 덕에 알게
된 거지요. 그래도 책임 추궁을 당했겠지요. 도반스님은 총무원

에 가서 사실을 얘기했고, 검찰에서 수사도 받았습니다. 도난당한 복장물을 찾을 욕심에 신고하지도 않고 진언 기도를 해서 자신이 찾았다고 말하자 검사가 묻더랍니다.

"도둑에게 벌을 줄까요?"

그런데 벌을 주라는 소리가 안 나오더래요.

"부처님께서는 도둑도 살인자도 다 용서하라고 했는데 내가 어떻게 벌을 주라고 하겠습니까. 다만 다시는 이런 나쁜 짓을 안 하도록 좀 해주십시오."

그러면 어떻게 하면 좋겠느냐고 묻는 검사에게 "그건 검사님이 알아서 하십시오." 하고는 돌아왔다고 합니다.

그 도반스님과는 옛날에 해인사에서 백일 용맹정진을 같이 한 적이 있어요. 당시 도반들끼리 약속하기를 조는 사람은 서로 두들겨 패기로 하고 열심히 공부했습니다. 그때 그 스님은 나이가 나와 동갑이었는데, 폐병도 들고 참 몸이 안 좋은 상태였어요. 그렇게 어려운 가운데에도 백일 용맹정진을 잘 회향했던 기억이 납니다. 내가 존경하는 좋은 스님입니다. 그전에 내가 토굴에 있을 때 워낙 가난하니까 다른 스님들은 왔다가 그냥 가버렸는데, 그 스님은 와서 콩 농사도 도와주고 추수할 때 콩 타작도 해주었어요. 지금은 이 교구에 와서 불사도 잘 하고 또 글씨도 잘 써서 국전에서 입선도 하는 등 재주가 많아요. 하기로 마음먹은 것은 도중에 포기하지 않고 끝까지 해내는 성실한 스님들이 우리 주위에 많이 있습니다.

　사람을 껍데기만 보고 업신여기면 안 됩니다. 서로 존중해야 합니다. 지도자가 어디에 따로 있는 게 아닙니다. 가장 훌륭한 지도자는 자기 자신입니다. 가까운 곳에 있는 자기 자신을 함부로 다스리면서 밖에서 지도자를 찾으면 소용없어요.

　그러니까 이 몸을 잘 다스리고, 보고 듣는 것을 전부 나의 스승으로 생각해야 합니다. 다른 사람의 험담을 하는 것도 좋지 않지만 자기 자신에 대해 험담하는 것도 안 좋아요. '나는 왜 이렇게 못 생겼나.' 하면 거울 보기가 싫어집니다. '나는 왜 나쁜 짓만 하는가?' 하면 죽고 싶은 겁니다. 남을 학대하는 것보다는 차라리 자기를 학대하는 것이 좀 낫겠지만 자신을 소중하게 여기는 게 훨씬 좋은 겁니다. 나도 소중히 여기고 남도 귀하게 여기면 얼마나 좋겠어요.

　기왕 이 세상에 나왔으니 허송세월하지 말고 '내가 어떻게 좋은 일을 할까.' 이런 생각으로 삽시다. 높은 자리도 꼭 내가 가려고 할 게 아니라 누군가 그 자리에 가도록 도와주고, 그 사람이 내 대신 짐을 지는 것으로 보십시오. 불평할 일이 없습니다. 꼭 자기가 높은 자리에 가야 된다고 생각해서 서로 싸우는 것입니다. 권력은 자기가 누리고, 짐은 다른 사람에게 전가한다면 그걸 대신 져줄 사람은 아무도 없어요. 높은 자리가 좋은 것 같지만 막상 앉아보면 죽을 지경일 것입니다. 나에게 그 자리에 앉으라고 하면 나는 못 합니다. 자리에 집착하면 제대로 안 보이기 때문입니다.

여기 계신 분들은 아들딸들을 착하게 기르고 잘 보필하고, 반대하는 사람도 수용하는 덕을 베푸는 사회가 되도록 좋은 지혜와 행을 몸소 실천해 주십시오. 어려움에 부딪쳤을 때 정진하는 마음을 지니고, 또 그런 자세로 살아간다면 어떤 문제든 원만히 풀릴 것입니다.

마음은 늙지 않는다

오늘은 어떤 거사 한 분이 집에서 아침저녁으로 예불하고 참선한다는 얘기를 해주었습니다. 그런 말씀을 들으면 고개가 숙여집니다. 나는 요새 팔이 아프다는 핑계로 밤에만 팔 운동을 하다 보니까 새벽예불에 빠지게 됩니다. 세 시에 잠을 깨고는 다시 잠이 들어요. 그러다가 새벽 예불 종소리가 나면 꼭 "아이고, 내가 오늘 또 예불을 빠졌구나. 부처님 뵙기도 죄송스럽고 대중 보기에도 미안하니 조금만 더 자자." 그래 버리는 겁니다. 예불을 빠지고 나서 후회해봐야 이미 늦었지요.

해인사 선방에서 백일 용맹정진할 때 조는 사람은 장군죽비로 두들겨 패주기로 했는데, 지켜보는 차례를 정해놓고 했어요. 내

차례가 오면 조는 도반을 가차없이 때렸어요. 그런데 돌아가면서 하다 보니까 자기들끼리는 봐주고 내가 졸면 조금도 봐주지 않고 두들겨 패요. 그리고 성철 스님이 오시는 시간이 되면 그동안 자지 않고 정진한 듯이 떡하니 앉아서 그냥 성성한 척을 하는 겁니다. 그래서 성철 스님을 찾아갔어요. 스님께서 밤에 수시로 선방에 오시면 안 되느냐고, 항상 같은 시간에 오시니까 모두 잠을 안 자는 것처럼 한다고 말했습니다.

그래도 그때가 참 좋았던 거 같아요. 나 혼자 같으면 어려웠을 텐데 도반들끼리 서로 그렇게 경책하면서 함께 정진했으니까요. 당시에는 '왜 저 분은 봐주고 나만 때리나. 에이, 내가 이 철에 안 되면 옷 벗고 나갈 참인데……' 하면서 서운한 마음이 들기도 했어요. 그러다가 '부처님께서 나를 경책해주신 것인가 보다.' 이렇게 생각하니까 편해지더군요.

선방에서도 경책하다가 서로 싸우고 그럽니다. 졸지 않았는데 두들겨 팬다면서 말입니다. 그러니 여러분도 불평하지 말고 살아보세요. 남편이나 아내가 마음에 들지 않아도 기왕에 만났으니 원수로 살지 말고, 도반으로서 서로 존경하고 함께 수행한다는 생각으로 살면 좋겠습니다.

오늘 부부지간에 공부하러 오신 분도 있고, 또 자식들을 데리고 오신 분들도 있습니다. 나는 이런 분들을 보면 존경심이 납니다. 아이들도 정진하면 참 좋습니다. 바른 지혜가 생깁니다. 온

가족이 뜻을 같이하니까 더욱 좋겠지요. 아이들을 무책임한 사람으로 가르치지 말아야 합니다. 열심히 노력해서 꼴찌가 될지언정 농땡이를 쳤는데도 일등으로 만들어주려는 것은 바른 생각이 아닙니다.

엊그제 내가 일류 대학을 나온 어느 행자한테 물었어요.

"너는 열심히 노력해서 매한 사람이 되고 싶나, 말 한자리에 그냥 깨쳐버리는 사람이 되고 싶나?"

"말 한자리에 그냥 깨친 사람이 되고 싶습니다."

"그럼 열심히 노력해서 학교에서 꼴찌가 되면 좋겠나, 공부도 안 했는데 선생의 한마디 듣고 일등을 하는 것이 좋겠나? 누가 더 존경스럽나?"

"열심히 노력해서 꼴찌를 한 사람이 더 존경스럽습니다."

부단히 노력했는데도 꼴찌를 한다면 그 반은 희망이 있는 겁니다. 공부도 안 하고 일등하는 사람이 있으면 그 반의 다른 학생들은 전부 모자란 것이 아닙니까? 우리가 일도 안 하고 그냥 부자가 되기를 바라면 사회가 어떻게 되겠습니까? 노력도 안 하고 갑자기 부자가 되기를 바랄지도 모르겠습니다만 그런 정신을 가져서는 안 됩니다. 물론 그렇게 될 턱도 없어요. 그러니 오늘 놀아서는 안 되겠지요.

돈을 버는 것도 그렇습니다. 우리가 이 세상에 올 때 빈손으로 왔고, 갈 때도 빈손으로 갑니다. 아무리 수백 억, 수천 억을 가졌다고 해도 다 써보지도 못하고 가는 게 인생입니다. 돈이 많으면 돈 때문에 명대로 못 살고 죽어요. 요새 한보그룹처럼 말입니다. 그런 사람들은 돈이 엄청나게 있지 않습니까? 돈 많은 걸 부러워하지 말자는 겁니다. 재계와 정계, 금융권이 서로 유착하면서 엄청난 부정과 비리를 저지르고, 총회장이라는 사람이 징역형을 선고받는 이런 모습을 보고 우리가 깨우쳐야 하는데, '죽더라도 한번 한보 사장이나 되어 봤으면.' 하고 생각하는 사람들도 많을 거예요. 어떻든 간에 그 양반도 잘해보려고 그 사업에 뛰어들었을 텐데, 나이 칠십 중반의 노인이 구속된 것을 보니 안타깝습니다.

어떻든 간에 이러한 과정을 겪으면서 우리는 깨달아갑니다. 무엇을 하다가 시행착오가 생기면 반드시 바뀌게 됩니다. 세상살이는 늘 이렇게 바뀌어가는 겁니다. 영원한 것은 없어요. 다만 이 마음은 늙지 않는다는 것을 여러분도 다 아실 거예요.

어느 스님이 팔순쯤 되어 보이는 노스님한테 물었습니다.

"스님! 마음이 늙습니까, 안 늙습니까?"

나이든 사람들은 한결같이 "늙지 않는다."고 대답합니다. 나도 지금 내일 모레가 환갑인데도, 청춘입니다. 이팔청춘이라는 말을 많이 합니다. 실감이 안 날지 모르지만 나이 잡수신 분은 다 알 거예요. 마음은 하나도 안 늙어요. 변하지 않는 이 마음, 시공을 초월하는 이 마음을 주인으로 삼으면 좋은데 몸에 집착하니 엄청난 고통이 따릅니다.

위기에 처한 그 자리에서 참선하라

나는 요새 팔이 아파서 거울을 보기가 싫은데, 이 아픈 것을 어떻게 참고 있을까요? 마음을 주인으로 삼기 때문에 고통을 참는 겁니다. 아픈 데에 집착하면 힘이 들어서 견디지 못하고 의사 말에 따라 수술을 했겠지요. '그까짓 거 팔 없이 사는 사람도 있는데 뭐.' 이렇게 생각하니까 편해요. 그런데 1년 사이에 팔을 위로 올릴 수 있게 된다니까 심심하면 팔을 갖고 놉니다. 완전히 내 친구예요. 다른 잡념이 없어요. 아프면 딴 생각이 없잖아요. 그러니까 일부러 당기기도 합니다. 당기면 아프고, 아프면 그냥 정신 통일이 됩니다. '아픈 이 놈이 뭔고.' 하는 생각을 수행으로 삼는 거예요.

여러분들은 일부러 이렇게 팔을 부러뜨릴 필요는 없지만, 어떤 어려움이 닥쳐도 거기에 좌절하지 말고 항상 공부하는 마음으로 근수지계, 근수정진, 근수중사하십시오.

"눈으로 보되 본 바 없으면 분별할 것이 없고, 귀로 듣되 들은 바 없으면 시비가 끊어지니 분별 시비를 놓아버리고 다만 마음의 부처를 보고 귀의하라."

생각을 비우고 들으면 오히려 도움이 되고, '법문을 잘한다 잘못한다, 이치에 맞다 안 맞다.' 이렇게 분별하고 들으면 이익이 없다는 말씀입니다. 우리 스님의 말씀을 듣다보면 옛날 분이시라 지금과는 조금 다르다고 느낄 수도 있지만, 무심으로 들으십시오. 내가 저기서 취할 것이 무엇인가를 생각하십시오. 자기 경계하고 안 맞는다고 해서 부정하지 말고, 일생을 건강하게 사셨고 저렇게 연세가 많은데도 대중법문을 하는 투철한 수행자 정신을 배우십시오. 나이가 많으면 정신이 혼미해지기 마련인데도 더욱 성성하셨던 우리 스님의 좋은 점을 본받아서 오롯이 정진하시기 바랍니다.

위기가 닥치기 전에 조심해야 되지만 만약 위기에 처하더라도 당황하지 말고 마음을 안정시키길 바랍니다. 내가 갑자기 담에 걸려 고생한 이야기를 들려 드리겠습니다. 한번은 서울에서 법문을 하고 김포공항에서 비행기를 타려고 하는데 갑자기 꼼짝을 할 수가 없었습니다. 단 한 발짝을 못 떼겠지 뭡니까? 겨우겨우 움직여서 의자에 앉아 온몸의 기를 끌어 모았어요. 한참 동안 용을 쓰니 온몸에 땀이 마구 솟구치면서 풀렸습니다. 만약에 그 자리에서 쓰러졌거나 당황해서 우왕좌왕하며 의사를 불렀으면 얼마나 망신스럽습니까? 나 하나 망신당하는 것은 괜찮지만 불교계가 큰 망신이고 부처님을 욕되게 하는 것이다 싶어서 의자에 앉아 온몸의 기를 끌어 모아서 용을 썼습니다. 그렇게 하니까 기가 돌아서 순환이 되고 풀리게 된 것입니다.

일체가 유심조라는 말입니다. 여러분들도 건강하게 지내시고, 병이 났을 때는 어지간하면 몸이 스스로 병을 고치게 하십시오. 병이 안 나게 하면 더 좋습니다. 음식도, 생각도 너무 과하여 걱정 근심이 되면 병이 생기는 겁니다. 그러니까 지구가 무너지더라도 걱정하지 마십시오. 땅이 쩍쩍 갈라지고 있는데 걱정한다고 해서 해결되는 것은 아니니까요. 그럴 때일수록 앉아서 참선 하십시오.

걸어가면서도 선을 해야 되지만 위험에 처했을 때 그 자리에서 딱 공부하는 게 좋아요. 산속을 걷다가 호랑이하고 맞닥뜨렸을 때 놀라면 물어버리고, 앉아서 가만히 참선하면 호랑이가 알아서 피해 간답니다. 예전에는 그런 일이 많았어요. 무엇이든지 당황해 버리면 안 됩니다. 터억 앉아서 기를 풍기고 그냥 온몸으로 관을 해버리면 위엄이 솟는 겁니다.

요즈음이 철쭉제 기간이라서 여기까지 오시는데 여덟아홉 시간이 걸렸다고 합니다. 철쭉제 구경 한다고 모인 사람과 여기서 참선하고 마음자리 닦는 사람이 급수가 같겠습니까? 지옥과 천국만큼 차이가 나지요. 그래도 철쭉제에 온 이들도 복 있는 사람들입니다. 철쭉제 전야제를 동양대학에서 하고 내일은 산제山祭를 올린다고 하더군요. 비교적 수준이 있고 복 받은 사람들이라서 자연을 사랑할 줄도 아는 것입니다. 참선은 꿈도 못 꾸겠지만

산에 올랐을 때는 악한 마음도 쉴 게 아닙니까?

청정 율사의 바른 수행

오늘 우리 스님 말씀을 녹음한 테이프를 들려 드리려고 했는데 시간을 다 보내버렸네요. 우리 스님의 음성만 들어도 환희심을 내고 좋아하시는 분들이 많습니다. 오늘 밤새도록 철야 정진을 하다가 진전이 없고 지루하게 느껴질 때, 우리 스님의 육성 테이프를 듣되 들은 바 없이 들어야 됩니다. 이 법문 끝나고 나서 정진을 좀 하시다가 12시쯤 잠이 오고 피로가 몰려올 때, 우리 스님이 계신다 생각하고 법문을 들으세요. 청정 율사로서 일생을 수행하신 분의 가르침이 공부하는 데 많은 도움이 될 겁니다.

일타 스님이 지난 6재에 오셔서 하는 말씀이 행자 생활을 같이 하셨답니다. 나이는 물론 우리 스님이 여덟 살이 많고 행자 생활도 먼저 시작하셨는데, 일타 스님이 행자로 들어가니 그때도 그렇게 참선을 하시더랍니다. 불을 때면서도 참선하셨답니다. 그러다가 경하景霞 스님한테 율을 받으셨는데, 내의가 시커멓게 되어도 안 빨고, 입은 후 꼭 엿새(6일, 16일, 26일)가 되는 날 빨더랍니다. 옛날에는 옷에 이가 있었는데, 우리 스님은 이를 안 잡고 부처님 말씀을 그대로 실천에 옮기신 겁니다. 내의가 더러우면 바꿔 입어야 되는데 당신 몸은 생각 안 하고 행여나 이를 살생할까봐 엿새가 되어서야 갈아입더라는 것입니다. 지금도 그렇게 지키기가 어렵습니다.

그리고 대중들이 먹을 쌀도 꼭 이틀치 분만 내주셨어요. 그래도 큰마음을 쓰신 겁니다. 옛날 우리 행자시절에는 사람이 열이면 열, 스물이면 스물, 그때그때 사람 수에 맞춰서 쌀을 퍼주었어요. 누가 다른 데 법문을 하러 가면 가는 사람 분량은 빼고 주시고, 갔다가 하루 만에 오면 쌀도 그때 것만 내주셨습니다. 손수 리어카를 끌고 장을 보러 다닌다고 우리는 흉을 봤습니다. 우리가 "스님, 사람들을 도와주고 그래야지요." 하면, "속인들 도와주면 죄가 된다."고 말씀을 하셨어요. 그때는 그 뜻을 이해하지 못했습니다. 스님들이 복전인데, 복을 짓게 해주어야지 스님이 속인들에게 줘버리면 안 된다는 생각을 하셨던 것입니다. 물론 다른 뜻도 있었겠지요.

우리 스님이 융통성만 있었으면 종정에 오르고도 남으셨을 분입니다. '너무 율에 치중하신 게 아닌가. 그 율을 활용했으면 좋았을 텐데.' 이런 생각도 해봅니다. 그렇지만 이 시대에 우리 스님처럼 백장 스님의 정신을 놓지 않고, 나이를 잡수어갈수록 더 청정하고 수행이 익어간 분은 드물 것입니다. 대부분 나이가 많아지면 혼미해지고 대접받으려고 하는데, 우리 스님은 시봉도

들이지 않고 지내셨습니다. 나는 이 나이에도 상좌들이 서로 시봉해 주겠다고 해서 마다하지 않고 있는데, 우리 스님은 시봉도 안 두셨어요. "나는 시봉 받을 형편이 아니니 소제도 하지 마라." 하셔서 우리는 곤란했어요. 스스로 하시겠다는데 못 하시게 할 수 없으니까요. 우리 스님의 흉내는 다 낼 수도 없습니다.

어찌 되었든 여러분들이 열심히 정진하다가 '좌탈입망座脫立亡, 갈 때 단정히 앉아서 옷 갈아입듯이 갔다.' 이렇게 되면 얼마나 좋겠어요. 참선한 보람이 있겠지요.

또 우리가 천년만년 사는 게 아니니까 병원에 가라 마라 하기는 참 곤란하지만 어지간하면 의지로 이겨내면 좋겠습니다. 평상시에 관리를 잘하고, 공부도 열심히 하셔서 어서어서 깨쳐 하화중생해 주시기를 간절히 부탁드립니다. 병원에 가지 말라는 말을 곧이듣지 않는 분들이 많은데, 확실하게 믿어버리면 병원에 갈 일이 없습니다. 정말 너무 아파서 어찌할 수가 없으면 병원에 가더라도 참선하는 마음, 기도하는 이 마음은 잃지 마시라고 당부드립니다.

참선하는 습관

제가 선방 다닐 때 같이 참선을 하고 밤새 철야정진

해주신 혜암 스님처럼 나도 그래야 되겠다는 생각을 합니다. 저도 밤 12시에 나와서 부처님 법당에 앉아 정진하는 때가 간혹 있습니다만, 아무도 없을 때 정진하면 아주 좋아요. 꼭 남이 볼 때만 정진하는 게 아니라 남이 있거나 없거나 정진하십시오. 불면증으로 고생하지 마시고 그럴 때일수록 정진하십시오. 어려움이 있을 때나 즐거움이 있을 때 그 양변에 끄달리지 마시고 '오늘 참선을 안 하면 죽은 목숨이다.' 이런 생각으로 하루 일과 중에 반은 공부를 해야 됩니다. 반에 반이라도 해야 할 텐데 한 시간도 안 하니 문제입니다.

"아침저녁으로 명심하고, 에너지를 축적하고 지혜를 만드는 방법을 찾고 나를 찾는 선정을 익히는 것이야말로 가장 좋은 공부이다. 이 공부를 안 하면 전부 헛일이다."

이렇게 원력만 세워도 악도에 떨어지지 않고 반드시 영험이 있을 것입니다.

오늘 이것 하나는 약속하셔야 됩니다. 아침에 일찍 일어나서 즉시 세수하고 단 5분이나 10분이라도 선정을 익히고, 저녁에 주무실 때도 꼭 30분 정도 앉으십시오. 다리가 아프고 졸음이 올 때까지 그렇게 앉아보십시오. 공부하는 학생도 이렇게 하면 아주 좋습니다.

아무리 일을 많이 해서 피곤해도 앉으세요. 앉다가 꿈을 꾸면 좋은 꿈을 꿉니다. 그냥 악몽에 시달리지 말고 꼭 그렇게 하세요. 다른 때는 못 하더라도 아침에 일어났을 때와 잠들기 전만이라도 참선하는 습관을 들이시란 말입니다. 잠이 온다고 대충 대충 하거나 망상을 피우지 말고, 어떤 일이 있더라도, 피곤하더라도 다만 앉으십시오. 허리가 아프고 다리가 아플 때까지 앉아 있다가 잠이 들면 좋습니다.

아침에도 중요하지만 특히 잠잘 때가 더 중요합니다. 낮에는 무슨 일을 하든지 먹고살아야 하니 그 일을 성실하게 해야 됩니다. 이렇게 그날그날을 지낸다면 못 깨칠 이유가 없어요. 후신後身도 반드시 좋은 몸을 받으실 겁니다.

그리고 월말 법회에 다른 일 다 제치고 와주시면 이건 엄청난 불사입니다. 다른 때보다도 이 월말 법회는 나한테도 큰 법문이고, 큰 힘이 됩니다. 우리 불교계뿐만 아니라 여러분에게도 힘이 되는 겁니다.

이 중에 훌륭한 사람이 나오면 얼마나 좋습니까. 그래서 법회만이라도 이제 준비를 새롭게 하려고 합니다. 그동안에 몸이 아프다고 조금 소홀히 했고, 또 우리 스님 모시려고 일부러 소홀히 했어요. 이제 스님께서도 가시고 나니 늘 했던 말을 또 한 것 같아 미안해서 새로운 것을 좀 가미하려고 합니다.

저 위에 짓고 있는 선방도 다 완성되어 갑니다. 조그마한 선방부터 시작합니다만 내 힘이 남아 있을 때까지, 이 목숨이 다해 새 옷을 갈아입을 때까지 원력을 세우고 최선을 다하고자 합

니다. 백장 스님처럼은 못 해도 백장 스님의 뜻을 따라서 일하고
싶습니다. 일 자체가 수행이라 생각하시고 열심히 하자는 말입
니다.

　이제 시 한 수로 결론을 맺을까 합니다.

> 생사열반몽중몽生死涅槃夢中夢이며
> 중생교화사중사衆生敎化事中事로다.
> 약문수인금일사若問誰因今日事인댄
> 소백산정척촉발小白山頂躑躅發이로다.

> 나고 죽고 깨닫는 일들이 꿈속의 꿈이며
> 중생을 교화하는 일은 일 가운데 일이로다.
> 만약 뉘라서 오늘의 일을 묻는 이가 있다면,
> 소백산 꼭대기에 철쭉꽃이 만발했다 하리라.
> 억!

—1997년 5월 부석사 정기법회

10

나를 찾는 가장 좋은 공부

시비부동여여객是非不動如如客이

난득산지겁외가難得山止劫外歌로다.

여마소진시모일驢馬燒盡是暮日에

불식두견한소정不食杜鵑恨小鼎이라.

시비에 동하지 않는 여여한 나그네가

난득산에 머물러서 세월 밖의 노래를 부르는구나.

나귀 일이 다 하지 못했는데 말의 일이 도래했다는 이 저문

날에

먹지 못한 두견새가 솥 적다 한탄하네.

억!

경허 스님의 용맹정진

이 시는 함경도 삼수갑산 웅이방 마을에 있는 경허 스님의 묘에서 혜월 스님과 함께 습골을 하던 만공 스님이 울면서 지은 것입니다.

경허 큰스님은 '나귀의 일을 다 하지 못했는데 말의 일이 도래했다.'는 화두를 가지고 백일 동안 아주 열심히 정진해서 깨쳤습니다.

오늘은 불자들에게 과거에 우리 큰스님들은 과연 어떻게 공부를 지어왔는가를 소개하려고 합니다. 이를 참고하면 공부하고 수행하는 데 큰 보탬이 되지 않을까 싶기 때문입니다.

경허 스님은 일찍이 출가를 하여 스무 살 때부터 강사를 한 분입니다. 유불선 삼교에 통달하고, 특히 장자 『남화경』에도 아주 능통했다고 합니다. 그래서 8년 동안 계룡산 동학사에서 강사 스님으로 지냈지요. 하루는 청계산 청계사에 계시는 은사 계허 스님을 찾아가는데, 때는 장마철이었던 모양입니다. 갑자기 비가 억수로 쏟아져서 어느 집 처마 밑에 들어가서 비를 피하면서 쉬고 있었지요. 그런데 집주인이 어서 빨리 자기 집에서 떠나라고 성화를 부리는 겁니다.

"장맛비가 퍼붓는 마당에 무슨 인심이 그리 사나울 수 있는지요." 하고 하소연을 하자 집주인 말이 송장을 치기 싫어서 그렇다는 겁니다. 갑자기 송장이라니, 스님이 대체 무슨 일이냐고 물었지요. 그즈음 몹시도 모진 돌림병이 유행하고 있었던 터라 병에 걸리면 모두 죽고 말았던 겁니다. 전염병으로 사람이 죽으면 아무도 근처에 얼씬조차 안 했습니다. 사람이 집에서 죽으면 집주인이, 논밭에서 죽으면 논밭 임자가 치우는 수밖에 없었습니다. 요즘 같으면 국가가 나서서 마땅한 조처를 하겠지만 그 당시에는 전혀 그럴 형편이 아니었습니다. 스님이 집집마다 쫓겨나면서 가만히 생각해 보니까, '내가 남을 가르칠 때 생사가 있니, 없니, 둘이 아니니 했던 것'이 싹 도망가고 없었습니다.

'차라리 비를 맞자. 그렇지 않으면 전염병에 걸려 죽고 만다.'고 생각하니까 겁이 나더란 말입니다. 본인 스스로는 모두 깨쳤고 글에도 능통한 큰스님이라고 여겼는데, 막상 병의 경계에 부닥치니 그동안의 공부가 어디로 사라졌는지 찾을 길 없는 터라 부끄럽기만 했습니다.

경허 스님은 은사 스님을 만나러 가던 길을 되돌아와서 "나는 너희를 가르칠 자격이 없다." 하고 제자들을 다 내보냈습니다. 그리고 '여사미거마사도래驪事未去馬事到來, 나귀의 일을 다 하지 못했는데 말의 일이 도래했다.'라는 화두를 가지고 백일 동안 방문을 딱 걸어 잠그고 일절 두문불출했습니다. 얼마나 지독하게 공부했던지 누구 한 사람 만나지 않고 오로지 정진에만 매달렸습니다. 팔척 장신의 키에 신체가 강건하고 기질 또한 강한 스님이 그야말로 용맹심을 발휘하였으니 얼마나 열심히 참구했겠습니까? 정말로 제대로 발심한 것입니다.

경허 스님이 용맹정진에 돌입한 지 거의 백일이 되어갈 무렵의 일입니다. 당시 동학사에는 학명 도일 스님이라는 분이 계셨는데, 이 스님의 상좌가 이원규 행자였습니다. 하루는 이 행자의 집에 도일 스님이 들렀는데, 행자의 부친인 이 처사가 도일 스님한테 "스님들이 시은을 축내다가 죽으면 소가 된다고 하는데 그게 사실입니까?" 하고 물었습니다. 슬그머니 스님을 떠보는 것이지요. 도일 스님이 답을 합니다.

"처사님, 무슨 말씀을 그렇게 하십니까. 스님들이 죽어 천상에 나면 천국의 왕이 되고, 인간 세계에 나면 인간의 왕이 되고, 설령 지옥에 떨어져도 지옥의 왕이 됩니다. 하지만 중노릇을 잘못하면 소만 되겠습니까? 일체 인과에서 벗어날 수 없지요."

그러자 이 처사가 이렇게 대꾸를 합니다.

"소가 되어도 걱정할 것 없지요. 콧구멍 없는 소가 되면 말입니다."

아! 한 방망이를 맞은 것입니다. 사람의 정신세계는 굳이 길게 설명하지 않아도 딱 느낄 수 있습니다. 우리가 호랑이와 부딪쳐도 어떤 위엄 같은 것을 충분히 감지할 수 있지 않습니까? 그렇듯이 공부가 된 사람을 보면 단박에 느껴지는 게 있습니다. 처사 앞에서 꼼짝없이 당한 스님은 부끄럽기 짝이 없었지요.

• 무량수전 사자후

도일 스님이 이 문제를 해결하려고 여러 사람에게 물어봐도 속이 시원하게 풀리지 않았습니다. 그래서 경허 스님이라면 알 수 있지 않겠나 싶어서 만나러 갑니다만, 조그만 구멍을 통해 밥만 들여주면 그것으로 하루 일종식하며 정진하는 중인데 사람을 만날 턱이 있겠습니까? 제자들도 다 돌려보냈거든요. 그러나 그냥 잠자코 돌아설 수가 없었습니다. 도일 스님이 먼 길에서 여기까지 왔는데 어떻게 돌아설 수가 있느냐며 여러 날 친견을 청해서 용맹정진하는 방문 밖에서 만나게 되었습니다.

그런데 '소가 되어도 콧구멍 없는 소가 된다.'는 뜻을 몰라서 스님한테 여쭤보러 왔노라고 하는 말에 경허 스님이 눈을 뜬 것입니다. 그 말을 듣고는 업장이 녹아버리는 거예요. 얼마나 좋았던지 모든 것을 탈탈 털어버리고 자리를 박차고 나옵니다. 마구 환희에 차서 말입니다.

그리고 경허 스님은 동학사를 떠나 천장암으로 가서 일 년 동안 목욕도 안 하고 드러눕지도 않고 공부를 막 밀어붙인 겁니다. 일 년이 되도록 목욕을 안 했으니 이가 전부 뜯어먹어 온몸이 이루 말할 수 없었어요. 이도 안 잡고 옷도 빨지 않고 목욕도 안 하고 일 년을 배겼으니 어떻겠습니까. 겨우 먹는 것만 조금 먹어가며 버틴 겁니다. 그렇게 일 년이 다 될 때 지은 시가 있습니다. 경허 스님의 오도송입니다.

홀문인어무비공忽聞人語無鼻孔하고
돈각삼천시아가頓覺三千是我家로다.
유월연암산하로六月燕岩山下路에
야인무사태평가野人無事太平歌로다.

홀연히 콧구멍이 없다는 사람들의 소리를 듣고
몰록 삼천대천세계가 내 집인 줄 알았네.
유월달 연암산 아랫길에
들사람이 일없이 태평가를 부른다.

　　경허 스님은 깨달음의 기쁜 심정을 이렇게 시로 노래했습니다. 스님은 연암산 천장암에서 내려와서 중생 교화를 시작하셨는데, 그때는 나라도 망하고 또 스님의 뜻을 알아주는 사람이 없었습니다.

　　그동안 경허 스님의 수많은 기행이 있습니다만, 당신의 어머니를 공부시킨 일화를 빼놓을 수 없습니다.

　　어머니가 우리 아들이 큰스님이라고 상을 내며 대중을 괴롭히는 바람에 도저히 안 되겠다 싶은 나날이 이어질 때의 이야기입니다. 어머니 편을 들 수도 없고 대중 편을 들 수도 없는 지경이었지요. 그러던 중에 마침 생일날 상을 잘 차려 놓고 어머니를 깨우쳐 주려고 법문을 하다가 어머니 앞에서 옷을 홀랑 벗어버렸단 말입니다. 어머니가 "아이구, 징그럽다." 하고 고개를 돌리며 안 보려고 하였지요.

"어머니, 지금 무슨 말씀을 하십니까. 어머니가 나를 낳아서 똥오줌을 더럽다 하지 않고 닦아주고 목욕시켜 몸을 쓰다듬고 닦아주며 어루만져줄 때는 언제이고, 왜 이제 와서 부끄럽다 외면하고 징그럽다고 하십니까?"

이렇게 법문을 해드린 것입니다. 쓸데없는 분별심을 버리고 어머니 마음으로 돌아가야지 징그럽고 말고 할 것이 뭐가 있느냐 말입니다.

경허 스님은 소탈하게 일생을 보내셨는데, 글이 좋고 깨쳐 놓으니 가는 곳마다 중중무진의 법문을 펼치셨습니다. 그래서 이 절 저 절의 조실로 지내다가 '내가 이제 숨어야 되겠다.' 하고 결심한 뒤 아무도 몰래 함경도에 가서 훈장을 하셨다고 합니다. 그러고는 머리를 기르고 이름도 박난주로 바꾸고 마을 사람들을 가르치며 살다가 열반에 드실 때 이렇게 유언을 했습니다.

"내가 죽으면 저 난득산 고개, 스님들이 만주에 가면서 많이 넘나드는 길목에 묻어주되 '송경허지묘'라고 말뚝에다 팻말을 하나 써서 꽂아놓아 달라."

스님 행세를 안 하고 수염과 머리를 기르고 지냈으니까 마을 사람들은 그분이 스님인지 전혀 몰랐지요. 다행히도 팻말에 '송경허지묘'라고 써놓은 터라 스승을 찾아 헤매던 제자들이 그걸 보고서야 알 수 있었던 것입니다. 그런 사연 끝에 만공 스님과 혜월 스님이 함경도 삼수갑산 난득산 아래서 습골을 하게 되었고, 그때의 감회를 만공 스님이 시 한 수로 기린 것입니다. 그렇게 멋있게 살다 가신 분이 있습니다.

그런데 여러분도 못 할 것이 없어요. 우리 거사님들, 스님들도 크게 발심해서 깨치면 되는 것입니다. 실없는 말, 슬쩍슬쩍 던지는 말조차도 공부하는 사람한테는 무진 법문입니다. 열심히 정진하다가 주위에서 싸우는 모습을 보고 깨치는 스님이 있고, 종소리를 듣고 깨치는 분도 있습니다. 스승이 없어서 공부가 안 된다는 말은 헛소리일 뿐이고 공부가 안 되어서 그런 것입니다. 진실로 열심히 공부하면 부처님이 화현해서라도 다 일러주십니다.

우리 스님들은 물론이고 사부대중 모두가 자아를 계발하는 데는 참선보다 더 좋은 것이 없습니다. 이 일밖에 없다는 생각을 가져야 합니다. 다른 일은 전부 부수적이고 '오직 깨닫는 일이 본업이다.' 이렇게 생각하고 불법을 만난 것에 대해 항상 다행스러워하는 마음을 가지십시오.

삼신사지를 바르게 활용하는 법

과학자들의 견해와 조사 스님들의 말씀을 대비해서

• 무량수전 사자후

살펴보도록 하겠습니다. 과학자들은 지구가 생긴 이래 인간 생명의 근원은 바다에서부터 출발했다고 말합니다. 장구한 세월 동안 보잘것없는 미물에서부터 진화하여 동식물로 갈라져왔고 인간은 인간대로 육근六根을 갖추게 되었는데, 이렇게 육근을 갖춘 인간이 되기란 얼마나 어려운 일입니까. 귀가 없이 사는 생명도 있고 눈이 없이 사는 생명도 많지요. 우리는 그동안 무수한 업의 진화 과정을 거쳐 여기까지 온 것입니다.

그렇기에 사람의 몸을 받았다고 해서 모두 동일하지 않고 천차만별입니다. 사람으로서 삼생, 사생 거듭 태어나면서 수행을 하고 복을 많이 지은 사람은 금생에도 수월하겠지요. 다 같은 사람 같아도 업이 다르고 수준이 다르기 마련입니다. 이참에 스스로 반조해서 한번 성찰해봅시다. 물론 우리 불교에서는 인간은 평등하다고 말합니다. 사람뿐만 아니라 유정, 무정에 대해서도 그렇습니다만, 그것을 어떻게 쓰느냐에 따라서 가치관이 달라지는 겁니다.

우선 사람의 경우를 보면, 우리는 무엇으로 이루어졌는가 다 같이 생각해봅시다. 우리는 안眼·이耳·비鼻·설舌·신身·의意 육근으로 이루어졌지요. 이러한 여섯 가지를 안근眼根·이근耳根·비근鼻根·설근舌根·신근身根·의근意根이라고 하는데, 이것을 알음알이로 익힐 때는 식識이라고 합니다.

안식眼識·이식耳識·비식鼻識·설식舌識·신식身識·의식意識

인데, 안·이·비·설·신 오식五識을 잘 활용하면 성소작지成所
作智를 이룹니다. 그다음에 의식까지 잘 활용하면 묘관찰지妙觀察
智를, 제7식이라고 하는 심식心識으로는 평등성지平等性智를, 제8
식이라고 하는 함장식含藏識 또는 근본식根本識이라 하는데 이를
잘 굴리면 대원경지大圓鏡智를 이룹니다.

　대원경지를 바로 쓰는 분은 법신法身이요, 평등성지를 잘 쓰
는 분은 보신報身이며, 묘관찰지·성소작지를 잘 쓰는 분은 화신
化身입니다. 화신을 대표하는 분이 천백억화신 석가모니불이고,
보신을 대표하는 분이 원만보신 노사나불이고, 법신을 잘 굴리
는 대표적인 분이 청정법신 비로자나불입니다. 이와 같이 삼신
사지三身四智가 여러분 속에 다 갖추어져 있는 것입니다. 유정과
무정에게도 갖추어져 있으니 육근을 가진 사람에게야 말할 게
있겠습니까? 다만 우리가 활용을 못 하고 있을 뿐입니다.

　이를 우리가 바르게 잘 활용하려면 어떻게 해야 할까요? 참선
정진하는 수밖에 없습니다. 우리 부처님께서 깨치고 보니 그렇
고, 경허 스님 같은 큰스님의 경지에만 가도 그토록 활기가 넘치
는 것입니다. 삼천대천세계가 다 내 집인 줄 알았단 말입니다.
그런데 우리는 어떻습니까? 이 지구상에서 서로 내 나라 네 나라
싸우고, 내 고장 네 고장 나누고, 성씨 핏줄 분별하고, 여당 야당
시비하고, 민주 독재 대립하고 있잖습니까? 만날 죄 짓기 일쑤인
지라 육근은 갖추고 있어도 사람 구실을 못 하지 않습니까? 옹졸

하기 짝이 없어 바늘귀만한 데 들어가 살고 있습니다. 항상 옳다 그르다 시비하기 바쁘고, 콩이다 팥이다 따지느라 제정신이 아닙니다. 위에서 내려다보면 아주 우스운 일 아닙니까?

이 참선 공부는 오히려 철저하게 몰라야 됩니다. 행주좌와行住坐臥 어묵동정語默動靜에 몰라야 되고, 꿈속에서도 몰라야 되고, 꿈 없는 경계에 가서도 몰라야 됩니다. 그렇다고 해서 모르면 그냥 두는 게 아닙니다. 그 모르는 것을 알아야 되지 않겠습니까? 알려고 하는 생각을 하면 할수록 깊이 들어가는 것입니다.

그래서 정말로 소중한 시간이 바로 이 시간인데, 여기 앉아 있으면서도 쓸데없는 망상이나 피우고 집 걱정이나 해서 되겠습니까? 불쌍하기 짝이 없게 내가 무엇인지도 모른 채 살아서 되겠느냐 말입니다. 자기 자신을 모르고 살다 보면, 보는 대로 끄달리고 듣는 대로 끄달립니다. 그렇게 여기저기 끄달려서는 만날 가지만 치고 따라가게 됩니다. 내 아들이다, 내 자식이다, 내 남편이다, 내 것이다 생각하는데, 내 것이 따로 어디 있습니까? 가지려면 경허 스님처럼 삼천대천세계가 다 내 집인 줄 아는 큰 욕심을 가지십시오. 내 집도, 삼천대천세계도 놓아버려야 부처님 경계에 가겠지만, 삼천대천세계가 내 집인 줄 아는 그 정도만 되어도 우리가 얼마나 좋겠습니까? 공부하면 안 될 턱이 없습니다. 그래서 내가 거듭 열심히 정진해주기를 부탁드리는 겁니다.

석가모니 부처님은 우리가 나쁜 생각을 좋은 생각으로 바꾸고, 좋고 나쁨을 뛰어넘어 생사 자재하는 대자유인이 되기를, 그래서 고통 속에 허덕이는 중생들을 제도하는 부처님이 되기를 바라며 이런 방편을 마련해 두셨습니다. 참선하는 방법, 염불하는 방법, 또 보살행을 하는 육바라밀과 십바라밀 등을 다 일러주셨다는 말입니다. 고생하며 이룬 공부를 모든 중생을 위하여 회향하려고, 한 중생도 안 놓치고 제도하려고 말입니다.

'한 중생을 제도코자 백천 생을 따라다녀 끝끝내 제도하니 불보살의 원이로다.' 이는 성철 스님이 번역한 참회발원문 중 일부분인데, 아주 고구정녕합니다. 우리가 그런 원력도 세워야 되고, 또 공부하면 당연히 그래야 됩니다. 우선 제일 소중한 것이 '나를 찾는 길'이고, 나를 찾는 가장 좋은 길이 참선입니다. 여러분, '오늘 저녁만이라도 내가 여법하게 해야겠다. 밥 먹고 잠만 자고 왔다갔다 이렇게 세월을 보내서야 되겠는가.' 하고 돌아보십시오. 속에서 타는 불도 좀 가라앉히고 헐떡거리는 마음을 쉬어야 된다는 말입니다.

외식제연外息諸緣하고 내심무천內心無喘이라, 밖으로 모든 반연을 쉬고 안으로는 헐떡거리는 것이 없어야 된다는 뜻입니다. 스스로 반조해 보십시오. 세상 이치를 다 알아도 그것은 망상이고 쓸데없는 분별일 뿐이지요. 일체 경계에 끄달리지 않아도 시원찮은데, 분별로 생긴 망상을 실제인 줄 착각해서는 안 됩니다. 다 놓아버려서 놓을 것조차 없는 경계에 가야 됩니다. 한 법도 버릴 것

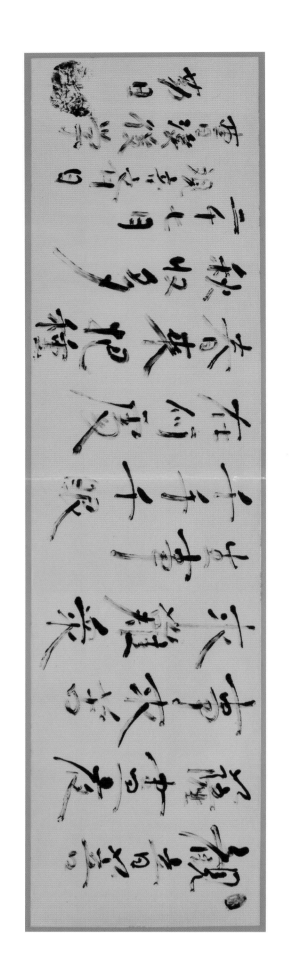

觀音菩薩莫偸閑 救苦救難除生事
千手千眼在何處 春求播種秋收多

관음보살이사 觀音菩薩莫偸閑
구고구난제사 救苦救難除生事
천수천안하처 千手千眼在何處
춘래의추수다 春求播種秋收多

관세음보살이 주야로 하시는 일은
중생의 괴로움과 어려움을 구함에 있으니
천수천안은 어느 곳에 계시는고
봄에 씨를 뿌려 가을에 모두 거두어들임이로다.

이 없는 이치가 바로 드는 경계인데, 그것은 차치하고라도 이제 부터는 화두 공부를 열심히 해서 스스로 반조해 보십시오.

보고 듣고 말하는 주인공을 찾으라

법문을 감명 깊게 들었다면서 화두를 달라고 찾아오는 분이 더러 있습니다. 편지가 오기도 합니다. 흔히 '화두를 탄다.'고 하니까 모르는 사람들은 '화두'를 무슨 물건인 듯 생각합니다만, 오늘 이 기회에 말씀드리자면 '화두'는 쉽게 물건을 받는 것처럼 타내는 게 아닙니다. 공부하는 사람에게는 대신심大信心이 있어야 되고, 대분지大奮志와 대의정大疑情이 있어야 됩니다. 대의정은 신심과 분지가 있을 때 오는 것이지 신심도 없고 분지도 없는데 의정이 될 턱이 없는 겁니다. 어떤 신심이어야 할까요? 부처님 말씀을 의심 없이 믿어야 되고, 조사 스님의 말씀을 의심 없이 믿어야 됩니다. 오직 이 길뿐이라는 것을 믿어야 됩니다. 믿음은 깨달음에 비례하고 선악에 반비례합니다. 악인일수록, 어리석을수록 믿음이 없어요. 조금이라도 젊고 건강할 때 분지를 갖고 공부를 하십시오.

지금 감옥 생활하는 사람에 비하면 우리는 얼마나 자유롭습니까? 거기서는 피동적으로 구속받지만 우리는 능동적으로 나 스스로를 구속하며 삽니다. 눈이 있어도 못 보고, 귀가 있어도 못 듣습니다. 이 공부는 병이 들어도 못 하고 배가 고파도 못 합니다. 세상살이 자체가 우리를 공부하도록 가만히 두지 않아요. 그것을 다 졸업하고, 임금놀이, 벼슬아치를 다 해보지 않고서는 이 자리에 올 수가 없습니다. 그런데 이런 좋은 공부를 하다가 망상을 피워서 다시 또 그런 곳에 떨어져서는 안 되겠지요.

'내가 전생에 서방의 납자인데 무슨 일로 제왕가에 떨어져서 만날 이 고생을 하는가. 인간이라 삼만육천 날이 절에서의 반나절보다도 못하다.'

청나라 순치 황제의 출가시에 나오는 구절입니다. 세상일이라는 게 만날 죄를 짓는 일 아닙니까? IMF 구제금융이 하는 일이 무엇입니까. 밥을 두 그릇만 먹어도 배가 터지려고 하는데, 그 똥자루에 만날 집어넣었다 뺐다 하는 거 그것밖에 더 되겠어요? 온갖 죄나 짓는다는 말입니다. 거기에 비하면 여러분들은 세상사 다 졸업한 겁니다. 그런데 거기에 미련 둘 게 뭐가 있습니까. 그러니까 우리는 죄짓는 사람들을 불쌍하게 생각하고, '전생에 다 내 몸이었다. 저 사람들 참 수고한다.' 이렇게 생각할지언정 비방할 일은 아닙니다. 오히려 웃을 일이니 항상 다행스럽게 생각합시다.

'아침에 도를 알면 저녁에 죽어도 좋다.' 이런 생각을 굳세게 지니고 살다가, 마지막에 갈 때는 멋있게 가야겠지요. 조금만 아프면 병원에 가서 내 병 고쳐달라고 하고, 의사가 하라는 대로 수술이나 하고 그러지 맙시다.

'에이! 오늘 간다. 이제 울지 마라. 내 옷이 떨어져서 더 입을 거 없다. 먼저 간다.' 이렇게 생각하십시오. 아니면 '아, 좀 더 살아야 된다. 그래, 그럼 더 살자.' 이렇게 생각하고 앉아서 자고 자유롭게 지내는 겁니다. 이 얼마나 좋습니까.

건물이 무너질까 무서워서 2층도 못 올라가는 사람이 있습니다. 벌벌 떨면서 말입니다. 이름을 대면 다 아는 어느 부자도 빌딩 옆을 지나가면서 혹시 무너질까 걱정하고, 길을 건너다가 차에 받힐까 근심하고, 사업이 망하면 어쩌나 노심초사합니다. 그런 불안병을 가진 사람이 수두룩합니다. 숨 한 번 안 쉬면 죽는다는 생각은 못 하는 거지요.

본래 생사가 없는 이치를 알아야 합니다. 그게 안 되면 '이뭣고'를 찾는 수밖에 없으니 이 공부에 매달리자 이겁니다. 가고오고, 보고 듣는 일체처에 화두 아닌 것이 없습니다. 보고 듣고 말하는 주인공, 이것이 무엇인가? 나라고 하는 이것이 무엇인가? 때로는 좋아하기도 하고 미워하기도 하는 이것이 무엇인가? 가만히 돌이켜 스스로 반조해보면 알 겁니다.

눈이 보는 것이 아니라 눈을 통해서 보는 것이고, 귀가 듣는 게 아니라 귀를 통해서 듣는 놈이 있단 말입니다. 말하는 것도 입이 말하는 게 아니지요. 송장은 입이 있어도 말을 못 하잖아요.

그럼 분명히 입이 말한 게 아니라 입을 통해서 말한 주인공이 있을 거란 말입니다. 그걸 우리는 '불성이다, 마음이다, 정신이다, 하나님이다, 여호와다.' 등등으로 말합니다. 이름이 중요한 게 아닙니다. 어떤 이름을 붙여도 그건 대명사일 뿐입니다.

'이것이 무엇인고?' 하고 회광반조하며 돌이켜볼 때 업장이 녹아내리는 겁니다. 관세음보살도 한 번 부르는 것보다 열 번 부르는 게 낫고, 열 번보다 백 번, 백 번보다 천 번을 부를수록 좋은 거예요. '정신일도하면 하사불성'입니다. 정신이 한곳에 이르면 어찌 안 되는 것이 있겠느냐 말입니다. '이뭣고'를 염하듯이 해도 좋습니다.

혹시 의정이 없으면 헛일 아니냐 하는데, 그건 걱정할 게 없어요. 묵조선도 선이고, 염불선도 선입니다. 염불로써도 깨칩니다. 내 것은 옳고 남의 것은 그르다는 생각은 다 시비일 뿐입니다. 묵조선으로 깨친 분도 있고, 염불선으로 깨친 분, 염불이나 진언 수행을 하면서 깨친 분도 있기 때문입니다.

보리 밀 두 되 반의 화두

일본에서 있었던 이야기입니다. 불자인 어느 일본인 의사 집에 가정부가 있었어요. 그런데 《금강경》 사구게 중에 응무소주應無所住 이생기심而生其心이라, 응당히 머무름이 없이 그 마음을 쓰라, 하는 대목을 듣게 되었어요. 육조 스님도 이 대목에서 깨쳤다는 말을 어깨너머로 듣고는 그걸 외워야겠다고 생각했어요. 그것만 외워도 좋다고 하니 따라 하기 시작했는데, 이 양반이 평상시에 밥을 하느라 곡식을 주로 다루니까 '응무소주 이생기심'이라는 말이 일본말로 '오무소주 이소고싱'인데 '보리 밀 두 되 반, 보리 밀 두 되 반'으로 들린 거예요. 즉 일본말로 '오 오무기 고무기 오소고고'로 자기 업대로 들리는 겁니다. 그래서 '보리 밀 두 되 반'이라고 염불을 한 거예요. 하도 많이 하다 보니까 '보리 밀 두 되 반'이란 생각도 없이 일념이 되었어요. 일념이 되니까 그 사람의 눈빛만 봐도 병이 낫는 신통이 생긴 거예요. 환자들이 그 양반 눈만 봐도 나아버리는 겁니다. 어떤 경우에는 머리에 손을 얹고 '보리 밀 두 되 반'이라고 속으로 염불을 해도 나았답니다.

우리에게는 '기氣'라는 것이 있습니다. 배가 아플 때 어머니가 손으로 배를 쓸어주시거나 등에 업혀 어머니 냄새만 맡아도 낫는 것이 바로 기 때문입니다. 자식의 고통을 낫게 하는 힘이 어머니에게는 정말로 있어요. 순수한 마음으로 하니까 병이 낫고, 어떤 사람은 의사에게 간다는 생각만 해도 낫습니다.

가정부의 신통력을 본 의사는 '무슨 소리를 해서 낫게 하는가?' 궁금했어요. 그런데 들어보니까 '오오무기 고무기 오소고고', 즉

'보리 밀 두 되 반'이라고 한단 말이오. 의사는 기가 막혔겠지요.

"그게 무슨 소리냐? 그걸 일러줄 때 '응무소주 이생기심'이라고 했지 않느냐. 그런 뜻이 아니다. '보리 밀 두 되 반'이 무엇이냐. '응무소주 이생기심'이라고 해라."

학자들은 출처와 근거를 중요하게 생각합니다. 정확해야 하니까 매사에 따집니다만, 그렇게 따지는 게 무슨 가치가 있습니까. 따지기 좋아하고 많이 알고 많이 기억하면 마음이 어두워진다고 그랬습니다. 단지불회但知不會하면 시즉견성是即見性이라, 다만 알지 못한 줄 알면 통하는 겁니다. 걱정 근심 보따리를 가지고 다녀봐야 아무 도움이 안 되니 알음알이까지 싹 놓아버리면 툭 터지게 되어 있어요. 온갖 걱정의 구름과 근심의 안개가 가득 끼어 있으니 허우적거리는 겁니다.

가정부는 의사가 기도도 열심히 하고 훌륭한 사람이고 많이 배웠으니 그의 말을 곧이곧대로 믿었어요. 그런데 그다음부터 '보리 밀 두 되 반' 주문을 해도 병이 낫지 않았답니다. 의심하면 안 되고, 의심 없이 믿어버리면 되는 겁니다.

한 법도 버릴 것이 없다

우리나라에도 이런 이야기가 있어요. 절에서 허드렛

일을 하는 부목이 스님이 얘기하는 것을 어깨너머로 들었어요. "즉심시불卽心是佛, 마음이 곧 부처니라." 이런 대목이었는데, 그에게는 "짚세기가 부처라." 이렇게 들렸습니다. 즉심시불이란 말이 어렵잖아요. '짚세기가 부처라니, 세상에 짚세기가 어째서 부처인가. 법당에 거룩한 부처님이 계신데 왜 짚세기가 부처님이라 할까.' 그것이 화두가 된 거예요. '이상하다. 우리 스님이 거짓말을 할 턱이 없는데, 어째서 짚세기가 부처일까?' 나무를 하러 가나 아궁이에 불을 때나 오직 그것만이 일념이 되었는데, 그러다가 깨쳤답니다. 옆에서 호랑이가 '어흥' 하는 소리에 그냥 깨쳐버렸다는 겁니다. 어떻든 간에 열심히 하면 안 될 턱이 없어요. 깨치는 데는 남녀노소가 있는 게 아니고, 유무식에 있는 것도 아닙니다. 누구든지 하면 됩니다. 이걸 확실하게 믿고, 자기 계발을 하자는 말입니다.

앞서 삼신三身과 사지四智가 여러분 안에 다 갖춰져 있다고 말씀드렸습니다. 덧붙여 설명하면, 중생들 중에는 성소작지가 안 되는 사람이 더러 있습니다. 지식은 있는데 지혜가 없어서 그렇습니다. 법당을 짓고 건물을 지은 이것이 모두 성소작지입니다. 그러나 묘관찰지 경계에 간 사람도 드뭅니다. 세상을 자세히 한 번 관찰해 보세요. 한 법도 버릴 것이 없으니 걱정할 게 하나도 없습니다. 자세히 보세요. 정말로 중중무진이요, 전부가 다 비로자나불이요, 노사나불이요, 천백억화신인 도리를 알게 됩니다.

이걸 확실히 의심 없이 믿으십시오.

그다음에 제7식의 경계만 가도 평등성지입니다. 중생과 부처라는 분별심이 다 떨어져버리고 너와 나의 양변을 뛰어넘습니다. 양변이란 선악, 시비, 생사, 유무, 고저, 장단 등을 말합니다. 이것을 육조 스님은 36대對로 정리했고, 「신심명」을 저술한 승찬 대사는 40대로 구분했습니다. '대對'란 중생의 상대 개념을 뜻합니다.

그다음에 대원경지에 이르면 정말로 온 우주가 다 들어 있는 겁니다. 부처님의 경지입니다. 지혜는 정으로부터 비롯되고, 정은 선으로부터 비롯됩니다. 그래서 선방의 문고리만 잡아도 삼악도를 면한다고 하는 겁니다. 나쁜 사람을 도와줘도 공덕이 되지만, 나쁜 사람 백 명보다 착한 사람 한 명을 도와주는 게 낫습니다. 그리고 착한 사람 백 명보다 벽지불한테 공양을 올리는 게 나아요. 벽지불 부처님보다는 한 사람의 무심 도인한테 공양을 올리는 것이 낫다고 합니다. 도움을 받은 그가 도통하여 깨치면 얼마나 많은 중생을 제도하겠습니까.

스님들도 선방에서 열심히 정진하지만 우리 보살들과 거사들도 집에 가서 열심히 정진하십시오. 여러분이 지나는 곳마다 다 편할 수 있도록, 말하지 않고 고요히 앉아 있는 그 모습만 봐도 환희심이 나도록 하십시오. 될 수 있으면 이간질하거나 나쁜 말은 하지 말고, 화합시키는 얘기만 하십시오. 마음을 편안하게 해주는 사람이 되자는 말입니다.

고요히 앉아 정진하는 모습을 보면 우리의 번뇌도 쉬지 않습니까? 우리 그렇게 합시다. 더 이상 무슨 많은 말이 필요할까요. 열심히 정진하는 모습을 보니까 정말로 좋습니다. 우리 다 함께 성불합시다. 오늘 나는 공부하는 방법만 일러준 것입니다.

—1998년 5월 부석사 정기법회

11

정토에 이르는 길

춘풍화우본무성春風花雨本無聲이요

백초두두아가풍百草頭頭我家風이로다.

수귀대해무흔적水歸大海無痕迹인데

산봉춘색고금동山逢春色古今同이로다.

봄바람 꽃비는 본시 소리가 없고

온갖 풀 머리마다 나의 집 가풍이로다.

물은 대해로 흐르나 흔적이 없는데

산은 봄빛을 만났으나 예나 이제나 다른 바 없도다.

억!

십선과 십악

중국의 유명한 선사 영명연수 스님이 이런 말씀을 하셨습니다.

"선이 있고 정토가 없으면 열에 아홉은 그르치고, 선이 없고 정토가 있으면 만 사람이 닦아서 만 사람이 다 성불할 수 있다. 선도 있고 정토가 있으면 호랑이가 뿔 난 것 같다."

선이 있고 정토가 없으면 열에 아홉은 그르친다는 말은 그만큼 참선을 잘하기가 어렵다는 뜻입니다. 선도 있고 정토가 있으면 호랑이에 뿔 난 것 같다는 말은 호랑이가 겁이 없는데 뿔까지 달렸으면 얼마나 좋겠어요? 선과 정토를 겸했으면 좋겠다는 말씀입니다.

오늘 정토회에서 주관한 법문을 하러 여기 정토회관에 오다 보니, 그 많은 이름 중에서 왜 '정토회', '정토회관'으로 지었을까 궁금해졌습니다.

정토란 무슨 뜻입니까? 직역하면 깨끗한 땅, 좋은 땅, 괴로움이 없는 땅, 영원한 땅, 생사의 윤회를 벗어난 해탈의 땅을 말합니다. 그 정토가 극락세계 아닙니까?

알아듣기 쉽게 세 가지 측면인 신앙적, 과학적, 철학적 의미의 정토로 구분해서 말씀드려 보겠습니다.

첫째, 신앙적 의미의 정토입니다. '누구든지 내 이름을 일념으로 부르면 서방 극락세계에 갈 수 있다.'는 것입니다. 아미타불을 일념으로 부르면 다 극락세계에 가고 깨칠 수 있다는 것이지요. 심지어는 죽는 순간에 일념으로 열 번만 아미타불을 불러도 극락세계에 간다고 했습니다. 제가 공부가 되기 전에는 이 말씀이 이해가 가지 않았는데 지금은 의심 없이 이해가 됩니다. 공부가 안 되어서 그런 의심을 한 거지요. 평소에도 안 되는 일념이 죽어가는 순간에 되겠으리오마는 이와 같은 말씀을 굳게 믿고 평상시에 늘 염불을 한다면 반드시 누구나 깨칠 수 있습니다.

둘째, 과학적 의미의 정토가 있는데, 오늘은 이것을 집중적으로 말씀드리겠습니다. 과학적 의미의 극락정토는, 십선十善 팔정도八正道를 행하면 극락을 이룰 수 있고 깨칠 수 있다는 것을 말합니다.

그럼 십선은 무엇일까요? 몸으로 짓는 세 가지, 입으로 짓는 네 가지, 뜻으로 짓는 세 가지의 나쁜 일을 하면 십악이고, 반대로 좋은 일을 하면 십선입니다.

몸으로 짓는 세 가지 중에 첫째는 살생이고, 살생의 반대는 방생입니다. 살생을 하면 십악 중에 첫 번째 나쁜 일을 하게 되는 겁니다. 다음은 남의 물건을 훔치는 도둑질, 그다음은 사음邪淫인데, 수행자에게는 음행淫行이지만 여러분한테는 사음입니다.

입으로 짓는 네 가지는 남을 속이는 기어綺語, 악한 말을 하는 악구惡口, 거짓말을 하는 망어妄語, 두 가지 말을 하는 양설兩舌입니다.

뜻으로 짓는 세 가지는 욕심내는 탐욕, 성내는 진에, 어리석은 것입니다.

생명을 죽이지 않는 것은 착한 일이지만, 죽어가는 생명을 살려주면 그것이 십선의 첫 번째입니다. 훔치지 않는 것은 착한 일이지만, 가난한 사람을 도와주는 것이 적극적 의미의 선이란 말입니다. 그리고 사음을 하면 청정의 종자가 끊어져 버립니다. 음행하지 않고 지조가 있으면 좋은 일 아닙니까? 결국에는 좋아하는 마음도 끊어져야 되지만 형식적으로 우선 제가 말씀드립니다.

입으로라도 우리가 거짓말이나 악한 말을 안 하고, 진실한 말을 하고 좋은 말 하고 남을 깨우쳐주는 말을 하면 얼마나 좋겠습니까? '말 한마디로 천 냥 빚을 갚는다.'는 속담도 있지 않습니까. 나쁜 말을 하고 악한 말을 하는 것은 자신도 망치고 사회도 혼란스럽게 합니다. 그래서 구시화문口是禍門, 즉 입은 화가 들어오는 문이라고 하는 것입니다.

뜻으로 짓는 세 가지는 욕심내고 성내고 어리석은 것인데, 지나친 욕심 때문에 자신도 곤곤하고 사회도 혼란스럽게 하는 것을 자주 봅니다. 욕심을 부리더라도 나도 이롭고 남도 이롭게 하겠다는 욕심, 일체중생이 다 성불해야 나도 성불하겠다는 그런 큰 욕심을 좀 내야 되지 않겠습니까?

다음은 성을 내는 것인데 우리가 화를 낼 때 얼마나 괴로우면

간이 탄다고 하겠습니까?

면상무진공양구面上無瞋供養具요
구리무진토묘향口裏無瞋吐妙香이로다.
심리무진시진보心裏無瞋是眞寶가
무염무구시진상無染無垢是眞常이라.

미소 짓는 그 얼굴이 참다운 공양구요
부드러운 말 한마디 미묘한 향이로다.
깨끗해 티가 없이 진실한 그 마음이
언제나 한결같은 부처님 마음일세.

　우리에게 문수보살의 「진성무진게眞性無瞋偈」로 널리 알려진
게송인데, 선가에 전해오는 『선종고련禪宗古聯』에 실린 선시禪詩
라고도 합니다. 원뜻을 직역하면 이렇습니다.

성내지 않는 그 얼굴이 참다운 공양이요
부드러운 말 한마디 그윽한 향이로다.
마음속에 티 없음이 진실이요
물들지 않으면 이것이 실상이네.

과학자들의 연구에 따르면 억지로라도 웃으면 건강에 아주 좋다고 합니다. 그렇지 않더라도 웃는다는 것은 보기에도 좋고 즐거운 일이지요. 나도 즐겁고 남도 즐겁게 해주는 일입니다. 한번 성내는 마음을 일으키면 내생에 뱀의 몸을 받는다고 했어요. 죽어갈 때 특히 화를 내면 안 좋다는 겁니다.

　금강산 표훈사 돈도암頓道庵에서 홍도弘道 비구가 수행하다 병이 들어 고생하고 있는데, 갑자기 솔바람이 불어와 눈에 티끌이 들어갔던 모양입니다. 송풍취타병중석松風吹打病中席 일기진심수사신一起瞋心受蛇身이라, 솔바람에 솔가지가 떨어져 눈에 티끌이 들어간 그 순간 화를 낸 탓에 홍도 비구가 죽은 뒤 뱀이 되었으니 후일 사람들은 절대 화를 내지 말라고 부엌 아궁이의 재에다 써 놓았다고 합니다. 그래서 사람들은 죽어갈 때 어째서 성을 내지 말라고 하는지 알게 되었다는 말입니다.

　살아생전이든 이후이든 어떤 경우라도 성을 내면 안 되겠습니다. 성만 안 내도 우리 사회가 참 좋을 겁니다. 삼독三毒 중에서 어쩌면 욕심보다 더한 게 성내는 것이 아닌가 싶습니다.

　그다음은 어리석음입니다. 사실은 우리가 어리석기 때문에 이렇게 무명의 업식에서 벗어나지 못하고 허우적거리는 겁니다. 어리석음을 뒤집으면 바로 깨치는 것입니다.

극락을 얻는 여덟 가지 바른 길

십만억 불국토를 지나 극락이라 하는데, 십선을 행하면 이미 십만억 국토를 가게 되어 있습니다. 그다음에 팔정도를 행하면 극락을 터득하고 정토를 수용하게 되는 것입니다.

팔정도가 무엇입니까? 정견正見, 정사유正思惟, 정어正語, 정업正業, 정명正命, 정정진正精進, 정념正念, 정정正定입니다.

첫 번째, 정견은 바로 보면 벌써 다 된 겁니다. 어떻게 보는 것이 바르게 보는 것일까요? 깨치지 않고는 바로 볼 수가 없습니다. 보는 눈도 다섯 가지가 있어요. 그 다섯 가지는 육안肉眼, 천안天眼, 혜안慧眼, 법안法眼, 불안佛眼입니다. 대부분 본다는 의미를 거의 육안으로 보는 것에 국한시키는데, 진정 바로 보는 것은 우주는 본래 없다고 보는 것입니다. 생사도 없고 선악도 없고 일체처에 너와 나도 없다고 한번 보란 말입니다.

다음에는 둘이 아니게 보라는 겁니다. 생사가 둘이 아니요, 너와 내가 둘이 아니요, 일체처가 본래 둘이 아니게 보라는 것입니다. 그다음 분명한 이치에서 볼 때는 선악이 분명하고 너와 내가 분명하지요. 그러나 분명한 이치에서 보더라도 보되 본 바 없이 보아야 합니다. 집착해서 보지 말라는 얘기입니다. 부설浮雪 거사의 송을 보면 이 이치가 자명해집니다.

목무소견무분별目無所見無分別이요

이청무성절시비耳聽無聲絶是非라.

분별시비도방하分別是非都放下하고

단간심불자귀의但看心佛自歸依라.

눈으로 보되 본 바가 없으면 분별할 것이 없고

귀로 듣되 들은 바 없으면 시비가 끊어지니

분별과 시비를 모두 놓아버리고

다만 마음의 부처를 보고 귀의하라.

　두 번째, 정사유는 이러한 정견을 가지고 모든 일을 바르게 생각하는 것입니다.

　세 번째, 정어는 바른말입니다. 나와 상대방 모두에게 이로운 말이 바른말입니다. 항상 나만 이롭게 하려는 생각으로 말하면 나에게도 이롭지 않고 상대방에게도 안 좋아요. 보통 상대방은 생각하지 않고 함부로 말하는 경우가 종종 있습니다. 말을 잘해서 천 냥 빚을 갚을 수 있지만 말을 잘못하면 신세를 망칠 수도 있습니다. 반드시 말을 할 때는 사유思惟, 즉 생각해보고 하세요.

　보이는 것은 다 나의 거울이며 거울 속에 모든 진리가 있습니다. 웃으면서 거울을 보면 거울에 웃는 모습이 그대로 보이고 성내면서 거울을 보면 성낸 그대로 보이지요. 붉은 옷을 입고 거울을 보면 붉게 보이지 푸르게는 안 보인단 말입니다. 거울이 있는 그대로 비추듯이 보이는 것은 다 나의 거울이라고 생각한다면 말을 함부로 하지 않을 것입니다.

"원광圓光이 보조普照하니 적寂과 멸滅이 둘이 아니요, 보이는 것은 관음觀音이요, 들리는 것은 묘음妙音이라. 보고 듣는 것 밖에 진리가 따로 없으니, 시회대중是會大衆은 알겠는가? 산은 산이요, 물은 물이로다."

이 구절은 성철 종정 스님이 종정 수락 법어에서 말씀하셔서 잘 알려졌습니다. 보이는 것은 나의 모습이요, 들리는 것은 전부 나의 소리이니 보고 듣는 것 밖에 따로 진리가 없다는 뜻입니다. 여기에도 중도 사상이 있습니다. 가장 먼저 바르게 보고, 그다음에 바르게 사유하고, 그다음에 바르게 말하라는 것입니다. 상대 방도 나의 모습이라고 생각하면 말을 함부로 할 수 있겠습니까?

네 번째는 정업, 바르게 생활하라는 것입니다. 어떤 것이 바른 생활일까요? 나도 이롭고 남도 이로운 것이 바른 생활이지, 남은 어떻든 간에 나만 좋다고 하면 그것은 바른 생활이 아닙니다. 밥을 잡수고 살 때에도 '어떻게 하면 좋은 일을 하고 남을 깨우쳐줄 까? 그런 생각을 해야지 그렇지 않고서는 바른 생활이 아닙니다.

'조문도朝聞道면 석사가의夕死可矣라, 아침에 도를 알면 저녁에 죽어도 좋다.'『논어』이인편里仁篇에 나오는 말처럼, 이런 생각 을 가지고 공부하며 살아가는 것이 바른 생활입니다. 먹고 잠잘 줄은 알면서 공부는 안 하고 만날 죄만 짓고 살면 안 됩니다.

다섯 번째 정명, 바른 직업입니다. 국가와 인류를 위해서 또 사회를 위해서 어떤 직업이 나한테 필요한가를 생각해야 합니다. 다른 사람의 장사가 잘된다고 모두 따라 하면 그 장사가 제대로 될까요. 나와 남을 이롭게 하고 자기가 잘할 수 있는 일을 성실하게 하는 것이 바른 직업입니다. 이 사회에 필요한 일이 어떤 것인가를 생각하고 남들이 잘 안 하는 희귀한 것을 해야 대접받는단 말입니다. 잘되고 흔하면 천하고, 드물면 귀하지요.

성철 스님의 법문을 제가 많이 이용하는데, 스님께서는 '진양성중晉陽城中에 염귀미천鹽貴米賤이라', 진양성 안에는 소금은 귀하고 쌀은 천하다고 했습니다. 내가 말한다면 '한양성중漢陽城中에 염귀미천鹽貴米賤이라', 서울에는 소금은 귀하고 쌀은 천하다고 했을 것입니다. 소금은 어디에 쓰나요? 썩지 않게 하고 간을 해서 음식 맛을 내게 합니다. 오욕락에 썩지 않는 사람은 드물고, 참나 즉 진리를 아는 사람도 드물어요. 그러니 오욕락에 썩지도 않고 참나를 안다는 것은 더욱 귀한 일이겠지요.

흔한 쌀은 천하다고 했는데, 쌀을 어디에 쓰니까? 우리가 먹는 밥을 하지요. 밥통들을 하나씩 다 가지고 있습니다. 서울에 밥통들은 많은데 진리의 참맛을 아는 사람, 돈과 권력과 음식과 명예와 잠에 썩지 않는 사람은 드물단 말입니다. 부인할 수 없을 것입니다. 돈만 보면 미치고 사랑과 명예에 미치고 밤만 되면 잠에 미쳐 살지 않습니까? 오늘 그런 것에 미치지 않고 대자유인이 되자고 여기에 온 것이 아닙니까? 직업을 택하더라도 귀한 직업을 택하세요. 남이 다 하는 일보다 무엇을 해야 귀할지 그걸 생각해 보면 그때그때 다를 것입니다.

여섯 번째가 정정진, 바른 정진입니다. 어떤 것이 바른 정진인가 하면, 앞의 다섯 가지를 순간에 끝내는 게 아니라 깨달을 때까지 꾸준히 해나가는 것을 말합니다. 정견, 정사유, 정어, 정업, 정명, 이와 같은 것을 작심삼일로 할 게 아니라 나와 일체중생이 모두 깨달을 때까지 꾸준히 밀고 나가는 것이 정정진입니다.

일곱 번째는 정념입니다. 정사유와 정념은 똑같이 '바른 생각'을 의미하는데, 어떻게 다를까요? 크게 생각해야 됩니다. 우주가 본래 없는 것이고 생사도 없고 너와 나도 없고 일체가 본래 없다고 생각하면 우리는 고통이 없을 거예요. 본디 실제로 없다는 것을 보려면 세 가지 눈이 갖춰져야 되는데 한 가지만 갖춘 겁니다. 본래 없는 이치, 둘이 아닌 이치만 알아도 얼마나 좋습니까? 생사가 둘이 아니요, 너와 내가 둘이 아니요, 일체처가 둘이 아니게 생각해야 됩니다.

다음으로 분명한 이치를 알아야 됩니다. 생사가 분명하고 선악이 분명하고 너와 내가 분명하다는 생각을 하고 그다음에는 그 생각마저도 다 떨어져야 합니다.

일념불생一念不生이면 만법무구萬法無垢로다, 한 생각도 난 바 없으면 만법에 허물이 없다고 했습니다. 무구무법無垢無法이요 불생불심不生不心이라, 허물이 없으면 법도 없고 난 바 없으면 마음도 없다고 했습니다. 벌써 한 생각을 일으키면 전부 허물인 줄 알아야 합니다. 잘하려고 하다 보면 더 먹칠을 하는 수가 있어요. 정말로 한 법도 버릴 것이 없는 경지에 가면 묘용이지만 그러기 전에는 하면 할수록 더 어두워지는 겁니다. 그래서 그 생각마저도 다 떨어져버려야 정념입니다. 바르게 생각한다는 정사유와는 이렇게 조금 다릅니다.

여덟 번째가 정정입니다. 바른 정定을 취해야 되는데 어떤 것이 바른 정입니까? 요즘은 지식인은 있는데 지혜인이 드물어요. 지혜는 정에서 비롯되고 정은 선에서 비롯됩니다. 선정혜禪定慧라는 말은 잘 안 쓰고 계정혜戒定慧 삼학三學이라고 그러지요. 사실은 계정혜 삼학이나 선정혜 삼학이나 같은 말입니다. 왜냐하면 무염청정無染淸淨이 시계是戒며, 대경부동對境不動이 시정是定이요, 득자재력得自在力은 시혜是慧이기 때문이에요.

무염청정이 계이며 바로 선입니다. 일체처에 물들지 않는 것이 선이니까 물들지 않아야 바로 청정한 것입니다. 오계, 십계는 껍데기에 지나지 않습니다. 실제로 일체처에 물들지 않아야 청정하고 청정해야 바로 계입니다. 왜냐하면 선은 부처님의 마음이고, 교는 부처님의 말씀이고, 율은 부처님의 행이고, 정토는 부처님의 실현이기 때문입니다. 우리 모두 정토에 이르길 바라고 있지 않습니까?

대경부동이 시정이라, 경계를 내서 일체처에 동하지 않아야 깨치게 되어 있습니다. 깨쳐야 바른 지혜가 생깁니다. 그 지혜에는 네 가지가 있으니, 대원경지大圓鏡智, 평등성지平等性智, 묘관찰지妙觀察智, 성소작지成所作智가 그것입니다.

성소작지는 어떻게 해서 나오는가? 지금 우리 안에 다 있습니다. 안眼, 이耳, 비鼻, 설舌, 신身까지를 오식五識이라고 하는데, 이 오식을 잘 활용하면 성소작지를 이룹니다. 오식에 의식을 합쳐서 육식六識이라 하는데, 의식을 잘 활용하면 묘관찰지를 이룹니다. 칠식은 심식心識이라 하는데, 심식을 잘 쓰면 평등성지를 이룹니다. 팔식을 제8 아뢰야식, 근본식, 함장식이라고도 하는데, 이걸 잘 굴리면 대원경지를 이룹니다.

대원경지를 바로 쓰는 분은 법신인데 대표적인 분이 청정법신 비로자나불이고, 평등성지를 잘 쓰는 분은 보신인데 대표적인 분이 원만보신 노사나불입니다. 묘관찰지·성소작지를 잘 쓰는 분이 화신인데 대표적인 분은 천백억화신 석가모니 부처님이십니다. 이것을 합쳐서 삼신사지三身四智라고 합니다. 우리 모두에게 삼신사지가 갖추어져 있는데도 불구하고 잘 쓰지 못하고 있습니다.

지도무난至道無難이요

유혐간택唯嫌揀擇하라.

단막증애但莫憎愛하면

통연명백洞然明白하리라.

도를 통하기는 어렵지 않으니

좋아하고 미워하는 간택심을 내지 말라.

다만 미워하고 좋아하지 않으면

툭 트여 명백하리라.

　삼조승찬僧璨 대사가 지은 「신심명」의 첫 구절입니다. 구름과
안개가 끼어서 햇빛을 못 보게 하듯이 좋아하고 미워하는 분별
심이 심성을 어둡게 만들어서 도를 모르는 겁니다. 여러분 속에
이미 다 갖추고 있으니 양변을 뛰어넘어야 출격 장부가 됩니다.
　계정혜 삼학, 선정혜 삼학의 정정正定 속에서 지혜가 생기고,
정定은 선禪에서 비롯됩니다. 그래서 선정을 익히라고 하는 겁니
다. 걸어다니면서 하면 행선이요, 누워서 하면 와선이요, 앉아서
하면 좌선이지요. 좌선이 가장 쉽다고 해서 앉아 있는 것을 선이
라고 여기지만 앉아서 온갖 망상을 다 피우고 있으면 선이 아닙
니다. 그러니까 스스로 생각할 때 그 생각마저도 일어나지 않을
때까지 가서 다 놓아버려야 밝아지는 겁니다. 밝아지면 통하게
되고, 통하면 바로 깨치는 게 아니겠습니까? 이렇게 십선 팔정도

를 행하면 바로 극락정토, 깨달음의 세계로 가게 됩니다.

좋은 업을 익혀야 하는 이유

세 번째, 철학적 의미의 정토에 대해서 알아봅시다. 처처가 안락국이며 깨쳐버리면 전부가 극락입니다. 전부가 깨달음으로 가득 차 있는데 스스로 그렇게 믿지 않고 행하지 않을 뿐입니다. 그럼 깨치기 위해서 어떻게 해야 될까요?

깨달음에 여러 가지 방법이 있습니다. 노는 입에 염불하라고 하지 않습니까? 무엇이든지 반복하면 취미가 되고 취미가 거듭되면 소질이 되고 소질이 거듭되면 업이 되는데 업이 되면 고치기가 어렵습니다. 그래서 늘 좋은 업을 익혀야 됩니다.

'관세음보살'을 부르다 보면 전부 관세음보살로 보일 것이고, 그러면 여러분들이 관세음보살이 되어버리는 겁니다. 관세음보살만 되면 얼마나 좋습니까. 혹 참선을 하는 사람들 가운데 염불을 아주 가볍게 보는 분도 있는데, 염불의 뜻을 몰라서 그렇습니다. 어렸을 때는 부모님께 의지하지만 어른이 되면 부모를 봉양하게 되듯이, 우리가 지금은 힘이 약해서 부처님 명호를 부르고 의지하지만 나중에는 여러분이 부처가 되어 부처가 되지 않은 사람들을 또 제도해야 될 것 아닙니까?

염불도 열심히 합시다. '나무아미타불'을 불러도 좋습니다. 뜻을 몰라도 상관없어요. '관세음보살'을 불러 깨치나, '나무아미타불'을 불러 깨치나, '오! 주여'를 불러 깨치나 하나도 다를 바가 없는 겁니다. 그런데 이것을 다르다고 또 싸우고 있습니다. 지금 우리 불교만 있어도 안 됩니다. 기독교 믿는 사람을 보고 불교 믿으라고 하면 무조건 반대합니다. 그러니 '부처님이 예수님으로 출현해서 제도하는 것이다.' 이렇게 도량을 넓게 가지면 편하지요.

주위에 전부 도둑들이 있다면 내가 편할까요? 주위에 전부 가난한 사람만 있으면 얼마나 괴롭겠습니까. 이웃에 전부 관세음보살님이나 예수님이 산다면 좋겠지요? 이웃이 잘살아야 내가 행복하고, 다른 나라가 잘살아야 우리나라가 행복하다는 생각을 갖지 않으면 평화도 통일도 없습니다. 우리가 큰마음을 가져야 됩니다. 이게 바른 정견이며 바로 보는 소견입니다.

얼마 전에 어떤 분이 제 방문을 두드렸어요. 누구냐고 물었더니 서강대학교 교수를 하다가 국회의원과 보건복지부장관, 또 경기지사를 지낸 분이라고 해요. 이름을 대면 여러분도 잘 알 겁니다. 들어오라고 해서 이야기를 나누다가 "당신 종교가 뭐요?" 하고 물었더니 기독교라고 아주 떳떳하게 얘기해요.

여러분들이 목사 앞에 가서 "나 불교인이요." 이렇게 할 사람이 몇이나 될까요? "우리 어머니가 절에 다니신다." 이러겠지요.

길거리에서 만난 사람들 가운데 말을 잘하면 99%가 기독교인이고, 어리버리하면 불교인입니다. 그건 인정해야 돼요. 그분들은 철저합니다. 아주 열심히 해요. 나는 기독교인이 불교를 믿으면 참 좋겠다 싶어요. 그 사람들은 수요집회, 금요집회, 철야집회, 토요일, 일요일 열심히 예배당에 가는데 우리는 한 달에 한 번만 절에 와도 일등 신도입니다.

아무리 좋은 게 있어도 열심히 안 하면 소용없습니다. 좋은 법을 가지고 있으면서도 우리는 활용을 못 해 참 안타까워요. 목사나 신부들이 불교 공부를 더 열심히 합니다. 지금 미국인들도 불교 공부를 열심히 한다고 하잖아요.

어쨌든 그분에게 '어떻게 하면 불교의 좋은 점을 심어줄까.' 생각하면서 인물에 대해 칭찬을 좀 했지요. 그런데 누구나 잘생겼다고 하면 기분이 좋아지는데 잘생겼다고만 해버리면 넘칠 것 같아서 "아! 인물이 참 잘생겼는데 텔레비전에서는 왜 그리 고약하게 보이느냐, 연설할 때 보니까 남을 비방하고 그러니 얼굴이 그렇지 않으냐, 그때 웃으면서 말했으면 대통령도 될 수 있었겠다." 그러니까 굉장히 좋아합니다. "그런데 요새 정치인들이 공부를 안 하던데, 우리 장관은 실력이 있는가?" 하고 물으면서 내가 좀 실례를 범하더라도 이해하라고 그랬지요.

『명심보감』에선 '나를 착하다고 하면 나의 적이요, 나를 악하다고 하면 나의 스승'이라고 했고, 「증도가」에서는 '나쁜 말도 관해보면 이것이 공덕이요, 이것이 곧 나를 깨우치는 선지식'이라고 했습니다. 어리석은 사람은 칭찬을 하면 넘쳐버리고 꾸지람을 하면 토라지고, 훌륭한 사람은 칭찬을 하면 부끄럽게 생각하고 꾸지람을 하면 교훈으로 생각합니다. 그러나 아주 위대한 사람은 칭찬과 비방에도 흔들림이 없어요. 이런 말을 하면서 우리 장관님도 좀 그랬으면 좋겠다고 하니까 성을 낼 수야 없었겠지요. 그러면서 내가 이렇게 말을 했습니다.

"요새 목사, 신부들이 성경을 엉터리로 해석합니다. '나는 길이요 진리요 빛이니 나를 믿는 자는 구원을 받을 것이요, 그렇지 않으면 멸망하리라.' 했는데, 이 얼마나 좋은 말입니까? '나는 길이요', 했으니 길이 곧 나고, '나는 진리요', 했으니 진리가 곧 나고, '나는 빛이라', 했으니 빛이 곧 나가 아니겠습니까? 자세히 보세요. 온 우주가 빛으로, 진리로, 길로 가득 차 있다면 전 우주가 나가 아니겠습니까? 나 이외의 신을 섬기지 말라고 했는데 왜 여호와를 섬기고 하나님을 섬깁니까, 나를 섬겨야지요. 전 우주가 나라고 하면 얼마나 좋겠습니까?

우리 부처님도 똑같은 말씀을 하셨어요. 육도중생六道衆生이 무비시여無非是汝라, 육도중생이 다생의 너 아님이 없다고 했습니다. '나 아님'이 없다고 한 게 아니라 '너 아님'이 없다고 했습니다. 예수님도 '너는 길이요, 너는 빛이요, 너는 진리다.'라고 했으면 되는 것을 '나'라고 하니까, 어리석은 사람들이 달을 가리키면 달을 봐야 하건만 가리키는 손가락만 보듯이, 그렇게 말한 그 사람을 믿어버린 겁니다.

육도가 어디입니까? 천상도 지옥도 너요, 귀신의 세상, 아수라의 세상, 짐승의 세상, 인간의 세상이 다 너라는 겁니다. '너'라는 말은 '나'라는 말과 똑같은 말이 아닙니까? 그런데 그걸 이해하지 못하고 종교와 사상, 이념이 다르다고 해서 매일 싸워서야 되겠습니까?"

그렇게 얘기를 하니까 그 양반이 눈을 똑바로 뜨고 정신을 집중해서 나를 쳐다보며 어쩔 줄 몰라 했습니다. 보이는 것은 다 거울에 비친 나의 모습이라는 얘기도 해주었습니다. 영주에 있는 경기고 출신의 친구와 부인, 이렇게 세 사람이 왔는데 한 시간 반 동안이나 이야기를 나누며 아주 좋은 시간을 보냈습니다.

불자가 꼭 실천해야 할 네 가지

수행하는 사람이나 우리 불자들이 반드시 명심해야 할 네 가지 행이 있습니다. 부처님을 호념하고, 부처님의 덕을 실천에 옮기고, 바른 정을 취하고, 중생에게 이익이 되게 하라는 것입니다.

첫 번째, 부처님을 호념護念해야 합니다. 호념이란 말은 부처님의 명호를 부르라는 것입니다. 괴로울 때나 즐거울 때나 항상 부처님을 생각하고 입으로 명호를 부르세요. 망상이 피어나려고 하면 부처님을 생각하십시오. 부처님에 대한 생각이 잘 떠오르지 않으면 32상 80종호를 갖추신 여기 정토회관에 있는 부처님을 떠올리십시오. 관觀을 하라는 말입니다. 임신을 했을 때도 늘 부처님을 생각하면 부처님을 닮은 아기를 낳습니다. 그래서 어머니들의 생각이 중요합니다. 얼굴을 보면 그 사람 생각에 따라 인상이 달라집니다.

수상手相보다는 관상觀相, 관상보다는 심상心相이 중요하다는 말이 있지요. 우리 몸뚱이에 걸치는 것이 옷인데, 마음의 옷은 육체입니다. 일체가 다 마음이 빚어내는 것이기 때문에 우리의 육체는 생각에 따라서 모양이 달라집니다. 그래서 부처님의 명호를 입으로 부르다 보면 뜻으로 알게 되어 있어요. 염불하는 분들도 대부분은 뜻을 모른 채 남을 따라 할 수도 있지만 그렇다고 무시할 것이 아닙니다. 예전에는 나도 그랬으니까요. 어렸을 때 글자를 배울 때 시키는 대로 뜻도 모른 채 '영희야! 바둑아!'를 읽은 적이 있지요. 많이 부르다 보면, 자연히 정과 혜가 원명해집니다. 그러니까 입으로도 많이 부르고, 생각으로 항상 부처님을 떠올리세요.

두 번째, 부처님의 덕을 실천에 옮겨야 합니다. 덕이 있는 사람은 죽어가는 생명을 살릴지언정 죽이지는 않고, 가난한 사람에게 베풀지언정 남의 것을 훔치지 않습니다. 덕이 있는 사람은 청정할지언정 난잡하지 않고, 진실하고 부드러운 말을 하고, 듣기 좋은 말을 하고, 악한 말을 하지 않고, 함부로 말하지 않습니다. 덕이 있는 사람은 늘 자신을 꾸짖을지언정 남을 탓하지 않고, 깨어 있을지언정 취하지 않습니다. 우리 모두가 덕이 있는 사람이 됩시다. 덕을 실천하면 여러분은 그대로 부처님이 되고 나날이 달라질 거예요. 아무리 곤궁해도 남을 부러워하지 마십시오. 항상 넉넉한 생각을 가지고 덕행을 한다면 여러분이 정말로 이 시대의 지도자가 되리라고 봅니다.

세 번째는 정정취正定聚, 바른 정定을 취해야 합니다. 항상 선정을 익혀야 한다는 뜻이지요. 아침저녁으로 염불도 하고 참선을 하여 선정을 익히십시오. 그래서 일체처의 경계에 끄달리지 않아야 바른 정입니다.

네 번째, 중생을 이익케 하십시오. 우리 모두 어머니의 마음으로 돌아가서 산다면 바로 보살행이 저절로 나오리라고 봅니다. 그런데 현재 외국 사람들, 특히 미국에서 이것을 실천에 옮기고 있어요. I.Q 지능지수보다는 P.Q 긍정지수가 높아야 되고, P.Q보다는 E.Q 감성지수가 높아야 되고, E.Q보다는 M.Q 도덕성지수가 높아야 된다는 것이 바로 여기에 들어맞는 말입니다. 어느 유명 대학교수라는 이가 텔레비전에서 나와서 이에 대해 얘기하는 걸 들어보니 일반 사람들이 알아듣기 어렵겠다는 생각이 들었어요. 아니나 다를까 내가 아는 교수들에게 물어봐도 깊은 뜻을 잘 모르고, 좀 전에 말한 그 장관에게 물어도 모르더군요.

I.Q가 지능지수인 것은 다 알아요. I.Q보다 P.Q가 높아야 하는데, P.Q는 긍정지수를 말합니다. 예술가들은 긍정성이 높을수록 노래를 잘 하고 그림을 잘 그리고 글을 잘 쓰고 그렇지요. 그러니까 긍정적으로 보는 지수가 높을수록 좋다는 거예요. 혹시 이곳에 작가들이 있다면 항상 긍정적인 생각을 가지십시오. 긍정적인 생각이 곧 좋은 생각입니다.

여러분도 생활에 이것을 활용하십시오. 부부지간에도 P.Q 긍정지수가 높아야 행복합니다. 남편과 아내가 서로 장점을 말해야 행복합니다. 농담으로라도 말을 함부로 하고 나쁘게 말하지 마세요.

"아! 나는 당신밖에 없다, 당신이 제일 아름답다." 그러면 듣기 좋아요. 아름답지도 않은데 어떻게 아름답다고 말하느냐고 하겠지만 아름답게 보면 전부 아름다워요. 제 눈에 안경이라는 말도 있지 않습니까? 정말 못 생긴 사람이라면 당신같이 착한 사람이 어디 있냐고 생각하고 칭찬해 보십시오. 사실은 착한 것이 가장 아름다운 것입니다. 여러분들을 보니 모두 멀쩡하고 예쁘기만 한데 부정적으로 보면 예쁜 거 하나도 없습니다. 사나흘만 목욕이나 세수를 안 하면 냄새가 나지 않습니까? 그러나 긍정적인 면으로 보면 얼마나 좋습니까? 저 초롱초롱한 눈빛, 착한 마음씨가 얼마나 아름다워요. 그러니까 부부지간에도 항상 아름다운 면만 생각하세요. 상대방의 착하고 좋은 점을 생각하면 여러분이 행복해집니다. 그러니까 I.Q보다는 P.Q가 높은 것이 바로 부처님의 덕입니다.

첫 번째로 부처님을 호념하라고 했는데, 정신을 집중하면 이뤄지지 않는 것이 없듯이 아미타불을 많이 부르면 정신이 통일되어 I.Q가 높아집니다. 두 번째 부처님의 덕이 있는 분은 절대 말을 함부로 하지 않아요. 그러니까 긍정지수인 P.Q가 높아집니다.

E.Q는 감성지수인데, 감정을 느끼고 받아들이는 것이 아니라 바로 정정취를 말합니다. 바른 정을 취해서 팔풍과 오욕에 흔들리지 않는 것이 E.Q인 것입니다. 감정에 끄달리지 말고 칭찬을 받는다고 해서 호들갑을 떨지 않고 꾸지람을 받아도 성내지 않고 자신의 감정을 적절히 조절하여 원만한 인간관계를 가지는 것을 말합니다. 감정에 끄달릴수록 천해지므로 감정을 잘 다스려야 합니다. 그러니 감정에 흔들리는 바 없는 E.Q가 정정취이고, 거기에서 바른 지혜가 생기는 것입니다.

M.Q는 도덕성지수를 말하는데, M.Q의 M은 모럴Moral, 곧 도덕성을 말합니다. 도덕성을 알기 쉽게 말하면 보살심입니다. 보살심은 지옥에서 고통을 받는 중생이 다 성불해야 내가 성불하겠다는 '지장보살'의 마음, 누구든지 내 이름을 불러주면 소원을

들어주리라는 '관세음보살'의 마음, 그게 바로 보살심이고 도덕성입니다.

더 알기 쉽게 말하면 어머니의 마음인데, 어머니의 마음은 어떻습니까? 아기를 가지게 되면 우리 어머니들은 감기가 들어 자기 몸이 아파도 태아한테 안 좋다고 약을 안 먹습니다. 태중의 아기가 행여나 놀랄까봐서 걸음도 조심하고, 태아를 위해서 가까운 길을 두고도 먼 데로 돌아갑니다. 아기를 낳을 때는 그 힘든 진통 속에서 '내가 이 신발을 다시 신을 수 있을까?' 하는 생각도 든답니다. 요새는 그냥 병원에서 출산을 하니 그런 일도 없겠지요.

말이 나왔으니, 될 수 있으면 병원에 안 가고 낳으면 좋겠어요. 병원에 가더라도 수술하고 낳으면 안 좋습니다. 진통 속에서 낳아야 아기에게도 좋고 산모도 좋답니다. 평상시에 일하면서 늘 염불하고 기도하고 절하면 순산을 하게 됩니다. 아마 세상에서 가장 아름다운 소리는 '어머니'라는 말이 아닐까 싶어요.

이렇게 아기를 낳고 진자리는 엄마가 눕고 마른자리는 아기에게 눕히고 피보다 진한 골수를 먹여서 기르잖아요. 그러면서도 너만 잘된다면 그 생각뿐이지 다른 생각은 없지요. 또 아기가 아프면 대신 아파서라도 그 고통을 씻어주고 싶어 합니다. 그러니 어머니 땀 냄새만 맡아도 그저 좋고, 아픈 어린아이를 등에 업었을 때 어머니의 냄새만 맡아도 아픈 것이 없어지는 겁니다.

• 무량수전 사자후

어머니의 그 순수한 마음 때문에 아이와 어머니가 하나가 되는 겁니다.

세상에서 가장 존경스러운 존재가 어머니입니다. 팔십 먹은 노인이 육십 먹은 자식을 걱정한다고 하지 않습니까? 아마 여기 앉아 있는 이 순간에도 어머니들은 자식 걱정을 할 거예요. 이렇듯 위대한 존재가 어머니입니다만, 내 아들딸한테만 그렇게 하니까 잘못입니다. 모든 사람에게 그렇게 하세요.

요새 여자는 있는데 엄마가 사라져가고 있어요. 우리 보살님들을 보면 어머니로서는 위대한데 여자로서는 아주 독사예요. 그래서 어머니의 마음으로 살면 행복하지만 여자의 마음으로 살아서는 안 된단 말입니다. 자식하고 영감하고 어디 나갔을 때 자식이 안 들어오면 끝끝내 걱정하지만 영감이 안 들어오면 처음에는 걱정하다가 뒤에는 미움으로 변해서 늦게 들어왔다고 막 난리잖습니까.

혹 자식이 잘못하면 자식의 허물은 보지 않지만 남편이 잘못하면 허물을 들어 흉을 보는데 그렇게 하지 마세요. 남편이 나에게 무엇인가 해주기를 바라기에 앞서서 내가 아내로서 남편에게 무엇을 해줄 것인가 이런 생각으로 살아야 합니다.

남편도 마찬가지입니다. 친정의 호적을 파서 시집을 왔는데 마음에 안 든다고 폭력을 행사하고 구박해서는 안 됩니다. 꼭 여자만 어머니의 마음이어야 하는 것은 아니라는 말입니다. 남편들도 어머니의 무한한 보살심을 가지고 살아야 합니다.

우리 모두가 어머니의 마음, 도덕심을 가지고 사는 그것이 바로 중생에게 이익이 되게 하는 행입니다. 실제로 자식을 여럿 낳아서 길러본 사람들은 경험 속에서 이러한 이치를 터득했기 때문에 훌륭하다는 것입니다. 봄이 따뜻하게 느껴지는 것은 추운 겨울이 있었기 때문이요, 가을이 서늘하게 느껴지는 것은 더운 여름을 지났기 때문입니다. 춘하추동 사계절 속에서 산 사람들이 인류를 지배하는 것도 자연 속에서 많은 것을 배웠기 때문입니다.

여러분은 항상 배우는 자세로 보살심을 늘 익혀야 합니다. 만약에 자식을 안 낳아보았어도 남의 경험을 내 경험으로 생각하여 배울 수 있습니다. 나쁜 것을 보고 나는 그렇게 안 해야 되겠다는 생각을 하면 그것이 나의 스승이고, 좋은 점을 보고 나도 그렇게 해야지 생각한다면 그것도 나의 스승입니다. 그러니까 전부가 나의 스승인 것입니다. 항상 감사하게 생각합시다. 부처님께서 이미 다 말씀했지만 중생에게 이익이 되게 하는 것이 바로 '모럴Moral'이고 올바른 것입니다.

IMF를 맞고 있는 요즘, 어려울 때일수록 우리가 깨달아야 합니다. 신체가 건강하면 행복할 것 같아도 생각을 나쁘게 가지면 죄를 짓게 되어 있습니다. 돈과 권력도 마찬가지입니다. 그래서 생각이 바르고 좋아야 합니다. '기한에 발도심'이라고 춥고 배가 고파야 도를 닦을 마음이 생기는 겁니다. 이런 때일수록 우리가 좋은 일 하면 얼마나 복되고 좋습니까?

본래 깨달음 이대로가 정토

부설 거사가 지은 「팔죽시八竹詩」입니다.

차죽피죽화거죽此竹彼竹化去竹

풍타지죽랑타죽風打之竹浪打竹

죽죽반반생차죽粥粥飯飯生此竹

시시비비간피죽是是非非看彼竹

빈객접대가세죽賓客接待家勢竹

시정매매세월죽市井賣買歲月竹

만사불여오심죽萬事不如吾心竹

연연연세과연죽然然然世過然竹

이대로 저대로 되어가는 대로

바람 부는 대로 물결치는 대로

죽이든 밥이든 사는 이대로

옳고 그른 것은 보는 그대로

나그네 접대는 가세대로
시중에 팔고 사는 것은 시세대로
만사가 내 뜻대로 되지 않으니
그렇고 그런 세상 그런 대로 지내시구려.

　팔 행에 대나무 죽竹 자가 다 들어 있다고 해서 팔죽시인데, 처음에는 무슨 말인지 모르겠더니 잠시 생각을 비우고 생각해보니 저절로 해석이 되는 거예요. 얼마나 좋습니까? 옛사람들의 멋이 그대로 전해오지 않습니까? 우리도 이처럼 멋스럽게 살아봅시다.

　제가 좋아하는 청매인오(靑梅印悟, 1548~1623) 선사의 '십이각시 十二覺詩'도 일러 드리겠습니다. 지난번 백두산을, 이름을 밝히지 않습니다만 국제선원장 스님이 같이 가셨는데, 청매 조사 십이각시를 물어도 해석해주는 사람이 없으니 나더러 해석을 좀 해달라고 해요. 글을 많이 안다고 되는 것이 아니라 소견이 툭 터져야 해석이 되는 겁니다.

각비각비각非覺非覺이요
각무각각각覺無覺覺이라.
각각비각각覺非覺覺이요
기독명진각豈獨名眞覺이라.

깨닫지 못했다면 깨달았다고 해도 깨달은 것이 아니요
깨달았더라도 깨달았다는 생각이 없어야 깨달음을 깨달았
다고 할 것이다.
깨달음을 깨달았다면 깨닫지 못했다 해도 깨달음을 깨달
았다 할 것이요
일찍이 다만 이름하여 본래 다 깨달았느니라.

　깨닫지 못했다면 깨달았다고 해도 그것이 깨달음이 아니잖아
요. 부처가 아닌 것을 갖고 부처라 해도 부처가 아니지요? 여기
에는 어떤 것을 대비해도 다 맞습니다. 진짜 보물을 가졌다면 이
것이 보물이 아니라 해도 보물이지요. 위와 같이 해석을 해서 보
내줬더니 얼마나 좋아하는지요. 굳이 여기서 제가 큰스님 하신
것을 말할 수는 없지만 손을 댄다면, 제 소견을 붙인다면, 두 번
째와 세 번째 구절을 바꾸면 쌍차쌍조雙遮雙照 차조동시遮照同時가
될 것이라 보고요. 그것은 그리 허물이랄 건 없습니다만, 끝에
'기독명진각豈獨名眞覺'을 '기독시진각豈獨是眞覺'이라고 했으면 더
좋았을 것입니다. "일찍이 다만 이에 다 깨쳤느니라."라고요.
　본래 다 깨쳐 있습니다. 본래 깨달음으로 이대로가 다 정토사
상입니다. 본래 다 깨달은 것을 지금 찾자는 거예요. 믿음이 없
어서 이것을 모릅니다. 믿음은 깨달음에 비례하고 선악에 반비
례합니다. 어리석을수록 믿음이 없고 악할수록 믿음이 없습니

다. 우리 확실하게 의심 없이 믿읍시다.

진정 나고 죽음을 알고자 하는가

　　　　정토회관 회주님한테 참 고마운 것은 시원치 않은 사람을 그래도 일요법회에 초대해 주셨다는 겁니다. 그리고 부탁하고 싶은 것이 하나 있습니다. 평상시에 열 사람만 포교해도 초지보살이 된다는데, 우리 모두 포교사가 됩시다. 법당에 자리가 부족할 정도로 사람들을 모시고 오세요. 남편을 모시고 오고, 친구가 기독교인이라도 모시고 오세요. 우리도 교회에도 한번 가보고 해야 합니다.

　우리 종교인들은 일꾼입니다. 우리 부처님도 중생들을 제도하기 위하여 49년간 고구정녕하게 법을 설하였고 예수님도 인류를 위해 십자가에 못 박혔는데, 무조건 멀리하지 말고 포교를 많이 하자 말입니다.

　오늘 여러분을 보니 전부 불보살의 화현으로 보입니다. 내가 불보살의 화현이라는 그런 긍지를 가지고 한다면 안 될 턱이 없습니다. 하루 일을 하지 않으면 내가 먹지 않겠다는 각오로 해야 합니다. 일도 여러 가지 일이 있지요. 밥 먹는 일도 중요하지만 공부하는 일, 참선하는 일, 염불하는 일도 중요하니까 매일매일 꾸준히 해나가면 좋겠습니다.

어떤 일이 있어도 오늘부터 공부를 시작합시다. 일체중생이 다 깨달아야 나도 깨닫겠다는 데 목표를 두어야지 저 혼자 깨쳤다고 허우적거리지 말란 말입니다. 깨달았다는 생각도 다 녹아 빠져야 됩니다. 분명한 이치에서 보면 자기 혼자 깨친 것으로 보이겠지만, 둘이 아닌 이치에서 보면 일체 중생이 다 깨치게 보여야 되고, 본래 없는 이치에서 보면 깨달았다는 생각도 다 녹아 빠져야 됩니다.

내가 역대 도인 중에서 가장 존경하는 분이 조주 스님입니다. 조주 스님은 팔십에 법을 펴셨고, 120살까지 살았습니다. 그전에는 계속 수행했습니다. 나이가 많다고 해서 정신마저 흐려진다면 공부를 하지 않은 탓입니다. 그래서 나는 팔십쯤 돼서 조실이나 방장을 하고, 지금은 조주 스님처럼 공부만 하며 살고 싶습니다.

어느 날 조주 스님에게 제자가 물었습니다.

"어떤 것을 살았다 하고 죽었다고 합니까?"

스님은 평소에 말로 간단하게 답해주시는데, 그날따라 게송을 써주었어요.

도인문생사道人問生死하니
생사약위론生死若爲論이라.

쌍림일지수雙林一池水에

낭월요건곤朗月耀乾坤이라.

환타구상식喚他句上識이요

차시농정혼此是弄精魂이로다.

욕회개생사欲會箇生死인댄

전인설몽춘顚人說夢春이로다.

도 닦는 사람이 생사를 물으니

삶과 죽음에 대해 말해주리라.

사라쌍수 아래 한 연못에

밝은 달은 천지를 비춘다.

분별로써 알음알이를 내어

살아서는 정신이라 하고 죽어서는 혼이라 하네.

삶과 죽음을 알고자 한다면

엎어진 자가 봄꿈을 이야기함이로다.

　'밝은 달이 천지를 비춘다'는 말에는 분명한 이치, 둘이 아닌 이치, 본래 없는 이치, 이 세 가지 중에 둘이 아닌 이치로 답한 겁니다.

　'환타구상식喚他句上識'에서 구句는 1구, 2구, 3구가 있는데 '1구에 천득薦得하면 불조의 스승이요, 2구에 천득하면 인천의 스승

• 무량수전 사자후

이며, 3구에 천득하면 자구自求도 부재不在다' 했는데 우리 중생들은 1구, 2구, 3구 전부 분별하고 있습니다. 이 알음알이 위에서 살았을 때는 정신이라 하고 죽어서는 혼이라고 한단 말이오. 이 것은 분명한 이치입니다.

'전인설몽춘顚人說夢春'에서 엎어진 자는 죽은 놈을 말하는데, 죽은 자가 봄꿈을 말할 수 없잖아요. 즉 본래 생사가 없단 말입니다.

이것을 보니 역시 명안종사明眼宗師라는 생각이 들어요. 한마디로 답을 해줄 수 없으니까 조주 스님께서 그렇게 적어주었던 것 같습니다. 여러분도 항상 세 가지 눈을 갖추어야 합니다. 본래 없는 이치, 둘이 아닌 이치, 분명한 이치, 이 중에 하나만 빠져도 그것은 외도입니다. 우리 공부 열심히 합시다.

시 한 수 읊고 오늘 법회를 마칩니다.

운상유시천상락雲上有時天上樂이요
운하유시세간고雲下有時世間苦로다.
고락분별도방하苦樂分別都放下하면
일체고해해탈장一切苦海解脫丈이로다.

구름 위에 있을 때는 천상락을 말하고
구름 아래 있을 때는 세간의 고통을 말하네.

괴로움이나 즐거움 분별 시비를 몰록 놓아버리면
일체 모든 고통의 바다에서 해탈한 장부라 하리라.
억!

—1998년 봄, 정토회 법회

• 무량수전 사자후